# 大清皇陵旧影

徐广源 著

世界知识出版社
北京·2019

图书在版编目（CIP）数据

大清皇陵旧影 / 徐广源著. —北京：世界知识出版社，2018.12

ISBN 978-7-5012-5891-8

Ⅰ.①大… Ⅱ.①徐… Ⅲ.①陵墓—中国—清代—摄影集 Ⅳ.①K878.8-64

中国版本图书馆CIP数据核字（2018）第267107号

| 责任编辑 | 余　岚 |
| --- | --- |
| 责任出版 | 王勇刚 |
| 责任校对 | 张　琨 |
| 装帧设计 | 张　维 |

| 书　　名 | 大清皇陵旧影<br>Daqing Huangling Jiuying |
| --- | --- |
| 作　　者 | 徐广源 |
| 出版发行 | 世界知识出版社 |
| 地址邮编 | 北京市东城区干面胡同51号（100010） |
| 网　　址 | www.ishizhi.cn |
| 电　　话 | 010-65265923（发行）　010-85119023（邮购） |
| 经　　销 | 新华书店 |
| 印　　刷 | 北京彩虹伟业印刷有限公司 |
| 开本印张 | 710毫米×1000毫米　1/16　42印张　2插页 |
| 字　　数 | 466千字 |
| 版次印次 | 2019年12月第一版　2019年12月第一次印刷 |
| 标准书号 | ISBN 978-7-5012-5891-8 |
| 定　　价 | 89.00元 |

版权所有　侵权必究

# 目 录

[前言] 旧影，一段消失的历史记忆 ...... 1

[关外三陵篇]

第一章　埋葬清帝四位祖先的永陵 ...... 11

第二章　努尔哈齐的福陵 ...... 23

第三章　皇太极的昭陵及其妃园寝 ...... 47

　　一、清朝第一帝的昭陵 ...... 47

　　二、仅存坟头的昭陵妃园寝 ...... 93

[清东陵篇]

第一章　风水墙外的昭西陵 ...... 101

第二章　顺治皇帝的孝陵及其皇后陵寝 ...... 119

　　一、清朝关内第一陵——孝陵 ...... 119

　　二、清朝的第一座皇后陵——孝东陵 ...... 170

第三章　康熙皇帝的景陵及其妃园寝 ...... 185

　　一、继往开来的景陵 ...... 185

　　二、关内第一座妃园寝——景陵妃园寝 ...... 224

　　三、清朝规制最高的妃园寝——景陵皇贵妃园寝 ...... 230

第四章　乾隆皇帝的裕陵及其妃园寝 ...... 241

　　一、地宫雕刻豪华的裕陵 ...... 241

　　二、葬有皇后的裕陵妃园寝 ...... 284

## 第五章　咸丰皇帝的定陵及其后妃陵寝 ......... 307
　　一、承前启后的定陵 ......... 307
　　二、普祥峪定东陵——慈安陵 ......... 319
　　三、豪华精美的菩陀峪定东陵——慈禧陵 ......... 333
　　四、规制标准的定陵妃园寝 ......... 385

## 第六章　同治皇帝的惠陵及其妃园寝 ......... 391
　　一、铜梁铁柱的惠陵 ......... 391
　　二、葬皇贵妃最多的惠陵妃园寝 ......... 406

## 第七章　清东陵的陪葬墓及府衙 ......... 409
　　一、清朝第一座早殇皇子的园寝——荣亲王园寝 ......... 409
　　二、康熙帝两立两废的皇太子允礽园寝 ......... 416
　　三、康熙帝的兄长裕亲王福全园寝 ......... 423
　　四、英年早逝的纯靖亲王隆禧园寝 ......... 430
　　五、康熙帝的皇长子直郡王允禔园寝 ......... 436
　　六、被雍正帝囚禁过的皇十四子允禵园寝 ......... 442
　　七、清东陵唯一的公主园寝——端悯固伦公主园寝 ......... 450
　　八、乾隆朝的大学士傅恒园寝和福康安园寝 ......... 455
　　九、神秘的苏麻喇姑园寝 ......... 463
　　十、清皇陵守护大臣的王府和公府 ......... 467
　　十一、负责保卫东陵的马兰镇绿营的总兵署 ......... 472

## 第八章　与清东陵有关的部分庙宇 ......... 481
　　一、陵园内唯一的庙宇——二郎神庙 ......... 481
　　二、规制奇特的三皇庙 ......... 483
　　三、因陵而建的鲁班庙 ......... 490

## 〔清西陵篇〕

**第一章 雍正皇帝的泰陵及其后妃陵寝** .................... 497
  一、清西陵的首陵——泰陵 .................... 497
  二、颇有创新的泰东陵 .................... 530
  三、清西陵第一座妃园寝——泰陵妃园寝 .................... 540

**第二章 嘉庆皇帝的昌陵及其皇后陵寝** .................... 543
  一、毫无创意的昌陵 .................... 543
  二、新颖奇特的昌西陵 .................... 563

**第三章 道光皇帝的慕陵及其皇后陵寝** .................... 569
  一、既简朴又奢华的慕陵 .................... 569
  二、规制奇特的慕东陵 .................... 594

**第四章 光绪皇帝的崇陵及其妃园寝** .................... 597
  一、中国最后一座皇帝陵——崇陵 .................... 597
  二、清朝埋葬人数最少的妃园寝——崇陵妃园寝 .................... 637

**第五章 清西陵的陪葬墓** .................... 647
  一、贪财吝啬的果恭郡王园寝 .................... 647
  二、清朝规模最大的王爷园寝——怡亲王允祥园寝 .................... 653
  三、裕悼亲王园寝 .................... 661

〔后记〕 .................... 665

# 前 言
# 旧影，一段消失的历史记忆

如果说在照相术发明以前，历史是靠文字来记录和传承的，那么在19世纪30年代发明并逐渐普及的照相术，便是另一种重要形式，其载体就是照片。照片具有文字和图画不可替代的作用，其真实性和可靠性优于文字和图画，而且直观性极强，便于理解和记忆。

大到硝烟弥漫、喊声震天的战场或者尔虞我诈、玩弄权术的政治斗争舞台，小到老百姓琐碎而又平凡的日常生活，老照片都能把这一切真实而准确地记录下来，仿佛时光倒流，把人们拉回到过去的年代，置身于当时的历史时空。

图1：明定陵地宫出土的明神宗朱翊钧戴的金丝善翼冠

近百年来，一些有识之士利用了当时少见但却非常先进的照相机和出色的照相术，将当时的清陵风貌凝固在照片上，这些旧影虽然不是能触摸到的物体，却能反映历史的真实面貌。老照片承载着大量的历史信息，蕴含着丰富的文化内涵。也许在成像初期，它们并未显得有多么重要，但到今天却成了研究历史、认识陵寝、证实历史、匡正错误，为

图2：明定陵地宫中殿的三个白石宝座、青花大缸和黄色琉璃五供及地面上铺的糟朽木板旧影（岳南先生提供）

③

图3：明定陵地宫后殿打开时原状（旧影）

后人维修古建提供便利并领略昔日皇陵风采的宝贵历史资料。老照片为后世留下了不可估量的珍贵文化财富，可以说其本身已经具有了文物价值。

在封建社会，皇家陵寝是神圣不可侵犯的禁地，是一个神秘王国，它与世隔绝，鲜为人知。真正最早廓清弥漫在皇陵上空层层迷雾，揭开皇陵地宫神秘面纱的，是从1955年开始发掘并于1959年对游人开放的位于北京昌平的明十三陵定陵地宫。

明定陵地宫的成功发掘和对外开放，在世界上引起轰动。上到外国的元首政要，下至祖国各地及海外的旅游爱好者，纷纷至此游览，一饱眼福。但游览者所能看到的只是定陵地宫的宏伟建筑、复制的帝后棺椁和摆在展橱中的出土文物复制品，而当年地宫开启后，中殿内三个宝座、万年灯、五供是如何摆放的（图2）、三具残破糟朽不堪的棺椁外貌（图3）、棺内万历皇帝尸骨的形态（图4），则只能靠当时拍的照片来认识它们的真容，了解事情的真相。

图4：明定陵地宫开启后，明神宗万历帝朱翊钧的棺椁刚被打开时的情景

清朝陵寝和其他朝代的陵寝一样，是中华文化遗产的重要组成部分，是中华民族智慧和血汗的结晶。在一定意义上说，清朝陵寝的营建史就是一部用砖石铸成的清朝历史，它是清王朝各个时期的政治、经济、文化、宗教、艺术、科技发展的标识，是清王朝兴衰荣辱的缩影。

然而，这些陵寝建筑历经沧桑，至今多有变化，有的残损不全，有的不复存在。被保留下来的建筑，由于各种原因，有些已部分失去了原形，甚至面目全非。这些变化，文字鲜有记载，要想了解它们在历史上的真实情况，关于清陵的老照片起到了不可替代的独特作用。

我从事清朝陵寝研究40余年，收集到不少这方面的珍贵老照片，这些照片为我的研究提供了极为重要的参考资料。同时，我认为它们还有着如下的重要作用。

## 一、为研究清史开辟了一条捷径

曾有文献记载，1900年八国联军进攻北京时以及抗日战争时期，有一部分侵略者曾流窜到清东陵和清西陵。如今我们找到了野蛮的外国侵略者践踏清陵的老照片，这些铁证证实了史料记载的真实性和可靠性。

1928年孙殿英盗掘乾隆帝裕陵后，在清皇室善后遗臣的日记中有孝仪皇后的遗体没有腐烂的记载，有人曾对此产生质疑。通过找到当时拍摄的一张未腐的孝仪皇后遗体照片，证实了当时记载的真实性。

## 二、记载和见证了一段清陵历史

1979年和1984年，清东陵文物保管所分别对慈禧陵地宫和慈禧内棺进行了清理。要想了解当年文物工作者进入地宫看到的情形和慈禧遗体在棺内的景象，除了查看文字记载，最便利、最直观的就是当年拍摄的珍贵照片了。

如果说大清皇陵是清史的缩影，那么这些皇陵老照片便是那段历史的记录和见证。

## 三、更加真实地了解清陵建筑

通过昭陵和昭西陵的老照片，我发现当年昭陵的正红门和昭西陵隆恩殿的大脊正中，都设有一个塔形的宝顶；而福陵的老照片，则记载着福陵下马坊的夹杆石上曾经雕刻了小石狮。

我原来认为清西陵大红门前的东西值班房是厢房式的，东西相对，后来根据清西陵大红门的老照片才知道，两座值班房都是面朝南的三间正房。

从慈禧陵的一张老照片上，我发现石五供的西墙外还有一座大青水脊硬山顶的建筑，这是任何人都难以想象的。

此外，《奉天昭陵图谱》收录的老照片让我有幸第一次看到了昔日皇陵祭祀时所献的佛花。

## 四、为后人修缮古建筑提供重要依据

1979年恢复清东陵的大红门屋顶时，古建队曾为原来屋顶的规制困惑不已，后来从清东陵孝陵石牌坊的一张老照片中看到了其历史真容，从而使我们顺利地恢复了大红门的原貌。

根据孝陵神功圣德碑亭的老照片，人们知道了门洞内的门窗隔扇是落地明式的，于是按原样打制并安装了孝陵神功圣德碑亭的四个券洞内的门窗隔扇。

在20世纪60年代，根据慈禧陵隆恩殿墙壁上和横披窗都是卍不到头图案，清东陵文物保管所打制了隆恩殿和东西配殿的全部门窗隔扇。后来，从慈禧陵隆恩殿和东西配殿的老照片上看到，慈禧陵三殿隔扇门窗原来都是三交六椀式的六角菱花，于是又重新打制了慈禧陵三殿的门窗隔扇。

为了让广大读者能从新的角度更深入地了解清朝陵寝，经过精心挑选，我将收集的老照片按墓主人的辈分，逐陵编排，从最早的永陵开始一直到最后的崇陵妃园寝为止，其中也包括了部分陪葬墓，以解读老照片的形式来展现昔日大清皇陵的风采和历史原貌。

这部《大清皇陵旧影》是迄今为止唯一的一部以老照片为主介绍清朝陵寝的图书，它见证了清皇陵变迁的历史，具有观赏性、研究性和珍藏性三大价值。对我而言，能发现这些老照片的存在并发挥其独特的作用，是追溯和探索清陵历史征途中的最大乐趣，从中引起的很多回忆，使我感受到了历史的沧桑和人生的价值。因此，我谨以此书感谢这些老照片的前辈拍摄者为之的付出，并以分享快乐的方式将此书献给

图5：明定陵地宫出土的皇后凤冠

⑤

所有喜爱清史及清陵的广大读者朋友，让我们共同欣赏这些记录着历史的老照片。如果这部书能够使广大读者拓宽视野，增长知识，提高鉴赏能力，从而更加喜爱历史和珍惜生活的话，那么吾心足矣！

另外，由于我首次采用这种写作形式，经验不足，加之鉴定老照片的水平不高，能力有限，书中错误在所难免，敬希广大读者不吝赐教。

徐广源

2019 年 1 月

## 声明：

本书所用的照片和图片，一部分为笔者拍摄和收集，其余均为朋友热心义务提供。这些旧照片中，有的是阿尔方斯·冯·穆默（Alfons von Mumm）、菲尔曼·拉里贝（Firmin Laribe）、甘博（Sidney D.Gamble）、恩斯特·柏石曼（Ernst Boerschmann）、邓之诚等前辈摄影家的作品；有的来自德国柏林国家图书馆、法国国家图书馆、杜克大学图书馆、东洋文库、日本京都大学等文化机构。在此，谨向上述作者和机构表示衷心的感谢！

另外，这些旧照中还有一部分版权所有者及其继承者的个人信息未知，但是他们应有的权利也并未因此书的出版发生改变，并将继续得到尊重。请上述版权所有者见书后与笔者联系。

徐广源

2019 年 4 月 9 日

# 关外三陵篇

　　清朝的12座皇帝陵中，有三座即永陵、福陵和昭陵建在了关外的辽宁省，故称"关外三陵"；清朝称沈阳为盛京，所以这三陵也称"盛京三陵"；因为这三陵都建于清朝初期，所以又称"清初三陵"。

　　永陵埋葬的四个"皇帝"都是清朝皇帝的祖先，他们生前并未当过皇帝，是在顺治五年（1648年）才被追尊为皇帝的。福陵是清太祖努尔哈齐（见第二章注释）的陵寝。昭陵是清太宗皇太极的陵寝。这三陵建筑很有特色，各有千秋。我们现在看到的这三陵是历经顺治、康熙、雍正、乾隆、嘉庆朝多次改建、增建、扩建才形成的，所以盛京三陵是积累式陵寝建筑。

图1：乾隆年间由宫廷画家绘制的《永陵图》

# 第一章　埋葬清帝四位祖先的永陵

永陵，位于今辽宁省新宾县永陵镇西五公里，内葬肇祖原皇帝孟特穆（衣冠墓）、兴祖直皇帝福满、景祖翼皇帝觉昌安、显祖宣皇帝塔克世。另外还陪葬有努尔哈齐的伯父武功郡王礼敦和努尔哈齐的叔父恪恭贝勒塔察篇古。永陵是清朝建得最早、埋葬皇帝最多的皇陵，其墓主人是清朝皇陵众多墓主人中辈分最高的，所以称得上是清朝第一陵。永陵也是清朝皇帝陵中规模最小而又最具特色的陵寝。

## 1. 永陵图（图1）

清朝皇帝一向宣扬"圣天子孝先天下，首重山陵"。康熙、乾隆、嘉庆、道光四个皇帝先后十次到东北祭祖，除康熙帝第一次未到永陵外，其余九次每次都要到永陵祭祀。乾隆帝命宫廷画家绘制了永陵图。

永陵坐向为"乾山巽向"，其后靠山启运山就像一条探头藏尾的巨龙横卧于陵后，形成一道天然的屏障。海拔840多米的烟筒山高耸云天，矗立在永陵前方的远处，与启运山遥相呼应。那里群山拱卫，众水环流，草木葱盛，环境十分优美，被清廷誉为"第一福地"。康熙二十一年（1682年）三月十一日，康熙帝在祭祀永陵时作一首《雪中诣永陵告祭》诗，在诗中，康熙帝对永陵的风水大加赞美：

> 峰峦叠叠水层层，王气氤氲护永陵。
> 蟠伏诸山成虎踞，飞骞众壑佐龙腾。
> 云封草木桥园古，雪拥松楸辇路升。
> 一自迁岐基盛业，深思遗绪愧难承。

曾经为雍正帝选过万年吉地的风水大家福建总督高其倬对永陵的风水进行了非常精彩的描述：

> 钦遵圣旨，共瞻永陵形势，其龙与长白山分干，势由纳禄起祖，高冠群山，秀出天表。备尊雄颖丽之光，光景耀日；极逶迤顿跌之妙，气概惊人。苏子洪河，当前绕抱；浑河巨浸，在后潆环。千里大会之山，作朝作护；万仞北辰以睨，镇水镇垣。更有钦异者，宝城之内，嘉树挺出；玉砌之旁，灵根蟠结。状若旋龙，坚同磐石。

从这张永陵图中（图1）可以看出，当年永陵也有东红门和西红门。功能近似于关内各陵神厨库的小院子，位于陵寝的前右方。永陵虽然是皇帝陵，但没有明显的"前朝后寝"的格局，没有陵寝门之设。永陵的正红门、启运门、东西配殿、启运殿都有悬鱼之设。

图2：民国初年的永陵正红门

图3：残破的永陵正红门旧影

## 2. 正红门（图2—图3）

正红门，又叫大红门、前宫门、外宫门，是永陵的第一道门户，位于陵寝的中轴线上。此门为单檐硬山顶，面阔三间，进深二间，有三个门，每门安有两扇对开的朱漆木栅栏门。陵寝的大门安设木栅栏门，这在清朝陵寝中是唯一的一处。20世纪30年代有人考证，在正红门两侧分别建有东便门和西便门，供陵寝官员和在陵上当差的员役出入。现在东西便门已不存在。永陵正红门两个房山的顶部都安装有悬鱼，这是关外三陵建筑的共同特点，关内清陵悬鱼之设遂成绝响。清王朝灭亡以后，这里失去了昔日的尊严和神圣。至民国初期，由于永陵失于管理，大门前面长满了一人多高的荒草，所幸陵寝建筑并未遭到明显破坏。

### 3. 四祖的神功圣德碑亭（图4—图6）

永陵内葬的四位皇帝，尽管他们生前一天皇帝也未当过，更谈不上有什么"神功"和"圣德"，但他们的后代子孙却给他们每人立了一统神功圣德碑，并建了碑亭。这四座碑亭规制一样，都是单檐歇山顶，其独特之处是只辟前后两个拱券门，左右无门；每座碑亭内有石碑一统，立于龟趺之上，却没有水盘；碑文用满、蒙、汉三种文字镌刻，满文居中，蒙文在左（东），汉字在右（西）。满文字体稍大于其他两种文字。四座碑亭一字排列。中左为肇祖、中右为兴祖、次左（最东）为景祖，次右（最西）为显祖。这四座碑亭的排列顺序体现了我国传统的"居中而尊"理念和昭穆次序。图4中肇祖和兴祖的碑亭是民国初期拍的，那时清朝灭亡不久，所以虽然头停上长了一些草，但整个碑亭及其他建筑保存得还比较完好，门窗隔扇齐全。1934年恭亲王溥伟（恭忠亲王奕䜣之孙）到永陵祭祀时，碑亭已损坏严重，檐部橡飞糟朽，中华人民共和国成立后才得到维修。

图4：民国初年的永陵肇祖（右）和兴祖（左）碑亭

[关外三陵篇] 第一章 埋葬清帝四位祖先的永陵 — 15 —

⑤
⑥

图5：1934年恭亲王溥伟等皇室成员及清朝遗臣来祭永陵时，碑亭的檐部已糟朽严重
图6：残破的永陵四碑亭旧影

图7：永陵启运门旧影

### 4. 启运门（图7）

清朝的12座皇帝陵，有11座陵的陵院大门叫隆恩门，唯独永陵的叫启运门，这很可能与永陵是清朝辈分最高，是清朝第一陵有关。关内的9座皇帝陵的隆恩门都是面阔五间，前后不出廊，前有月台，门的两侧没有袖壁，正脊两端的螭吻上没有日月，只有剑把，而永陵的启运门则面阔三间，前后有出廊；门前无月台；门的两侧有袖壁；正脊两端的螭吻上分别有"日""月"两个字。所以说永陵的启运门是清朝皇帝陵中最具特色的。

### 5. 启运殿（图8—图10）

永陵的大殿为单檐歇山顶，面阔三间，东、西、南三面带回廊。这座大殿与清朝其他皇帝陵的大殿相比，有许多特色：（1）殿名特殊。清朝的12座皇帝陵，有11座陵的大殿都叫隆恩殿，只有永陵的大殿叫启运殿。（2）永陵大殿有后门。（3）永陵的御路石上没有任何纹饰图案的雕刻。（4）永陵大殿的基座不是须弥座。（5）大殿月台没有抄手踏

［关外三陵篇］　第一章　埋葬清帝四位祖先的永陵　　17

⑧
⑨

图8：民国初期的永陵启运殿
图9：永陵启运殿旧影

图 10：永陵启运殿的陈设旧影

跺。(6)永陵大殿及月台周围没有石栏杆围绕。这六点都是永陵独有的。

永陵启运殿内设有四座神龛，分别供奉着肇祖原皇帝孟特穆夫妇、兴祖直皇帝福满夫妇、景祖翼皇帝觉昌安夫妇和显祖宣皇帝塔克世夫妇的神牌，每座神龛内供奉两个神牌，每座神龛前依次摆放着两个宝座、一张供案、一个牲匣、一组五供。老照片（图10）中的宝座和五供原来都在殿内，是为了拍照才移到殿外的。

从这张永陵启运殿的老照片（图8）看，建筑整齐，门窗齐全，地面干净。以此推之，此照片当拍于清亡后不久。

## 6. 神树（图11—图13）

在正中的兴祖的坟冢前有一棵巨大的榆树。据有关文献记载，这棵树高"数十丈"，枝叶繁茂，树冠如同一把巨大的雨伞将整个宝城笼罩起来。据说这棵树的树干、树枝弯弯曲曲，形状就像一条游龙。乾隆十九年（1754年）秋，乾隆帝在展谒永陵时，见到了这棵树，非常欣赏，倍加赞扬，高兴之下，封这棵树为"神树"，并写了一篇《神树赋》，赞美这棵树不是人间所能有的。这棵树能保佑大清国万世永存。后来乾隆帝命人将他的这篇《神树赋》镌刻在一统卧碑上，使之留传后世。如今这统碑保存在永陵的西配殿内。自从乾隆帝给这棵树赐名并写赋之后，这棵榆树名声大振，并套上了神秘的光环，被人们称为"神树"。

关于这棵神树，有两个神奇的传说。

第一个传说是这样的，满族的原有丧葬习俗是火化。 次弩尔哈齐打了败仗，背着父母的骨灰匣子长途跋涉，十分劳累，来到一个村庄，想到一个饭馆去吃点饭并在那里住下，不便将父母骨灰匣子带进饭馆，于是就将骨灰匣子放在了村外的一棵榆树杈上。第二天弩尔哈齐去取骨灰匣子时，大吃一惊，骨灰匣子不见了。经过仔细寻找，发现地下的土将树杈和树杈上的骨灰匣子吞埋了起来。他急忙扒开土，想把骨灰匣子拿起来，骨灰匣子就像长在树杈上一样，根本拿不起来。他一气之下，找来一把大斧，想把树杈劈开。他用力猛砍，只见每砍一斧，就从树杈

⑪

图 11：永陵被支架着的神树旧影

图12：已经倒了的神树旧影

的"伤口"往外流血，"伤口"又很快地合上了，就像没砍过一样。弩尔哈齐知道这是一棵神树，是上天在暗示自己：这里就是父母的最好葬地。天意是不可违的，于是弩尔哈齐又将骨灰匣子重新埋好，堆成坟头。他在这里住了下来，以这里为根据地，招兵买马，干起了统一东北的大业来。后来他当了汗王，就在神树这里建起了永陵。

第二个传说是：这棵神树的树干上长了许多"树瘿"，也就是树疙瘩。每有一位大清皇帝晏驾归天，就有一个"树瘿"掉下来。这个传说连礼亲王昭梿写的著名的《啸亭杂录》里都有记载，可见流传甚广。

按说既然是神树，就应该无病无灾，永不干枯，长生不死。可是没想到一场大雨和大风，使这棵神树遭到了灭顶之灾。情况是这样的：

同治二年（1863年）七月初，大雨连日不断，树下土异常松软，十三日又刮了一场大风，使这棵神树向南倾倒，拔起的树根把兴祖的地宫和坟头都损坏了。粗大的树干压在了启运殿殿顶的后（北）坡之上，庞大的树冠垂压在前坡上，致使启运殿的大梁都压伤了。永陵总管海亮急忙将这一重大情况上报给盛京将军玉明。玉明不敢怠慢，一面将这一情况立即上报朝廷，一面亲自到永陵查看。朝廷闻报，认为这是关乎祖陵风水的大事，很快就派两位大臣到永陵，与玉明协商处理这件事。他们经过反复商量，决定采用一梁二柱的大木架三架，将神树架托住，以减轻对启运殿殿顶的压力。同时告诫永陵官员，因仍在雨季，还会有连绵大雨，因此对神树要严加防护，不得大意，要每隔三个月向盛京三陵总管衙门报告神树的情况。因为树根已经拔出，树很快就枯死了。没想到第二年立夏时，这棵已经枯死的神树又长出了嫩芽、新枝。盛京将军玉明迅速将这一重要情况报告给了皇帝，同时还绘了一张神树长出新芽图呈献给皇帝。到了光绪元年（1875年），神树倾斜得越来越厉害，对启运殿的压力越来越大。于是又增加了一道一梁二柱的大木架。到了光绪末年，宣统初年，这棵榆树已接近枯干。"文化大革命"的风暴将这棵几百年的神树彻底革了命，仅剩下了一米左右高的朽树桩。为了保护这珍贵的历史遗迹，永陵文物保管所的文物工作者将这朽树桩拔出来，保存在西配殿内供游人观赏，并在原来长神树的地方栽上了一棵新榆树。如今这第二代"瑞榆"已长高变粗，枝叶茂盛。

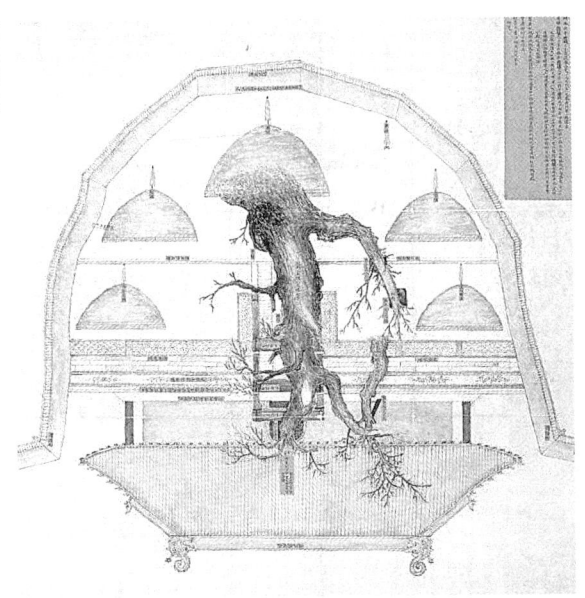

图13：盛京将军玉明呈献给皇帝的神树长嫩芽的图

图1：乾隆朝绘制的《福陵图》

# 第二章　弩尔哈齐的福陵

福陵是清太祖弩尔哈齐*的陵寝，他生前没有为自己卜地建陵。皇太极继承汗位后，于后金的天聪二年（1628年）相度陵址，动工兴建，到第二年就完工了。福陵前临浑河，背靠辉山、兴隆岭，陵寝的主体建筑在石嘴头山之上，前导部分在山下的平坦之地。该陵坐北朝南，主要建筑由南到北依次为下马牌、下马坊、华表、大红门、华表、石像生、华表、一百单八磴、神功圣德碑亭、隆恩门、东西配殿、隆恩殿、二柱门、石五供、明楼、哑巴院、宝城、宝顶，宝顶下是地宫。方城将东西配殿、隆恩殿、二柱门、石五供围绕起来，形成了一个院落。在陵寝的外围环以风水墙。

## 1. 福陵图（图1）

福陵初称"先汗陵"，亦称"太祖陵"。皇太极称帝后的第二天即崇德元年（1636年）四月十二日，正式命名为福陵。这是清朝12座皇帝陵中第一个获得正式陵名的陵寝。因福陵位于沈阳城的东郊，所以当地人称之为东陵。顺治八年（1651年）十月二十一日，顺治帝敕封石嘴头山为天柱山，其寓意是弩尔哈齐及其陵寝就像擎天大柱一样支撑着大清的社稷江山。笔者经实地考察发现，福陵的正红门、隆恩门、东西配

---

*  在这里有必要对清太祖的名字进行说明。目前，大陆多数著述都称其"努尔哈赤"，以前我的书也用过"努尔哈赤"。而本书为什么改用"弩尔哈齐"呢？主要原因如下：1. 大清福陵神功圣德碑上称其为"弩尔哈齐"；2.《太祖武皇帝实录》写的是"弩尔哈齐"；《太祖高皇帝实录》和《圣祖仁皇帝实录》写的是"弩尔哈齐"；3. 清皇室家谱《星源集庆》里写的是"弩尔哈齐"；4. 太祖之二弟、三弟、四弟分别称舒尔哈齐、穆尔哈齐、雅尔哈齐，作为长兄的名字最后二字也应为"哈齐"。

殿、隆恩殿、角楼等都设有悬鱼。从规制上讲，从永陵到福陵，可以说是一个飞跃。这张福陵图是乾隆年间由宫廷画家所绘的清陵图之一。

## 2. 弩尔哈齐像（图2）

爱新觉罗·弩尔哈齐，是显祖塔克世的长子，生于明嘉靖三十八年（1559年），生母为显祖的嫡妻喜塔腊氏。万历十一年（1583年）二月，弩尔哈齐的祖父觉昌安、父亲塔克世被明军误杀，弩尔哈齐以给父、祖报仇为理由，以"十三副遗甲"于同年五月起兵，开始了统一女真的大业，这一年他25岁。

弩尔哈齐足智多谋，勇猛善战，作战所向披靡，接连取得胜利，势力越来越大。东北女真其他各部不愿看到弩尔哈齐强大起来，于是在万历二十一年（1593年）九月，叶赫部纠集其他八部，组成九部联军，在古勒山向弩尔哈齐发动了一场空前猛烈的进攻。弩尔哈齐头脑冷静，沉着应战，用计胜敌，以少胜多，九部联军遭到了惨败，弩尔哈齐取得了空前胜利。这一战役是弩尔哈齐统一大业中的里程碑和转折点，从此改变了建州与海西的力量对比。从此，弩尔哈齐军威大震，势力越来越强大。这一战役的胜利为他之后的统一大业奠定了基础。

万历四十四年正月初一日（1616年2月17日），弩尔哈齐在赫图阿拉城建立后金政权（当时称大金），年号为"天命"。他自称"覆育列国英明汗"，这一年弩尔哈齐58岁。

后金政权建立之后，弩尔哈齐将他统一大业的主攻方向指向了明朝。万历四十七年即天命四年（1619年）三月，弩尔哈齐的6万军队与明朝的12万大军在萨尔浒展开了一场大战，弩尔哈齐采取以少胜多、集中优势兵力、各个击破的战术，取得了巨大的胜利，明军损失惨重。此役的胜利是后金政权对明战争的转折点，从此，后金由防御转为主动进攻。弩尔哈齐在取得萨尔浒大捷之后，紧接于天启元年即天命六年（1621年）发动了沈辽之战。这年的三月十二日，剽悍的八旗兵攻陷了沈阳城之后，弩尔哈齐又亲率大军，兵锋直指辽阳，三月十九日包

[关外三陵篇] 第二章 努尔哈齐的福陵　25

围了辽阳,经过几番激烈的拼杀,后金大军于三月二十一日晚攻占了辽阳。在九天之内,努尔哈齐连续攻占了沈阳、辽阳两座重要城市,军威大盛,数日之间,金、复、海、盖四州传檄而下。攻下辽阳后,努尔哈齐于天命七年(1622年)在辽阳城东五里的太子河畔创建新城,将都城迁到新城,命名东京城。天命十年(1625年)三月又迁都沈阳。沈辽大捷,标志着明王朝在辽东统治的结束,后金政权的进一步的巩固和壮大。此时的努尔哈齐的统一大业如日中天,达到了极盛。为后来的清军入关,统一华夏奠定了坚实的基础。

② 图2:清太祖努尔哈齐朝服像

明天启六年即天命十一年(1626年)正月十四日,努尔哈齐亲统13万八旗劲旅,浩浩荡荡地杀奔宁远城。40年来,努尔哈齐身经百战,攻无不克,战无不胜,所向披靡,这在一定程度上助长了他的轻敌骄傲思想。他本想大兵一到,孤城宁远一定会很快被攻下。没想到宁远城明军将领袁崇焕很有韬略,不仅善于守城,而且拥有威力强大的红衣大炮,他与全城军民团结一致,同仇敌忾,誓死与城共存亡。努尔哈齐亲自督战，连续攻城三天，不仅未能攻下来，反而使自己的军队损失惨重。正月二十七日，弩尔哈齐不得不带领残兵败将撤退。据相关史料记载，弩尔哈齐在这场战斗中负了伤。

宁远一战，弩尔哈齐遇到了自出世以来最强的对手，遭到了最惨重的失败。为此，他心情沮丧，羞愤、痛苦、焦躁，寝食失常，积愤成疾。创伤未好，痈疽又发，不得不去清河汤泉疗养。此后其病势没有减轻，反而日益严重。天启六年即天命十一年八月十一日（1626年9月30日），弩尔哈齐在由清河返回途中，在距沈阳四十里的叆鸡堡去世，终年68岁。他的死与宁远之败有很大的关系。

弩尔哈齐死后第二天，他的37岁的大妃多尔衮之母乌拉那拉·阿巴亥被迫殉死。庶妃阿济根、代因扎也为之殉死。因为当时还没有建陵，只得先将其灵柩临时停在沈阳城内西北角。天聪三年（1629年）陵建成，同年二月十二日（1629年3月7日）正式将弩尔哈齐葬入陵寝。

崇德元年（1636年）四月十二日，皇太极登极称帝的第二天就追尊他的父亲庙号为"太祖"，上谥号为"承天广运圣德神功肇纪立极仁孝武皇帝"。顺治元年（1644年）九月二十七日神牌升祔太庙。康熙元年（1662年）四月十三日，将弩尔哈齐的谥号增加并改谥号为"承天广运圣德神功肇纪立极仁孝睿武弘文定业高皇帝"。雍正元年（1723年）八月初二日加上"端毅"二字。乾隆元年（1736年）三月十一日加上"钦安"二字，至此，弩尔哈齐的庙号、谥号全称为"承天广运圣德神功肇纪立极仁孝睿武端毅钦安弘文定业高皇帝"。弩尔哈齐是清朝皇帝中谥号字数最多的皇帝。清廷规定皇帝的谥号满22个字不再增加，也就是说22个字为满额，可是弩尔哈齐的谥号却是24个字，其原因就因他是大清王朝的奠基人，这与明朝皇帝的谥号最多不能超过16个字，可是太祖朱元璋的谥号却是20个字的道理一样。

弩尔哈齐的一生波澜壮阔、丰富多彩。他的主要贡献是统一了东北女真各部，建立了后金政权，为后来的清朝建立打下了基础；他创建了八旗制度，创立了满文，制定的联蒙政治联盟成了后来国家的基本国策；发展生产，重视社会改革；初步实现了满洲社会由牧猎经济转化为农耕经济的过渡。努尔哈齐和历史上任何一位英雄伟人一样，有贡献，同时也有错误。努尔哈齐的主要错误是滥施权威，强迫汉人剃发、迁居；嗜杀掠夺成性；轻薄、杀害文人；晚期轻敌骄傲，铸成了宁远大败。

瑕不掩瑜，尽管努尔哈齐有许多的错误，但他不失为历史上一位杰出的政治家和军事家，他是清朝名副其实的奠基人。

努尔哈齐有文字记载的妻妾16人，其实远不止这些。有子16人、女8人。

## 3. 下马坊（图3—图7）

清朝12座皇帝陵的下马标志中，福陵的最具特色。那11座陵的下马标志都是碑碣式的下马牌，唯独福陵，不仅有其他陵所拥有的那种碑碣式下马牌，而且在正红门前的东西两侧各设了一座下马坊。这两座下马坊均为四柱三间三楼规制的牌坊，完全用石构件构筑而成。每根石柱

图3：福陵下马坊旧影（1）

图 4：福陵下马坊旧影（2）
图 5：福陵下马坊夹杆石上的石狮旧影

的顶部都是一只昂首朝天的蹲龙，老百姓称之为望天犼。东下马坊的蹲龙面朝西，西下马坊的蹲龙面朝东，也就是说两座下马坊的蹲龙是面对面的。通过仔细观察下马坊的老照片，发现了一个秘密：原来下马坊的每根石柱根部的夹杆石顶部都有小卧狮。从老照片上看这些小狮子与夹杆石不是相连的一块石料。后来这些小狮子不知了去向。目前福陵夹杆石的顶部光光的、平平的，一点痕迹也没有，所以现在绝大多数人都不知道原来夹杆石上曾有小卧狮,甚至福陵的一些工作人员都不知道。这两个下马坊有一处令人不解:一般的牌坊石柱柱身都是一根石料,而福陵的下马坊,每根柱子的柱身却是上下三截拼接而成的。这种结构的石柱极为罕见。

下马坊上的文字也与其他陵的不一样。其他陵的下马牌以及福陵的另外三处下马牌上的文字或为"诸王以下官员至此下马",或为"官员人等至此下马""官员至此下马",而福陵下马坊上的文字却是"往来人等至此下马如违定依法处",更为奇怪的是,文字排列由传统的满文居中的做法改为汉字居中,满、蒙两种文字排列于两边的做法。

图6:福陵下马坊上的文字
图7:如今的福陵下马坊

图8：福陵正红门旧影

### 4. 正红门（图8）

正红门位于陵的南面，是风水墙的正门。永陵的正红门是单檐硬山顶，十分低矮，三个门口用木栅栏挡着，整个建筑显得规制低下简陋。福陵的正红门则完全改变了永陵正红门的规制。福陵的正红门为单檐歇山顶，屋顶以下用砖砌成。有三个拱券式门洞，中门为神门，左（东）门为君门，右（西）门为臣门。檐下是琉璃的三踩斗栱。每个拱券门的券脸石上雕刻二龙戏珠图案。整个正红门建在石砌的须弥座台基之上，台基的前后是三座四级垂带踏跺，整个建筑庄重典雅。在正红门的两侧各有一个袖壁。袖壁的中心是一条琉璃的五爪云龙，张牙舞爪，昂首摆尾，盘绕弯曲，矫捷威猛，在海波上翻腾，在流云中穿行，犹如真龙再现，栩栩如生。岔角为卷云。

### 5. 东红门（图9）

正红门是福陵最外层围墙即风水墙的南大门，也是陵寝的正门。为了便于在陵上当差人通行，特地在东西两侧各建了一座门，建筑规制与正红门基本一样，但只有一个拱券式门洞，门前无石狮、华表、下马标志，仅有一座下马牌。东、西红门外的下马牌均为碑碣式，刻满蒙汉三

图9：福陵东红门旧影

种文字，汉字居中，汉字均为楷体的"官员人等至此下马"。东红门的下马牌位于东红门外南侧。西红门的下马牌位于西红门外的偏北侧。清王朝灭亡以后，东西红门很少有人通行。从这幅老照片上可以看到彼时门前蒿草遍地，一片凄凉景象。

### 6. 石像生（图10—图13）

清朝12座皇帝陵中，有8座陵设了石像生，其中规模最小、数量最少的是福陵的石像生。

进正红门，神路两旁就是石像生。福陵的石像生共有四对，从南往北依次是卧骆驼、立马、坐虎、坐狮。福陵因为建得比较早，规制比较简陋，所以初建时没有设石像生。这四对石像生是顺治七年（1650年）补设的。顺治十六年（1659年）又在每座石雕像下增加了须弥座形的基座。这组石像生既没有文臣、武士，也没有麒麟之类的瑞兽，却有虎。这是福陵石像生的最大特色。石像生南北两端各有一对华表。

图 10：福陵石像生之骆驼旧影
图 11：福陵石像生之石马旧影

图12：福陵石像生之石虎旧影
图13：福陵石像生之石狮旧影

## 7. 一百单八磴（图14）

石像生的北面是一百单八磴。所谓一百单八磴其实就是一个大踏跺，有一百零八个台阶。清朝的12座皇帝陵中，为什么单单福陵有一百单八磴呢？原来是这样的：福陵建筑的前导部分的下马标志、正红门、石像生、华表等都建在山下的平坦之地，而陵宫部分的碑亭、隆恩门、隆恩殿、东西配殿、明楼、宝顶等都建在山顶之上，本来一座陵是完整的一体，紧密相连的，一部分在山下，一部分在山上，就等于分裂为两部分了，为了使两部分有机地连在一起，于是就在山坡上修了这道长长的形似天梯的踏跺，因为有一百零八个台阶，所以叫一百单八磴。更主要的是这一百单八磴是登山谒陵的必然通道。为什么要修成一百零八个台阶呢？有多种说法。有的说是为了镇住七十二天罡星和三十六地煞星；有的说与佛教有关；还有的说与天文有关系。总之这一百单八磴不仅把山上山下两部分恰到好处地连在了一起，而且还为陵寝增加了许多神秘气氛。

一般的人登陟一百单八磴时，往往不注意下面还有两座桥，一座在一百单八磴下端，另一座在中段，被称为神桥。因为桥在神路之下，不易被发现，朋友们去福陵游览时不妨注意一下。

图14：福陵一百单八磴及神桥旧影

图15：福陵神功圣德碑碑亭旧影

## 8. 碑亭（图15）

上了一百单八磴，迎面正中就是福陵的神功圣德碑亭。这座碑亭与永陵的神功圣德碑亭相比，在规格上有了明显提升，一是体量大多了，二是由单檐歇山顶改为了重檐歇山顶，三是基座改成了须弥座。功德碑的规格也有了明显的提升。不仅碑的体量明显增大，员头即碑头还由四交龙变为六交龙且增加了水盘。水盘上雕满海浪波纹，四角雕刻鱼、龟、虾、蟹。福陵的碑亭及碑的规格为什么有了这么明显的提升呢？原来这座碑亭是康熙二十七年（1688年）建的，当时关内的顺治帝的孝陵和康熙帝的景陵都已经建成，孝陵和景陵的神道碑亭和碑就是这种规制。福陵神功圣德碑上的碑文是康熙帝撰写的，碑文的最后落款是"康熙二十七年十二月初五日孝曾孙嗣皇帝玄烨谨述"。碑上的字由当时著名的书法家顾藻所书写。顾藻，字懿朴，号观庐，康熙十五年（1676年）庶吉士，康熙三十二年（1693年）由顺天府学政迁内阁学士。康熙三十七年（1698年）迁工部右侍郎。康熙三十八年（1699年）九月改工部左侍郎。康熙四十年（1701年）二月去世。康熙帝让他书写福陵和昭陵两陵功德碑文时，他很可能在顺天学政任上。他工于书法，颇有造诣，在米芾、赵孟頫间，深受康熙帝的喜爱和欣赏，所以命他书写福陵和昭陵的神功圣德碑碑文。

图16：福陵隆恩门南面旧影
图17：福陵隆恩门侧面旧影

### 9. 隆恩门（图16—图17）

隆恩门就是陵院的大门，对于福陵来说就是方城的南大门。永陵的陵院大门叫启运门，单檐歇山顶，面阔三间带回廊。而福陵的隆恩门的规制与永陵的大不一样。福陵的隆恩门是一座城楼式建筑，分上下两部分。上面是三层檐的歇山式楼，下面是砖砌的墩台。因建筑形式与沈阳皇宫的凤凰楼差不多，所以也有人称之为五凤楼的。福陵的隆恩门只有一个门洞，不再分神门、君门和臣门。这就是说神、君、臣、当差的仆役都走一个门。门的券脸石上雕刻二龙戏珠图案。永陵的启运门以及关内的各帝后陵的隆恩门，每门只有一块木质斗匾，满、蒙、汉三种文字均为"隆恩门"三字。可是福陵的隆恩门，前后两面都有横向的石匾。匾镶嵌在拱形的门洞上方，匾上均用三种文字阳刻"隆恩门"三字，满文居中，字稍大，蒙文在左，汉字在右，蒙文、汉字稍小些。门南面的匾，汉字在西即右，门北面的匾，汉字在东也在右。

在正常情况下，挡大门的门闩都在门里，门闩眼也在门的里面。可是福陵隆恩门的门闩眼却在门的外面即门的南面。为什么这样做呢？道理很简单，凡是门闩在门里的，院子里都住人。陵寝院内是不住人的。如果把门闩放在门里，由谁来上门闩呀？所以只好把门闩设在了门的外面，这样门闩孔也就在门外面了。

福陵的陵宫部分采用的是古代城池形式，具有战争防御功能，所以与永陵和关内的清陵明显不同，主要表现在三个方面：一是，隆恩门采取城门楼形式（前面已讲，此不赘述）。二是，院墙采用城墙形式。墙顶外沿砌雉堞即垛口，内沿砌宇墙，中间是宽数米的马道；三是，城墙的拐弯处建角楼。角楼为重檐歇山十字脊顶，共建了四个角楼。这四个角楼不仅加重了陵寝的神秘气氛，而且使陵寝更加庄严肃穆壮丽。福陵的规制极大地影响了后来的昭陵。昭陵基本上是仿照福陵规制建的。

陵寝毕竟不是城堡，而且作为次要建筑的隆恩门高于主体建筑的隆恩殿也违背常理。所以后来清朝进关后所建皇陵摒弃了这种城池形式，效仿了明陵。

## 10. 东西配殿（图18—图19）

福陵东西配殿的建筑形式基本仿照的是永陵配殿，但比永陵的多了两间，为面阔五间，四面带回廊。在陵院内，等级最高的中心建筑是隆恩殿，可是隆恩殿是面阔三间，作为次要建筑的配殿却为五间，而建筑形式还一样，这未免有些以次压主，不太合理。所以在建昭陵时，将配殿改为了面阔三间。

通过对福陵的新老照片仔细观察，发现福陵的配殿和永陵的配殿一样，山面都带有悬鱼，这是关外清陵建筑的一个特点。

图18：福陵东配殿旧影
图19：福陵西配殿旧影

图 20：福陵隆恩殿旧影

## 11. 隆恩殿（图 20）

福陵的隆恩殿与永陵的相比，虽然也是单檐歇山顶，面阔三间，但规制比永陵高多了：一是，福陵隆恩殿建在了较高的须弥座形的高台之上，高台环以石栏杆；二是，殿前设雕有二龙戏珠的御路石（丹陛石）；三是，隆恩殿四面有回廊；四是，隆恩殿山面的琉璃的博缝上都是行龙和火焰宝珠。这些永陵都不具备。福陵隆恩殿最为独特的是周围的石栏杆的栏板都是透雕的，这不仅在清陵中独一无二，就是在紫禁城中也难以找到。栏杆的望柱柱头既不是龙凤柱头，也不是二十四气式柱头，而是蕉叶柱头，这在清陵中也是唯一的。

福陵隆恩殿与永陵的相比，还有两个变化，一是取消了后门，二是将斗匾由内檐改到了外檐，这样从较远的地方就能看到匾上的字，知道这座建筑的名称，充分发挥了匾的作用。

图21：福陵明楼旧影

## 12. 明楼及朱砂碑（图21—图23）

福陵的明楼位于隆恩殿后，其实就是方城的北门。福陵和昭陵的方城是指陵院的围墙，而关内帝后陵的方城是指明楼下的方形城台，虽然名称相同，但所指的是完全不同的两座建筑。福陵的明楼始建于康熙四年（1665年）三月初六日。其（包括下面的墩台）与关内的相比，不建月台，月台前也没有建礓䃰。笔者分析所以未建，因那里地方不大，已容纳不下建月台和礓䃰的地方。福陵的明楼为重檐歇山顶，四面檐墙上各开一个拱券式门洞。明楼南面两檐之间悬挂木制斗匾一个，上面用满、蒙、汉三种文字题"福陵"二字。满文居中，字大。蒙文在左，汉字在右，这两种字都小于满文。福陵的明楼规制基本上效仿的是顺治帝的孝陵明楼（因当时关内清陵只建了孝陵）。

明楼内正中立朱砂碑一统，碑首为方形，前后两面均雕刻二龙戏珠图案，前面的碑额镌刻"大清"二字。碑身镌刻"太祖高皇帝之陵"七个字。无论碑额还是碑身都用满、蒙、汉三种文字阴刻，满文居中，蒙文在左（东），汉字在右（西），而且满文大于蒙文。碑额的汉字为篆体，碑身汉字近似仿宋体，与关内清陵的朱砂碑汉字迥异。碑座为长方形须弥座，上枋雕刻二龙戏珠，上下枭雕刻仰伏莲花瓣，束腰雕刻椀花结带，下枋雕刻杂宝。碑的整体规制完全仿的是顺治帝的孝陵朱砂碑。

1962年5月7日，在大雨中，福陵明楼触雷电起火被烧毁，朱砂碑也被烧碎。1978年开始复建，1982年竣工。朱砂碑用水泥修补好。斗匾为后来复制的。

图22：福陵朱砂碑旧影
图23：福陵明楼遭雷击修复后的朱砂碑

## 13. 宝顶（图 24）

宝顶就是坟冢，周围环以宝城。宝顶下就是地宫。据有关专家学者研究考证，福陵初建时没有建地宫，也就没有宝顶和宝城，康熙二年（1663年）九月初九日开始修建地宫，于当年的十二月二十一日建成，并将弩尔哈齐及孝慈皇后的宝宫葬入地宫，同年修建宝顶及宝城，康熙六年（1667年）完工。在康熙二年建地宫之前，据有的专家考证，弩尔哈齐和孝慈皇后的宝宫葬在享殿内的地下。

图24：福陵宝顶旧影

据2006年6月出版的《沈阳福陵志》载："大约在乾隆时期，在宝顶之上栽植一棵榆树，以附会永陵'神树'。清朝灭亡之后的近百年间，福陵整个宝鼎已为榆树及杂草所覆盖。"现在我们看到的宝顶上的榆树已不是乾隆时栽的那棵榆树，是后来栽植的。

福陵地宫里，除了弩尔哈齐和孝慈皇后之外有没有葬其他人呢？据李凤民、陆海英著的《沈阳福陵》载，福陵地宫里除了弩尔哈齐和孝慈皇后之外还葬有最后一任大妃阿巴亥（阿济格、多尔衮、多铎之母）、殉死的庶妃阿济根、代因扎以及为孝慈皇后殉死的四个婢女，共九个人。笔者认为，阿巴亥应该葬在福陵地宫。至于那二庶妃和四个婢女可能性不大，因为不够级别。

福陵地宫里到底葬了哪些人，还有待进一步考证。

### 14. 神龟及碑头（图25—图26）

前几年，在福陵工作的朋友张大利先生赠给笔者一个碑头（贔头）的老照片。他告诉笔者这个碑头是在福陵附近发现的，后来又被埋了起来，现在已难以找到埋藏地点。所以这张照片非常珍贵。这张照片拍的是碑头的正面，两条张着巨口的交龙面对面地呵护着一颗放着火焰的宝珠。两个龙头下面是碑额。一般碑额都是凹进去的正方形，而这碑的碑额是竖向的带两个抹角的长方形，而且没有凹进去，周边还带有凸起的边框。碑额用满、蒙、汉三种文字镌刻"大清"二字。满文居中，蒙、汉字分居左右，而且字小于满文。汉字为篆体。很明显，这统碑只有皇帝陵才有资格拥有，这种规制的碑头是比较罕见的。

既然这碑头是在福陵附近发现的，就必然与福陵有关。细看这张珍

㉕

图25：福陵被废的碑头旧影

贵的照片，发现还带有少部分碑身。尽管所露的部分很少，但很有研究价值。它表明碑身所用的石料与碑头所用的石料不是同一种。碑身的石料颜色发黑。它还表明碑头与碑身是不相连的，碑头是安到碑身上的。黑色石料的碑身使我们联想到福陵西红门附近的那只用黑色石料雕刻的"神龟"。

一看"神龟"的样子就知道这是一个石碑的座。碑座称趺，以龟为碑的座，就称龟趺。这个石龟为什么跑到这里来了呢？当地有两个传说。一是说：皇太极为了彰显他父亲的丰功伟绩，给他父亲的福陵立了一统神功圣德碑。由于当地的石匠没有什么文化，只知道有"王八驮石碑"的说法，于是就把碑座刻成了一只大乌龟。几十年后，康熙帝来福陵祭祖，发现碑座不是龙生九子之一的赑屃，而是一只乌龟，不禁勃然大怒，立刻命人将乌龟座换掉，重新雕了一个碑座。被废的石龟就被拉出了陵院，弃置在西红门外。

第二个传说是：在为弩尔哈齐立神功圣德碑时，当地的石匠连雕了三只乌龟碑座，监修大臣都不满意。后来找来了一个关内石匠雕刻。因

图26：福陵神龟

为关内的这个石匠雕刻过明十三陵的石碑，很有经验，于是他就仿照明陵雕刻了一个龙头龟趺。这回监修大臣满意了，就用了这个龙首龟趺。那三只未用的石龟被放弃在了陵院的一个角落。由于长年累月承上天之雨露，采天地之灵气，受日月之精华，三只石乌龟成了精，经常在夜间出入陵寝活动，搅得守陵官兵不得安宁，但又奈何它们不得。后来这三只乌龟得知康熙帝要来福陵祭祖，守陵大臣要将这三只乌龟成精闹事的事上奏皇帝，请求处理。三只乌龟知道康熙帝是有道明君、真龙天子，真要龙颜大怒，性命难保。它们吓坏了，连夜向三个方向各自逃命去了。无奈朝西逃的这只乌龟脚力太慢，刚跑到西红门外就天亮了。乌龟就怕天亮，见了阳光就跑不动了，于是就永久地留在了那里。

因为有了这两个传说，所以这只石龟被人们说成是神龟。

无论这两个传说是真是假，但都与陵里的石碑有关，这个石龟座真的就在西红门外存在了几百年。这个龟座原来在哪里？是什么碑的碑座？为什么又被废掉？笔者认为这个龟座很可能就是福陵陵前的石碑碑座。前面已经讲了，明楼碑是在康熙四年三月建的，其楼内的朱砂碑自然也在这个日期稍前所立。福陵的神功圣德碑是在康熙二十七年立的。而福陵建于天聪二年，第二年建成。在整个天聪、崇德和顺治的三十多年间，福陵总不会连石碑都没有吧！前面所说的碑头和这只石龟很可能就是福陵初建时的石碑。碑头下面所看到的碑身石料与龟座的石料，与福陵石像生、华表的石料都是一致的。这统石碑当年很可能就立于今天的神功圣德碑亭的地方。后来在建神功圣德碑亭时，以此碑石质粗劣，规制低下而被废掉，在原址上建起了神功圣德碑亭。当然这只是笔者的推想，还需要文献的证明。

这只石龟身体硕大，闭口睁眼，昂首向天，每当雨后人们就会发现石龟的眼窝里总有一汪雨水，人们称其为"神龟流泪"。其实这个现象很容易理解，因为石龟昂头向上，眼眶又是凹进去的，雨水自然要存留在眶内。"神龟流泪"如今已成为福陵的一个景点。

图1：乾隆朝绘制的《昭陵图》

# 第三章　皇太极的昭陵及其妃园寝

## 一、清朝第一帝的昭陵

清昭陵是清太宗皇太极的陵寝，始建于崇德八年（1643年）八月，同年九月建成，初建时规模很小，规制很低，我们现在所看到的昭陵是经过顺治、康熙、雍正、乾隆几朝不断增建、扩建积累而形成的。顺治元年（1644年）八月十一日，命名为昭陵。因为昭陵位于沈阳城北郊，所以当地人称之为"北陵"。2004年7月1日，昭陵被列入《世界遗产名录》。

清朝陵寝大都依山而建，前有朝山和案山，左右有砂山陪护，唯独皇太极的昭陵建在了平地之上。为了弥补这一不足，特地在昭陵的后面用人工培堆的方法，堆起了一座土山。这座土山最高处为20米，长380米，东西走向，两端向南弯曲，形如弯月，山有九个山峰，正中的山峰最高，其余八个山峰分别在主峰两侧对称排列，其高度逐次下降。顺治八年（1651年）十月二十一日，顺治帝敕封此山为"隆业山"，并从祀地坛。昭陵没有朝山、案山和砂山。

### 1. 昭陵图（图1）

昭陵坐北朝南，其规制基本仿福陵，但在具体一些做法上又有所改变。昭陵的主要建筑由南往北依次是：五种文字的下马牌一对、三种文字的下马牌一对、华表一对、石狮一对、三孔神桥一座、石牌坊一座、正红门一座、正红门前左（东）侧为更衣厅（内建更衣厅、净房）、正红门前右（西）侧为宰牲厅（内设宰牲厅、馔造房）。正红门内北，依次为华表一对、石像生六对、神功圣德碑亭一座、华表一对。在碑亭北的神路东侧，北为茶膳房，南为仪仗房；在神路西侧，北为果房，南为涤器房；在涤器房后为陵兵房；在陵兵房后，北为晾果楼，南为陵兵房。在神功圣德碑亭北神路上正中为隆恩门。过隆恩门进入陵院（方城院），两侧分别是东西配楼、东西配殿。院内北部正中是隆恩殿。殿前右侧（西）为焚帛炉。隆恩殿后依次是二柱门、石五供、明楼。明楼北为哑巴院。哑巴院北是宝城，宝城正中是宝顶。宝顶下是地宫。从隆恩门两侧伸出的城墙将配楼、三殿、二柱门、石五供围起来，城墙与明楼相接，形成了一个长方形的院落，称之为方城。从正红门两侧伸出的风水墙将石像生、神功圣德碑亭、方城、宝城围起来。东西风水墙对称地各建红门一座。东、西红门外各建值班用的二间房及小院一座、下马牌一座。

昭陵是关外三陵中规模最大的陵寝。与皇太极合葬的有孝端皇后博尔济吉特·哲哲。

## 2. 皇太极像（图2）

爱新觉罗·皇太极是努尔哈齐的第八子，生于明万历二十年十月二十五日申时（1592年11月28日下午4时许），生母为孝慈高皇后叶赫那拉氏。皇太极在他父亲的影响和熏陶下，从小就从事渔猎活动，养成了吃苦耐劳的坚毅性格，也练出了健壮的身体。他的马步骑射非常精熟，更重要的是他善于学习，很有头脑，足智多谋。他从21岁起就跟随父亲投入了统一女真各部的斗争，东讨西杀，骁勇善战，屡立战功，是努尔哈齐众多子侄中的佼佼者，在努尔哈齐统一东北的大业中发挥了不可替代的重要作用，成为其得力的助手。万历四十三年（1615年），努尔哈齐创建八旗制度，皇太极被授为正白旗旗主，成为一旗的主帅。天命元年（1616年）正月，努尔哈齐建立后金政权后，当年四月赐号皇太极为和硕贝勒，为当时著名的"四大贝勒"之一，排位第四，称为四贝勒，进入了后金政权的最高领导层，参与军国要务，当时皇太极年仅25岁。

[关外三陵篇] 第三章 皇太极的昭陵及其妃园寝

图2：清太宗皇太极朝服像

自皇太极从戎到他继承父亲称汗这15年中，在他父亲的统率下，驰骋疆场，出生入死，屡立战功。他几乎参加了所有重大战役，表现非常出色，已经锻炼成了一位深孚众望、足智多谋、文武兼备的青年统帅。努尔哈齐去世后，天命十一年九月初一日（1626年10月20日），皇太极继承了汗位，改年号为天聪，时年35岁。

　　天聪八年（1634年）四月，沈阳改名为盛京，赫图阿拉改称兴京。天聪九年十月十三日（1635年11月22日）改称女真为满洲。天聪十年即崇祯九年四月十一日（1636年5月15日），皇太极在盛京黄袍加身，即皇帝位，受"宽温仁圣皇帝"尊号，建国号"大清"，改天聪十年为崇德元年。从此出现了清王朝。皇太极是清王朝的创始人，是名副其实的清朝第一帝。

　　皇太极从汗位乃至称帝后，充分发挥了他的擅于谋略、能征善战的长处，政治、军事同时抓。对内，他清除异己，铲掉政敌，集中权力，废除"与三大贝勒俱南坐受"制度，改为"南面独坐"，稳定了自己的统治地位；他锐意创新，改革弊政，更定国家机构，设立三院、六部、都察院；安抚汉人，重用汉官；改革军制，制造红衣大炮；安抚民心，发展生产。经过他的励精图治，后金的政治和生产力有了很大的改善，综合国力有了明显提升，军事力量也空前强大。对外，他两征朝鲜、三征蒙古，五入中原，征抚索伦。天聪六年（1641年）八九月，皇太极发动了著名的松锦战役。此役，明军全军覆没，总督洪承畴被擒。清军取得了大胜。这次战役使明朝失去了在东北的最后的军事据点，结束了明朝在辽东的统治。清军转入军事进攻，为不久的清军入关、定鼎中原铺平了道路。

　　崇德六年（1632年）九月，关雎宫宸妃海兰珠去世，皇太极的过度悲恸，严重地损伤了他的身体。正当其事业如日中天的时刻，崇德八年八月初九日亥时（1643年9月21日深夜），皇太极病死于清宁宫南炕上，在汗位和皇位共17年，终年52岁。清朝官方史书上说他"无疾端坐而崩"。据有的专家考证，可能死于中风。

皇太极死后，章京敦达里和安达里自愿殉死。第二天即八月初十日，皇太极的遗体"于日没之后入棺"，并将他的梓宫停放在崇政殿内，诸王、贝勒、大小群臣早夕哭临三日。崇德八年（1643年）九月二十日"大行皇帝山陵宝城宫殿告成，择日梓宫发引、奉安，遣镇国将军阿拜祭告圜丘、太庙"。九月二十一日，将皇太极梓宫奉移山陵，奉安于殿内。顺治元年（1644年）五月十七日，以山陵寝殿内宝座告成，祭大行皇帝。顺治元年（1644年）八月初九日是皇太极逝世一周年，称为"小祥"，致祭大行皇帝，这一天将皇太极的梓宫移出，进行火化。火化后将骨灰装入"宝宫"。八月十一日将宝宫葬入陵殿内的地宫。同年九月二十七日，皇太极的神牌升祔太庙。康熙二年十二月二十一日（1664年1月18日），皇太极的宝宫和孝端皇后的宝宫正式葬入新建的地宫。顺治元年（1644年）十月初七日给皇太极上谥号"应天兴国弘德彰武宽温仁圣睿孝文皇帝"，上庙号"太宗"。康熙元年（1662年）四月十三日，加上"隆道显功"四字。雍正元年（1723年）八月初二日，加上"敬敏"二字。乾隆元年（1736年）三月十一日，加上"昭定"二字。最后庙号谥号全称是"太宗应天兴国弘德彰武宽温仁圣睿孝敬敏昭定隆道显功文皇帝"。

皇太极生过子女的后妃有15位，没有生过子女的妃嫔有多少，还有待考证。皇太极有皇子11位、皇女14位。

### 3. 下马牌（图3）

昭陵的下马牌坐落在四个地方，共六座，形制一样，皆为碑碣式，文字有两种。陵前今新开河北岸，北陵公园大门南约50米处有一对，上面用满、蒙、汉、回、藏五种文字镌刻。对着下马牌看，从左至右排列顺序为满、蒙、藏、回、汉。文字内容为"诸王以下官员人等至此下马"。这里所说的回文其实就是维吾尔文。再往北（华表南）又有一对下马牌，上面用满、蒙、汉三种文字镌刻，满文居中，蒙文在左，汉字在右。文字内容为"官员人等至此下马"。在东红门和西红门前各有一座下马牌，其文字及内容同第二对下马牌。

图3：昭陵五种文字的下马牌旧影

盛京三陵和沈阳皇宫初建时，下马牌都是木制的。乾隆四十八年（1783年），乾隆帝第四次盛京祭祖时，在这年的九月十一日发布一条谕旨："现在永陵、福陵、昭陵所有下马木牌，俱著改用石牌，镌刻清、汉、蒙古、西番、回子五体字，以昭我国家一统同文之盛。"

过了六天，即九月十七日，乾隆帝又下令将沈阳皇宫大清门前两旁的下马木牌也改为用五种文字镌刻的石下马牌。盛京三陵中的福陵、昭陵的下马牌都是两种类型，一种是五种文字的，在陵的最前面，另一种是三种文字的，靠近陵门。以此分析，三种文字的下马牌当晚于五种文字的下马牌。

## 4. 石牌坊（图4—图6）

昭陵石牌坊建在了正红门正前方。昭陵初建时没有石牌坊，可能是顺治或康熙年间增建的。这座石牌坊由四柱三间三楼构成。牌坊高约10.5米，长约12.6米。每个楼为歇山顶。这座石牌坊均为七踩斗栱。斗栱的坐斗、花板部位均为透雕；每根石柱下部不用夹杆石，而是南北各用一只石狮相倚戗，两端石柱的东西侧面各用一只石獬豸相倚戗。所有

[关外三陵篇] 第三章 皇太极的昭陵及其妃园寝

④
⑤

图4：昭陵石牌坊旧影（1）
图5：昭陵石牌坊旧影（2）

额枋上雕刻的不是传统的旋子或和玺彩画图案，而是二龙戏珠及花卉等图案；这座石牌坊没有夹楼。每个楼顶的四角都悬挂一个风铎。以上这些都是明十三陵和清东、西陵石牌坊所没有的。

从这几幅石牌坊的老照片上可知，民国时期，石牌坊周围的石栏杆遭到了严重破坏，荆棘丛生，荒草遍地，一派荒凉景象。

中华人民共和国成立后，人民政府对石牌坊进行了维修，1988年9月又对石牌坊进行了加固处理。

⑥

图6：昭陵石牌坊侧面旧影

图7：昭陵正红门正面旧影

## 5. 正红门（图7—图11）

正红门是昭陵风水墙的南大门，单檐歇山顶，有三个拱券式门洞，其建筑规制与福陵差不多。与福陵的不同之处有以下三点：一是昭陵的正红门前后都安设了石栏杆，三个券门前各有一座踏跺，踏跺两旁安设石栏杆，石榴望柱头。正中踏跺石栏的抱鼓石前各有一只石狮子。而福陵正红门前后则没有石栏杆。二是昭陵三个券门上的券脸石上的雕刻图案只有中门的是二龙戏珠，两旁门为云朵，而福陵三个券门的券脸石上的图案都是二龙戏珠。三是昭陵三个券门上都嵌有一个石匾，但无字，而福陵的则无匾。和福陵一样，正红门两侧各有一个琉璃袖壁，有中心花和岔角花。中心花是一条飞腾的五爪云龙，龙下是海水江崖，十分形象生动。

通过仔细观察昭陵的正红门老照片发现，其大脊的正中有一个宝塔，两旁各有一个力士，如同角楼十字脊上的葫芦形的宝顶一样。如今，宝塔已经不存在了。

图 8：昭陵正红门屋脊上有宝塔（旧影）
图 9：昭陵正红门侧面旧影
图 10：昭陵正红门北侧台阶石栏旧影
图 11：昭陵正红门西侧袖壁旧影

## 6. 更衣厅照壁及净房院小门（图12—图14）

在正红门前的东侧（左侧）有一个小院落，叫更衣厅，这个院落坐东朝西，主要由门房、更衣厅、净房等建筑组成。门房为单檐硬山顶，面阔三间，进深二间。院内正中是更衣厅。更衣厅坐东朝西，单檐歇山顶，四周带回廊，面阔三间。这里是前来谒陵祭祖的皇帝和后妃们更换衣服、休息的场所。如今更衣厅已不复存在。在更衣厅院内的东墙上有一个砖砌的影壁，卷棚式布瓦顶。壁身中心的盒子心上有砖雕的麒麟和海水江崖。四岔角是砖雕的瑞兽、灵芝、云朵。雕工精美，形象生动。在影壁墙北十几米处有一个带门楼的小门，大青水脊，布瓦顶，砖砌的门垛，安装两扇直楞的木门。这个小门就是通往净房的门户。

图12：昭陵更衣厅院内照壁旧影
图13：昭陵更衣厅院内净房院门楼侧面旧影
图14：昭陵更衣厅院内净房院门楼正面旧影

## 7. 净房老照片（图15—图18）

穿过这个小门是另一个小院。小院的正中有一个四角攒尖式的亭式建筑。这个小亭子就是净房，坐东朝西，北、东、南三面都是槛墙和槛窗，门在西面。所谓净房就是厕所，因为是皇帝用的厕所，所以后人称之为御厕。在清朝，皇家的净房内所用的都是马桶，唯独这个净房内不是，而是与现在的蹲式便池差不多。这个便池在亭内正中，池口为花生状，南北方向，长约一米，宽约半米，石制。池底为坡状，北高南低，池底南端有孔，下有暗沟，通过水冲可以将粪便排放到小院之外。这是迄今为止发现的清朝皇家唯一的水冲厕所。这个御厕，据考证始建于康熙年间。如今御厕已不存在，但基础和便池尚存。

陵寝建更衣和方便之所，完全从实际出发，更具人性化，是陵寝制度的一个进步。关内的清东陵和清西陵均效仿之，并将之改建到大红门内的东侧，但取消了冲水式的便池。

图15：昭陵净房外景旧影
图16：昭陵净房斗栱旧影
图17：昭陵净房便池旧影
图18：昭陵净房遗址

图 19：昭陵宰牲厅门房旧影
图 20：昭陵宰牲厅旧影
图 21：昭陵宰牲厅梁架旧影
图 22：昭陵宰牲厅院内的照壁旧影

## 8. 宰牲厅门房、宰牲厅及照壁老照片（图19—图22）

在正红门前的西侧（右侧）也有一个小院落，与东面的更衣厅形成左右对称之势。这个小院叫宰牲厅。其门房面阔三间，硬山顶。每间前面都安装两扇隔扇门。宰牲厅单檐歇山顶，面阔三间带回廊。中间为四扇隔扇，两稍间各安装四扇槛窗，下为槛墙，均为斜棂窗。三踩斗栱。五架梁，旋子彩画为主，没天花板，其规制高于门房。在院内的西墙壁上也有一个砖砌的影壁，其规制和装饰与更衣厅的照壁一样。

图 23：昭陵宰牲厅馔造房正面旧影
图 24：昭陵宰牲厅馔造房侧面旧影
图 25：昭陵宰牲厅馔造房灶台旧影

### 9. 馔造房（图 23—图 25）

宰牲厅与更衣厅有所不同，在这个小院的北面有一座坐北朝南的房子，单檐硬山布筒瓦顶，面阔三间，内设锅灶。这里是制作供品的场所，称馔造房。

从这些老照片看，当时宰牲厅满院杂草丛生，部分建筑门窗丢失，灶台残破，失于保护和管理。

宰牲厅、馔造房与后面将介绍的茶膳房、果房、晾果楼等都属于为祭祀服务、制作供品的场所，应该建在一起，将宰牲厅、馔造房建在距隆恩殿很远的正红门外，是不合适的。所以关内的清陵，将这类附属建筑都集中建在了隆恩门外，这是清朝陵寝制度的一个进步和完善。

图 26：昭陵碑亭北侧的华表（旧影）

## 10. 华表（图 26—图 28）

昭陵共有三对华表，一对在正红门外的神桥南，一对在正红门内石像生南端，第三对在神功圣德碑亭北。神桥南的华表距正红门很远，柱身为圆柱体，上雕盘龙，蹲龙都向南望，八角形的底座环以八角形护栏，东华表的云板云头上雕有一个圆形太阳，西华表的云板云头上雕有一个弯月；正红门内、石像生南端的华表，蹲龙向北望，柱身也是圆柱体，雕有盘龙，云板上没有日月的雕刻。从老照片上看，底座周围没有护栏，是否被破坏还是现在新增设了护栏，还有待考证。最为奇特的是第三对即神功圣德碑亭北面的那对华表。这对华表的八棱形的柱体上没雕盘龙，通体都是云朵。云板上也没有日月雕刻，全是云朵。天盘之上没有雕刻蹲龙，而是一个圆柱体。圆柱体上雕云龙一条，柱体顶部雕成一个桃形尖，这种做法极为少见。

昭陵三对华表有一个共同特点，就是所有华表上的云板用的都是黑色石料，与柱顶、天盘、柱体、底座的石料截然不同。

图 27：昭陵正红门内侧的华表旧影
图 28：功德碑亭北华表石栏旧影

㉗ ㉘

[关外三陵篇] 第三章 皇太极的昭陵及其妃园寝

图 29：昭陵石像生之石狮旧影
图 30：昭陵石像生之獬豸旧影
图 31：昭陵石像生之坐麒麟旧影
图 32：昭陵石像生之立马旧影

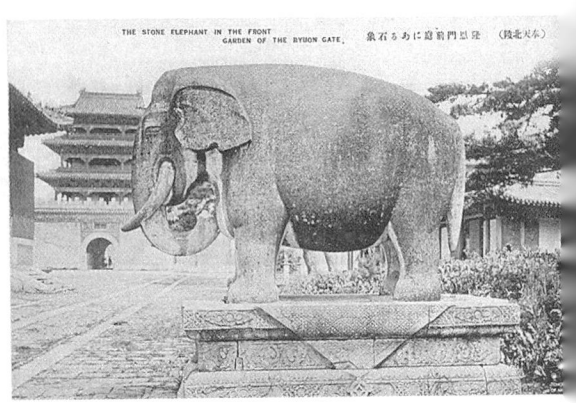

图 33：昭陵石像生之卧骆驼旧影
图 34：昭陵石像生之石象旧影

## 11. 石像生（图 29—图 34）

昭陵石像生位于正红门内至神功圣德碑亭之间的神路两旁，共有六对，从南到北排列顺序依次是：坐狮、坐獬豸、坐麒麟、立马、卧骆驼、立象，数量上比福陵石像生多了两对，种类上比福陵多了獬豸、麒麟、象三种，少了虎。与关内清陵相比，没有文士、武士。昭陵初建时，没有设石像生，现在的石像生是顺治七年（1650 年）补设的。《世祖章皇帝实录》记载如下："顺治七年夏四月已酉，立福陵、昭陵石像生。福陵卧骆驼、立马、坐狮子、坐虎各一对，擎天柱四、望柱二。昭陵立象、卧骆驼、立马、坐狮子、坐兽、坐麒麟各一对，擎天柱四、望柱二。"当时的昭陵规模较小，所以石像生的形体较小，底座也较低矮。随着陵寝的不断增建扩建，规模越来越大，规制越来越高，原来的石雕像就显得小了，与陵寝有些不协调，因此增加了高基座。每个石雕像坐落在高 1 米、长 2.7 米、宽 1.5 米的须弥座上，座上搭锦袱，锦袱的四角各坠一古钱。须弥座的上下枋上还雕有莲花、石榴、卷草等图案。有精美石座的衬托，石像生显得更加华贵而威武。

昭陵一带流传着这样一种说法：石像生中的那对立马是仿照皇太极生前最得力的坐骑大白、小白雕刻的。是否属实，还有待进一步考证。

## 12. 神功圣德碑亭（图35—图45）

　　石像生北神路正中是神功圣德碑亭，其规制与福陵的相同。此碑亭于康熙二十七年（1688年）建，碑文由康熙帝撰写，碑文字体由著名书法家顾藻（顾观庐）所书。碑通高6.67米，碑身（包括贔头）高5.45米，

图35：昭陵神功圣德碑龟趺头部（旧影）
图36：昭陵碑亭内水盘上的龟（旧影）
图37：昭陵碑亭内水盘上的鱼（旧影）
图38：昭陵碑亭内水盘上的虾（旧影）
图39：昭陵碑亭内水盘上的蟹（旧影）
图40：昭陵碑亭内龟趺后尾（旧影）

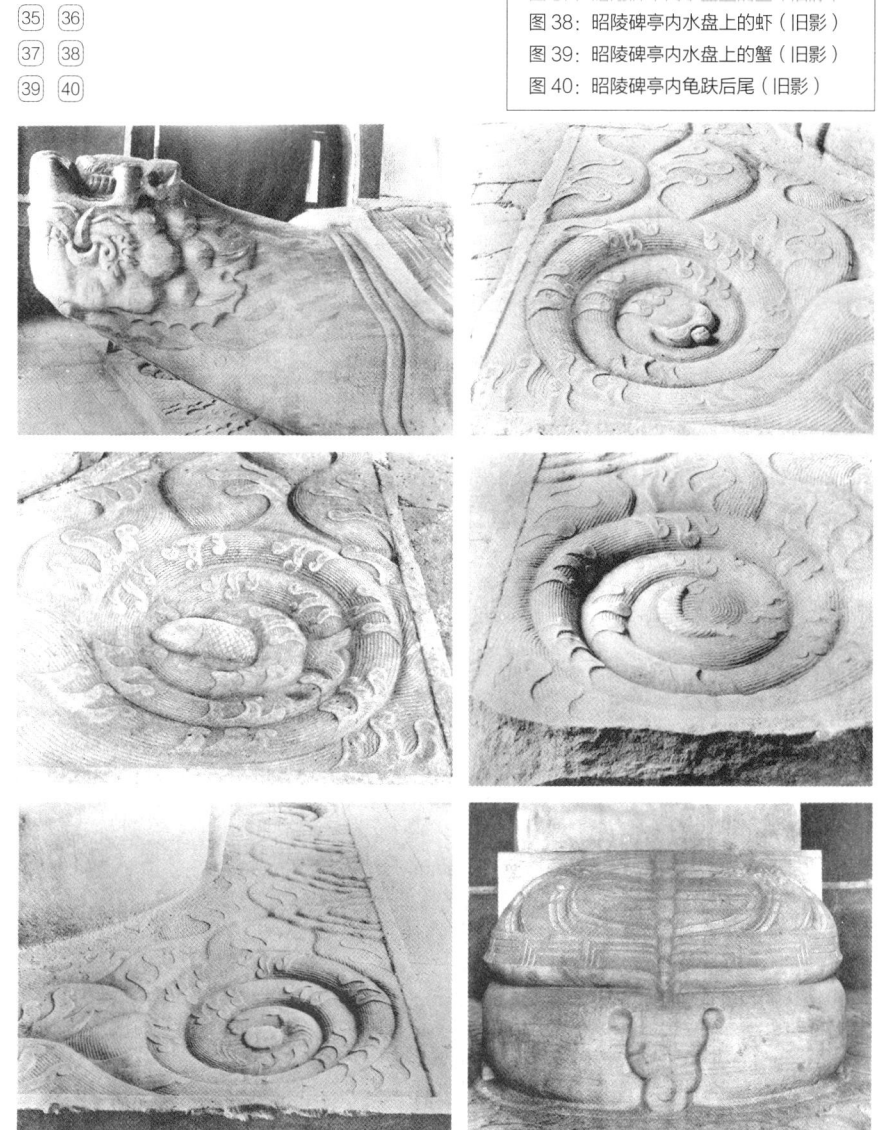

图 41：昭陵龙首龟趺旧影

图 45：昭陵神功圣德碑亭俯视（旧影）

[关外三陵篇] 第三章 皇太极的昭陵及其妃园寝

宽 1.76 米，进深（厚）0.71 米。贔头（碑头）为六交龙，碑额用满汉两种文字镌刻"大清昭陵神功圣德碑"。水盘上满刻水浪波纹，四角分别雕刻鱼、龟、虾、蟹。与关内龙趺都是三尾不同，盛京三陵的龙趺都是一尾。

因这座碑亭是在康熙二十七年（1688年）建的，所以建筑风格和手法与关内清陵的碑亭是相同的。唯有一点笔者百思不得其解，即无论看老照片，还是看现在的建筑，除明楼外，所有建筑的脊上的跑兽都没有仙人，而且明楼、隆恩殿、配殿、角楼、隆恩门、碑亭四角都挂有风铎，这是关内清陵所没有的。

图42：昭陵神功圣德碑亭及隆恩门旧影
图43：昭陵神功圣德碑亭侧面旧影
图44：20世纪30年代的昭陵

图46：昭陵果房、涤器房、陵兵房俯瞰图

## 13. 茶膳房、陵兵房等附属建筑（图46—图49）

在神功圣德碑亭至隆恩门之间的神路两旁建有许多陵寝的附属建筑。在神路的东侧，北面是茶膳房，南面是仪仗房。茶膳房是制备祭祀时所用的祭品、熬奶茶的场所。仪仗房是储存祭陵所用的仪仗的库房。在神路的西侧，纵向有三排房子。靠近神路的第一排，北面是果房，南面是涤器房。这两座建筑都是单檐歇山顶，面阔三间，周围有回廊。果房是备办祭祀时果品的地方。涤器房是洗涮祭器、盘碗的地方。第二排只有一座建筑即陵兵房。第三排，北面是晾果楼，南面是陵兵房。晾果楼为硬山顶、面阔三间的两层小楼，是晾晒祭陵所用的干鲜果品的场所。陵兵房也叫兵舍，是护陵官兵的宿舍，均为单檐硬山顶。第二排的陵兵房为面阔五间，第三排的陵兵房为面阔三间。这七座建筑均为布筒瓦覆顶。昭陵的附属建筑中缺少有省牲功能的建筑，建筑布局有违中国传统的中轴对称原则，略显杂乱。这些不足在后来的关内诸陵中得到了改进。

[关外三陵篇] 第三章 皇太极的昭陵及其妃园寝

图47：昭陵果房正面旧影
图48：昭陵晾果楼旧影
图49：昭陵陵兵舍旧影

## 14. 隆恩门（图50—图52）

昭陵隆恩门基本仿福陵隆恩门规制而建，但也有局部变化，主要有以下四个方面变化：

（1）两陵的城楼均为三层，但福陵每层前后均为六柱五间，山面为五柱四间，而昭陵则每层前后均为四柱三间，山面亦然。

（2）福陵前后题写"隆恩门"的匾，匾外四角有岔角花，而昭陵匾的两旁各有一条升龙陪护。

（3）福陵门洞的券脸石与下面的角柱石不相接，中间断开了。券脸石上雕刻的是二龙戏珠。而昭陵的券脸石与下面的角柱石相连接。券脸石雕刻的是卷云。

（4）从南面看，福陵的整座隆恩门建在一个台基上，南面有垂带踏跺三座，左右有抄手踏跺各一座。而昭陵的隆恩门直接起自地面，城根下为石圭角。

图50：昭陵隆恩门门洞正面旧影

[关外三陵篇] 第三章 皇太极的昭陵及其妃园寝

图 51：昭陵隆恩门北面旧影
图 52：昭陵隆恩门侧面旧影

图 53：昭陵东配楼
图 54：昭陵西配楼正面旧影
图 55：昭陵西配楼侧面旧影

### 15. 配楼（图53—图55）

穿过隆恩门，进入方城院内，东西两侧各有一座单檐硬山的两层小楼，面阔二间，相对而建，覆以黄色琉璃瓦，有前后廊，上层廊上外沿安装木栏杆。多年来，人们一直不清楚这两座配楼的功用，在陵院内设配楼，昭陵是唯一的一例。

### 16. 隆恩殿外观（图56—图64）

昭陵隆恩殿是仿福陵规制建的，四面各显三间带回廊，基本上是一座方形建筑。福陵的隆恩殿的斗匾挂在南面的外檐，这样非常醒目，容易看到。而昭陵的斗匾则挂在了内檐的廊内，不易看到。

昭陵隆恩殿周围的石栏杆与福陵的不同。福陵石栏杆的栏板是透雕的，柱头是蕉叶柱头。而昭陵石栏杆的栏板不是透雕的，柱头多为石榴柱头，凡栏杆拐弯处的柱头都是透雕的云龙，这样的柱头共有十个。

从老照片可知，昭陵隆恩殿四个隔扇门的装饰十分精美，独具一格。每扇都是菱花窗棂，裙板部位是一条团龙。团龙上下衬以蔓草。这种装饰的隔扇门即使以精美豪华著称的慈禧陵的隆恩殿都没有。

图56：昭陵隆恩殿旧影

图 57：昭陵隆恩殿东侧面旧影
图 58：昭陵隆恩殿西侧后旧影

〔关外三陵篇〕 第三章 皇太极的昭陵及其妃园寝

图59：昭陵隆恩殿俯瞰（旧影）

图 60：昭陵隆恩殿前正面台阶旧影
图 61：昭陵隆恩殿前正面台阶石栏旧影
图 62：昭陵隆恩殿石栏杆的龙柱头旧影
图 63：昭陵隆恩殿隔扇旧影
图 64：昭陵隆恩殿隔扇裙版旧影

## 17. 隆恩殿内陈设（图 65—图 75）

隆恩殿是供设墓主人神牌、举行祭祀活动的场所。殿内陈设在当时是保密的，很少有人知道其中的奥秘。昭陵隆恩殿内的这些陈设老照片为我们揭开了其神秘的面纱。关内清陵，无论帝后陵，还是妃园寝，在殿内都建有暖阁。暖阁内设神龛。神椅摆放在暖阁内，神龛外。而关外三陵的隆恩殿（永陵是启运殿）都不建暖阁，只设神龛。神龛就是一个小屋子，也有门窗隔扇、屋顶。在神龛门口有一个木制的脚踏。所谓脚

图 65：昭陵隆恩殿宝床上的香龛旧影
图 66：昭陵隆恩殿内宝座旧影

图 67：昭陵隆恩殿内龙座旧影
图 68：昭陵隆恩殿内凤座旧影
图 69：昭陵隆恩殿内龙座细部旧影
图 70：昭陵隆恩殿内凤座细部旧影

踏其实就是一个木踏跺。因为过去有"事死如事生"的理念，为了让死者进入神龛方便，所以设了这个踏跺。在神龛内设有一个宝床，形似一个大宝座，三面有挡板。宝床上铺着褥子，叠放着两床被子，还有两个枕头。许多人都认为皇帝、皇后的神牌直接摆放在宝床上。其实不然，神牌是放在香龛内，再将香龛摆放在宝床上。这张珍贵的老照片使我们

[关外三陵篇] 第三章 皇太极的昭陵及其妃园寝

知道了宝床上香龛的样子。大祭时，将神牌从香龛里取出，摆放在殿内的宝座上，祭祀完毕再将神牌放回香龛内。

因为昭陵只埋葬着皇太极和孝端皇后二人，所以在神龛前只摆放着两个宝座，龙座在左（东），靠背顶上雕刻着三条云龙。凤座在右（西），靠背顶上雕刻着三只凤。每个宝座上都铺有坐褥、靠背、扶手。每个宝座下都设有脚踏。宝座前是供案，祭祀时摆放供品。供案前是五供。五供即香炉一个、花瓶两个、烛台两个。五件器物均为珐琅器。每件器物都摆放在一个圆休的黑漆描金香几之上。五供前是牲匣。牲匣内盛放太牢（初为一牛一羊一豕，后改为一牛二羊）。在神龛旁摆放神椅两把。戳灯是祭祀时照明用的。佛花也叫佛堂花，每当清明节时，给每位墓主人敬献佛花一座，摆放在隆恩殿内，到岁暮大祭日焚化。多年来佛花是什么样谁都不知道，这幅昭陵佛花的老照片展示了佛花的真面貌。

图 71：昭陵隆恩殿五供旧影
图 72：昭陵五供之香炉旧影
图 73：昭陵神椅旧影
图 74：昭陵戳灯旧影
图 75：昭陵佛花旧影

— 80 — 大清皇陵旧影

图 76：昭陵东配殿背面旧影
图 77：昭陵西配殿正面旧影
图 78：昭陵西配殿侧面旧影

⑦⑨
⑧⓪

图 79：昭陵方城内景（左）旧影
图 80：昭陵方城内景（右）旧影

## 18. 配殿及方城（图 76—图 80）

昭陵的东西配殿为单檐歇山顶，四面带回廊，台基为石须弥座。昭陵配殿与福陵的相比，有一个重大变化，就是由五间改为了三间。为何有此变化呢？笔者认为，因为这个院内的主体建筑隆恩殿地位最尊贵，等级也最高。隆恩殿是单檐歇山顶，面阔三间带回廊，如果同样是单檐歇山顶的配殿建成五间，明显超越了隆恩殿，不免有以次压主之嫌，显得主次不分，可能是这个原因才将配殿改为了三间。

从"隆恩殿俯瞰""方城内景"这几幅老照片上可以看到，原来方城之内的地面，神路两旁没有海墁砖，是土地，用一条砖铺的甬路通向东西配殿，焚帛亭也建在土地上，周围都是草。院内的墁砖与现在的福陵一样。而另一幅"东配殿背后旧影"显示神路两旁已墁上砖，一直墁到了两配殿前的台基。此为何时所墁有待考证，笔者推测是在民国时期。

### 19. 马道老照片（图81）

福陵、昭陵的方城是指陵院的围墙，而关内帝后陵的方城则是指明楼下面的城台。马道就是指福陵和昭陵方城上的墙顶面。昭陵马道宽5.4米。青砖铺成，道面向内倾斜。内沿成砌带长方孔的宇墙，外沿成砌垛口，与一般城市的城墙做法差不多，具有一定的防御作战功能。

图81：昭陵方城马道旧影

## 20. 二柱门（图82—图83）

昭陵隆恩殿后面是二柱门，其规制与福陵一样。与关内清陵的二柱门唯一不同的是：关内二柱门的两个蹲龙是相对的，而福、昭二陵的二柱门，二蹲龙都是面朝明楼的。

昭陵的二柱门有一个奇异的现象，就是两个蹲龙的双脚都被铁链子锁着。清陵有七座二柱门，为什么偏偏昭陵有这个现象呢？有人认为是后来的人为了增加游人的兴趣而故意这样做的。可是从这些20世纪30年代拍的昭陵老照片上看，那时候蹲龙的双脚上就已有了铁链，可见铁链由来已久。

图82：昭陵二柱门及石五供旧影
图83：昭陵二柱门上蹲龙旧影

蹲龙的双脚为什么锁上铁链？在当地流传着这样一个传说：蹲龙俗称望天犼，当年在建昭陵二柱门，雕刻望天犼时，石匠不小心把手碰破，几滴血洒在了望天犼上。长年累月，这两只望天犼承上天之雨露，受日月之精华，成了精，经常夜里出来作祟，危害守陵官兵。守陵官兵奈何它们不得，只得上奏皇帝。皇帝闻听大怒，下令用铁链将这两只望天犼的双脚锁在柱子上。从此以后，这两只望天犼再也下不来了。很显然这是一个神话传说，不必信它。但蹲龙的双脚被铁链子锁着却是真的，为什么要锁着，又是什么时候锁的，现在谁也说不清。

## 21. 石五供（图84）

二柱门北约两米处是石五供，长方的须弥座形的祭台上正中摆放着鼎式炉，两侧是花瓶，最外侧是烛台。昭陵石五供花瓶上的花是单独用一种颜色比较深的石料雕制的。关内的瓶花是马鞍山产的紫砂石雕的，昭陵的瓶花是否是紫砂石，是否是马鞍山产的，还有待考证。福陵石五供的瓶花因为已经不存在了，又没有看到老照片，所以是不是紫砂石，也需要考证。

图84：昭陵石五供旧影

昭陵也好，福陵也好，二柱门和石五供都建在隆恩殿到明楼下的墩台之间，两座建筑相距都很近，显得十分局促。据考证，福陵和昭陵初建时，没有二柱门和石五供，是后来增建的。但从文献上看，至今尚未找到有关记载。无论从五供的排列顺序、器型上看，还是从纹饰上看，风格都差不多，再结合关内顺治帝孝陵的石五供，推测福陵和昭陵的石五供可能建于康熙初年。从二柱门石柱上的须弥座形的天盘装饰来看，与康熙帝景陵的二柱门相似，所以福陵和昭陵的二柱门也应建于康熙早期。这两座建筑很可能是同时增建的。当然这只是笔者的推测，还需要文献的证实。

## 22. 明楼及朱砂碑（图 85—图 91）

昭陵和福陵的明楼都是在康熙四年（1665 年）三月十六日增建的。1937 年 5 月 29 日凌晨 3 时 30 分，昭陵明楼被雷电击中起火，整个明楼被焚毁，朱砂碑被严重烧裂。正在东北当伪满洲国皇帝的溥仪听说自己老祖宗陵的明楼被烧毁了，非常震惊和恐慌，他认为这是上天在示警，是对他投靠日本，有辱列祖列宗、不忠不孝的警告和发怒。为了弥补过失，他一方面在伪皇宫内设祖宗牌位，天天祭奠祈祷，一方面命他的伪处长陈曾寿负责尽快把明楼修复起来，所有开支一律从他掌管的"内帑"中列支。

图 85：昭陵明楼正面檐部旧影

因朱砂碑无法更换，只得用三道铁箍箍住。经过加紧施工，明楼于1939年建成。书中的两张昭陵明楼老照片是1927年拍摄的，为焚毁前的明楼。我们现在看到的明楼是经溥仪修复的。那个题写"昭陵"的斗匾也是此次修复时复制的。关外三陵的斗匾，都是居中的满文字较大，两旁的蒙、汉两种文字较小。而新复制的昭陵明楼斗匾，满、蒙两种文字一样大，汉字更大，明显违背了原来的规律，与福陵明楼的斗匾也完全不是一个风格。

图86：昭陵琉璃影壁旧影
图87：昭陵明楼旧影（1927年拍摄）

[关外三陵篇]　第三章　皇太极的昭陵及其妃园寝

图88：昭陵朱砂碑旧影
图89：朱砂碑碑座正面旧影
图90：朱砂碑碑座侧面旧影
图91：被烧后的昭陵朱砂碑

### 23. 哑巴院（图92）

在明楼的墩台（关内称方城）和宝顶之间有一个很隐蔽的小院，这个小院就是哑巴院。昭陵的哑巴院与福陵的一样。这两个陵的哑巴院与关内皇帝陵的哑巴院相比，有四点不同：一是关内哑巴院的北墙（贴砌琉璃影壁的那道墙）是直的，而福陵和昭陵的这道墙都是弯的。二是关内哑巴院的地面全部墁砖，而福、昭二陵的只墁中间神路部分。三是关内哑巴院内东西两端各设一个七星沟漏（孝陵的为六星沟漏），沟漏下有排水暗沟，以排除院内积水。而福、昭二陵哑巴院内没有发现有排水设置。四是关内哑巴院内东西两端各设了一座转向磴道，以上明楼。而福、昭二陵各在明楼东西两侧各设了一座不转向的台阶。从老照片上看，昭陵的台阶是砖砌的，而现在改为石砌的。

图92：昭陵哑巴院旧影

图 93：昭陵月牙城及宝顶旧影
图 94：昭陵明楼及宝顶旧影

## 24. 宝城、宝顶（图 93—图 94）

昭陵初建时并没有建宝顶、宝城、地宫，只是将皇太极和孝端皇后的宝宫葬入殿内的地下。康熙二年（1663年）九月初九日始建地宫，同年十二月二十一日正式将皇太极和孝端皇后的宝宫葬入地宫。随后又建了明楼。宝城的垛口是品字形的，而方城的垛口是长方形的。福陵和昭陵的宝顶与关内皇帝陵的宝顶不太一样，一是比较陡直。二是宝顶大体是圆锥形，周围坡度一样，而不像关内的宝顶那样南面坡度较缓，北面坡度较陡。

福陵和昭陵都效仿永陵，在宝顶的顶部人为地栽了一棵"神树"即榆树。从昭陵宝顶的老照片上看，在1927年时神树已枯死，如今看到的"神树"是后来栽的。

## 25. 东西红门及二间房（图 95—图 101）

昭陵风水墙的东西进深墙各开一个门，分别称东红门和西红门，其建筑规制为单檐歇山顶，有拱券门一个。除门洞比正红门少了两个之外，其余都一样。在每个门外的北侧都设下马牌一座。同时在门外的北侧各建了一座值班房，单檐硬山卷棚布瓦顶，面阔二间，因此称之为二间房。房前有一个小院子，有院门楼一座。这座房是供护陵官兵住的，因此在房内建有锅灶，房山砌有烟筒。如今这两门的二间房都已不复存在。

图 95：昭陵东红门正面旧影
图 96：昭陵东红门侧面旧影

[关外三陵篇] 第三章 皇太极的昭陵及其妃园寝

图97：昭陵西红门正面旧影
图98：昭陵东红门外的二间房子旧影
图99：昭陵东红门外二间房子内灶台旧影

图 100：昭陵西红门外二间房子旧影
图 101：昭陵西红门外二间房子侧面旧影

## 二、仅存坟头的昭陵妃园寝

昭陵妃园寝位于北陵公园内，烈士陵园西 50 米，昭陵西旁，坐北朝南，具体营建日期不详，约在建昭陵之后。据《奉天昭陵图谱》载，这座妃园寝南北长 49.78 米，东西宽 26.7 米。清朝陵寝，无论是帝后陵还是妃园寝，一般院落平面都是前方后圆形式，而昭陵妃园寝和福陵妃园寝一样，都是长方形的（见图1）。根据老照片和有关文献得知，这座园寝建有茶果房、大门、享殿、11 座坟头。

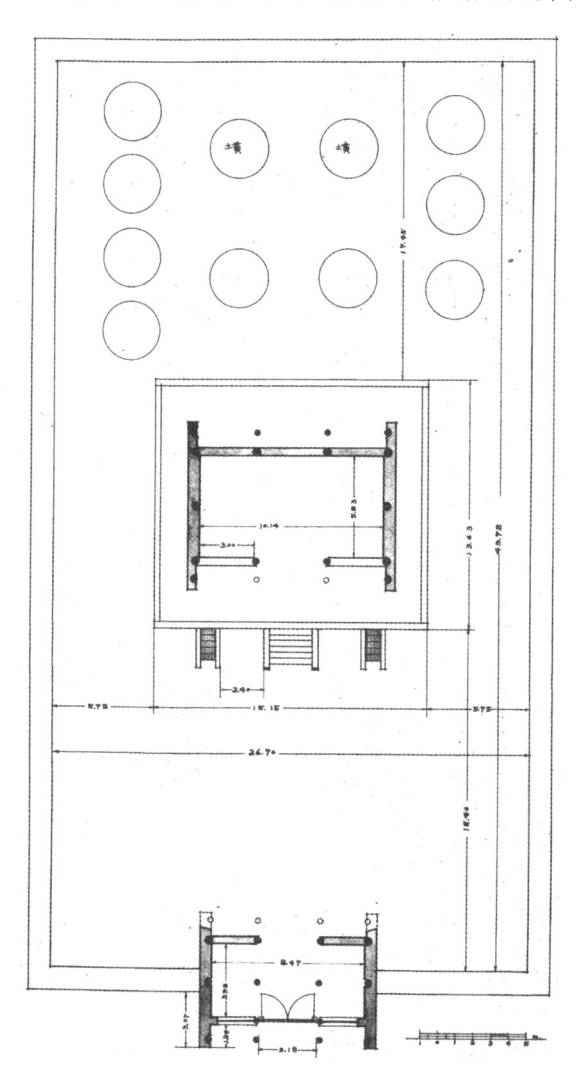

这座妃园寝早在中华人民共和国成立前就已毁掉无存，如今仅剩下树丛中的几座土丘。

图1：载在《奉天昭陵图谱》中的昭陵妃园寝平面图

图2：昭陵妃园寝茶果房旧影

### 1. 茶果房（图2）

笔者存有一张昭陵妃园寝的茶房和果房的老照片。从这张老照片上可知茶房和果房都是单檐硬山顶，面阔二间，布筒瓦顶。《奉天昭陵图谱》中的妃园寝平面图中，在享殿前的两侧没有任何建筑，大门外部分未绘。笔者认为茶房和果房属于附属建筑，不应建在大门以内，只能建在大门以外。根据中国建筑的传统规律，讲究中轴对称，所以在茶房和果房的对面还应该有两座类似的建筑。当然这只是笔者的推测，还有待进一步考证。

### 2. 大门（图3）

大门，单檐硬山顶，面阔三间，进深二间，前后有廊。有大门一个，内面阔（内墙皮至内墙皮）8.47米。从老照片上看，安实榻大门两扇，每扇门上有纵向门钉九排，横向门钉五排，与关内妃园寝大门迥异。

### 3. 享殿（图4—图6）

享殿，单檐硬山顶，面阔三间，前后出廊。台基面阔15.15米，进深13.63米，覆以绿琉璃瓦。台基前有三座七级垂带踏跺。梁架结构有三架梁和五架梁。瓜柱根部有卷云式角背，饰以旋子彩画。廊心墙方砖陡砌，无雕刻图案。

[关外三陵篇]　第三章　皇太极的昭陵及其妃园寝

③

④

图3：昭陵妃园寝大门旧影
图4：昭陵妃园寝享殿旧影

图5：昭陵妃园寝享殿梁架旧影
图6：昭陵妃园寝享殿廊心墙旧影

### 4. 宝顶（图7—图8）

据《奉天昭陵图谱》得知，妃园寝后部建有11座宝顶，共4纵排，从东往西依次为3座、2座、2座、4座。已知皇太极的关雎宫宸妃海兰珠、懿靖大贵妃娜木钟、康惠淑妃巴特玛·璪葬在了这座园寝内。皇太极有记载的后妃是15位，除了孝端皇后、孝庄皇后和这3个妃子外，目前尚不清楚还有哪些妃嫔葬入了这座园寝。现在这11座坟冢隐没在树林中。

图7：贵妃骨灰坛
图8：昭陵妃园寝西侧四座土坟丘现状

清东陵是清朝在关内开辟的第一座皇家陵园，也是清朝最大的一处皇家陵园。它位于今河北省遵化市马兰峪以西，始建于康熙二年（1663年）二月十五日，完工于光绪三十四年（1908年），陵园总面积约2500平方公里，建有皇帝陵5座、皇后陵4座、妃园寝5座，共14座陵园。葬有皇帝5位（顺治帝、康熙帝、乾隆帝、咸丰帝、同治帝）、皇后15位、妃

# 清东陵篇

嫔136位、皇子1位，共157人。康熙帝、乾隆帝、孝庄皇后、慈禧皇太后、容妃（即香妃）、苏麻喇姑等清朝著名人物都葬在这里。陵园外围还建有皇太子、王爷、大臣、公主、保姆、贞臣等大量陪葬墓。清东陵是我国现存规模最大、埋葬人数最多、布局最规范的皇家陵园。

图1：清亡后不久的昭西陵旧影
图2：约20世纪40年代的昭西陵（1）
图3：约20世纪40年代的昭西陵（2）

# 第一章　风水墙外的昭西陵

昭西陵是孝庄皇后的陵寝。孝庄皇后本来应合葬到沈阳的皇太极昭陵，或将昭西陵建在昭陵左右，以示陪葬之意。然而事实上，孝庄皇后既未与皇太极合葬，昭西陵也未建在昭陵附近，而是建在了关内的清东陵且在风水墙外。令人匪夷所思的建陵地点、奇特的陵寝规制、曲折的建陵史，使昭西陵扑朔迷离，充满了神秘色彩。

## 1. 昭西陵全景老照片（图1—图4）

按照中国人的传统习惯，妻子是要与丈夫合葬的，因此，孝庄皇后应该与皇太极合葬，入葬沈阳昭陵。可是孝庄皇后留恋自己亲手抚养大的儿子顺治帝和孙子康熙帝，于是她以皇太极入葬已久，卑不动尊为理由，留下遗嘱，要求将自己葬在关内儿子的孝陵近地。康熙帝既不想违背传统的祖制家法，又不忍心违背祖母的遗嘱，于是就在孝陵之南，风水墙外的大红门前东侧建了一座暂安奉殿。孝庄皇后的灵柩在那里停放了37年之久，雍正帝即位后，于雍正三年（1725年）二月初三日动工，到同年十一月底竣工，将暂安奉殿改建为昭西陵。

图4：20世纪40年代初的昭西陵前景

## 2. 孝庄皇后画像（图5）

孝庄皇后，名本布泰，也叫布木布泰。这位出生于美丽的科尔沁大草原的蒙古姑娘，在她13岁的时候就嫁给了比她大21岁的亲姑父皇太极（在11年前，她的姑母哲哲嫁给了皇太极）。本布泰为皇太极生下了三女一男，这个男孩儿就是大清王朝入关第一帝——世祖章皇帝福临。本布泰出嫁九年后，她的姐姐海兰珠也嫁给了皇太极，姑侄三人共事一夫，这在中国历史上都是少见的。天聪十年四月十一日，皇太极黄袍加身，位登九五，当上大清皇帝，改元崇德，成了名副其实的大清国第一位皇帝，并完善后妃制度，册封本布泰为庄妃。皇太极死时，庄妃刚31岁。她生的皇子福临继承了皇位，庄妃作为皇帝的生母，母以子贵，被尊为皇太后。康熙帝即位后，她又被尊为太皇太后。康熙二十六年十二月二十五日（1688年1月27日）子时，本布泰走完了她波澜壮阔的非凡的人生之路，于慈宁宫溘然长逝，享年75岁，经累朝加谥，最后谥号为"孝庄仁宣诚宪恭懿至德纯徽翊天启圣文皇后"，被后世誉为清初女政治家。

图5：孝庄皇后常服像

### 3. 昭西陵神道碑亭（图6—图8）

因为皇后陵是皇帝陵的附属陵寝，位于皇帝陵旁，所以皇后陵不建神道碑亭。清朝建的第一座皇后陵孝东陵就没有建神道碑亭。按道理说昭西陵也不应该建神道碑亭。由于昭西陵有其特殊情况：它虽然与昭陵同一体系，是昭陵的附属陵寝，可是昭陵远在关外的沈阳，而昭西陵在

图6：昭西陵神道碑亭旧影
图7：20世纪60年代昭西陵神道碑亭遗址
图8：昭西陵神道碑亭现状（2012年）

关内的孝陵附近，与昭陵相隔有千里之遥，不能明显表明昭西陵与昭陵的隶属关系。鉴于此，雍正帝在为孝庄皇后营建昭西陵时，没有被制度所限制，采取了务实灵活的方式，特为昭西陵建了神道碑亭，这本来是合情合理，谁都理解的，从没人因此而提出过昭西陵逾制。乾隆帝在为生母孝圣皇后营建泰东陵时，也严格遵循古制，没有为母亲的泰东陵营建神道碑亭。可是在营建慈安陵和慈禧陵时，本来这两陵紧靠咸丰帝的定陵，不应该建神道碑亭，可她们不顾昭西陵的特殊情况，硬是仿昭西陵之制，给这两座定东陵都建了神道碑亭。从这件事情上可以看出这两位皇太后破坏陵寝祖制、不顾国家大局、私欲过重的心态。昭西陵神道碑亭重檐歇山顶，每座拱券门上没有券脸石。在神道碑上镌刻"孝庄仁宣诚宪恭懿至德翊天启圣文皇后之陵"19个字，没有乾隆元年加的"纯徽"二字。碑亭于中华人民共和国成立前烧毁，至今不明失火原因。

### 4. 昭西陵东、西朝房遗址（图9—图10）

在昭西陵隆恩门外两侧原来各建有面阔五间的东、西朝房。到了20世纪50年代初，这两座朝房被毁，都仅存了南北两房山。如今仅存台基。

图9：20世纪60年代初昭西陵东朝房遗址
图10：20世纪60年代初昭西陵西朝房遗址

图11: 20世纪60年代初昭西陵隆恩门残状
图12: 现在的昭西陵大门（2016年）

### 5. 隆恩门遗址（图11—图12）

昭西陵隆恩门单檐歇山顶，面阔五间，进深两间。清朝其他帝后陵的隆恩门三个门及扇面墙都是居中的，也就是说门前门后进深一样，唯独昭西陵隆恩门与众不同，三个门和扇面墙不居中，而是外面进深大，里面进深小。这种做法有可能受明陵影响。

在20世纪50年代，昭西陵隆恩门被毁，只能做一个小木门。如今隆恩门仍未能恢复，只存台基。

### 6. 三座门（图13—图15）

三座门建在隆恩殿的前面，是昭西陵的一个特色。关内的清朝陵寝，无论帝后陵，还是妃园寝，在一般情况下，作为后寝部分的门户，都将三座门建在隆恩殿的后面，帝后陵的叫陵寝门，妃园寝的叫园寝门。可是昭西陵的三座门却建在了隆恩殿和东西配殿的前面，而将陵寝门建在了隆恩殿的两侧，这在清朝帝后陵寝中是唯一的。另外昭西陵的这三座门与众不同。一般帝后陵的三座门只有中门的门垛上有琉璃的中心花和岔角花，檐下有琉璃斗栱，而昭西陵三座门的三个门的门垛上都有琉璃的中心花和岔角花，三座门檐下都有琉璃斗栱。

昭西陵三座门精巧、华美、高超的装饰形式得到了慈安和慈禧的格外垂青。在营建她俩的陵寝时，决定仿照昭西陵三座门的样式建造。说是仿照，实际上是超过了昭西陵的三座门。为什么这样说呢，因为昭西陵三座门的门垛下碱，只有中门是石制的须弥座，两旁门没有须弥座，而慈安陵和慈禧陵的三座门，三个门的门垛下碱全是石须弥座。

20世纪80年代初，在维修孝陵石像生北的龙凤门时，缺失了许多琉璃斗栱，到琉璃瓦厂定做已远水解不了近渴。于是就把昭西陵的两旁门的斗栱拆来用到了龙凤门上了，准备等以后把龙凤门的琉璃斗栱烧制好了后再移回昭西陵。可是到现在已过去快40年了，昭西陵三座门的琉璃斗栱还在孝陵龙凤门上安着，不知何年何月才能物归原处。

图13：20世纪40年代初的昭西陵琉璃花门及隆恩殿

图 14：20 世纪 60 年代初的昭西陵三座门旧影
图 15：2005 年时的昭西陵三座门

### 7. 清朝唯一庑殿顶的隆恩殿（图16—图21）

昭西陵的一个重要特点是隆恩殿为重檐庑殿顶，这在清朝所有皇陵中是等级最高的、也是唯一的。为什么连康熙帝的景陵、乾隆帝的裕陵以及骄奢淫逸的慈禧的菩陀峪定东陵的隆恩殿都不是重檐庑殿顶，而生前简朴的孝庄皇后的陵却建了等级如此之高的隆恩殿呢？笔者认为，昭西陵是由暂安奉殿改建而成的。在建暂安奉殿时未按陵寝规制而建，将享殿建成了重檐庑殿顶。在将暂安奉殿改建为昭西陵时，为了节省经费，缩短工期，没有拆除暂安奉殿时的享殿，而是当成了陵寝的隆恩殿。当然这只是笔者的分析推测，还有待于文献的支持。

中华人民共和国成立前后，尽管昭西陵各建筑已多有残破，但整体上还是比较完整的。从图2这张老照片上，我们有了一个重要发现：昭西陵隆恩殿大脊的正中有一个宝瓶或火焰宝珠样的东西，因为照片模糊，所以到底是什么不清楚。这是清陵其他隆恩殿中都没有的。对此，笔者有如下推测：因为这类装饰只有寺庙的大殿上才有，联想孝庄皇后生前笃信佛教，所以在为她建的暂安奉殿享殿大脊上安装了这件东西。雍正三年（1725年），在把暂安奉殿改建为昭西陵时，这座享殿保留下来，被当成了陵寝的隆恩殿，这件东西没有取下来，继续安设在殿脊上。实际情况是否如此，还有待史料的证实。

这座清朝唯一的重檐庑殿顶的隆恩殿到了20世纪60年代因年久失修，加之自然的损坏，遍体鳞伤，残破严重，不仅门窗隔扇早已不翼而飞，而且殿顶只剩下了半个。殿的大部分梁架长年累月遭受风雨的侵袭。一些别有用心的人为了让隆恩殿早日坍倒，故意将其柱子的根部砍成锥子形。可是这座大殿工程质量极好，尽管惨遭破坏，仍伟然屹立，毫不折腰。在20世纪70年代初期，为了保护隆恩殿，让长年累月裸露的木架不再受风吹雨淋霜打，经国家批准，整个隆恩殿被拆掉，如今仅存台基。在拆之前，笔者曾多次到昭西陵参观，充分领略到这座清朝唯一重檐庑殿顶的隆恩殿的雄姿。

图 16：20 世纪 40 年代初的昭西陵隆恩殿
图 17：20 世纪 60 年代残破的昭西陵隆恩殿正面
图 18：20 世纪 60 年代残破的昭西陵隆恩殿背面

[清东陵篇] 第一章 风水墙外的昭西陵 111

图19：20世纪60年代昭西陵隆恩殿天花及梁架
图20：20世纪50年代，残破的昭西陵隆恩殿殿内的柱子已被砍成了锥形
图21：如今隆恩殿和东西配殿仅存台基（2012年）

⑲
⑳
㉑

图 22：20 世纪 60 年代初昭西陵东配殿遗址
图 23：20 世纪 60 年代初昭西陵西配殿遗址
图 24：昭西陵东燎炉遗址旧影
图 25：昭西陵西燎炉现状

## 8. 东西配殿仅剩山檐墙（图 22—图 23）

昭西陵原来的东西配殿面阔五间，单檐歇山顶，20 世纪 40 年代尚存，可是到了 60 年代则仅存南北山墙和后檐墙，殿顶及门窗隔扇全部无存。如今东西配殿仅存台基。

## 9. 燎炉遗址（图 24—图 25）

昭西陵原建有东西燎炉。到了 20 世纪 60 年代仅存遗址。西燎炉遗址多少还能看出燎炉的大概样子，东燎炉仅存几块残砖。

〔清东陵篇〕 第一章 风水墙外的昭西陵

图 26：20 世纪 40 年代初的昭西陵西陵寝门及西配殿
图 27：昭西陵西陵寝门旧影

图28：西陵寝门现状（2012年）

### 10. 陵寝门遗址（图26—图28）

昭西陵的另一个重要特点是将陵寝门建在隆恩殿两旁，单檐歇山顶，有琉璃斗栱，门垛上身有琉璃的中心花和岔角花。门的前后有垂带踏跺。如今仅存遗址。

### 11. 神厨库遗址（图29—图32）

昭西陵神厨库在神道碑亭东侧，到了20世纪50年代，神厨、南北神库、省牲亭已被毁，仅存山檐墙。如今仅存遗址。

图29: 昭西陵省牲亭遗址旧影
图30: 昭西陵神厨库北神库残破状况（旧影）

图 31：昭西陵神厨库南神库残破状况（旧影）
图 32：昭西陵神厨库遗址现状（2005 年）

图33: 20世纪60年代昭西陵井亭倒塌后的惨状
图34: 21世纪初的昭西陵井亭遗址

## 12. 井亭遗址（图33—图34）

井是每座陵必设的，不仅制作供品需用大量的水，就是那些昼夜在陵上巡逻的八旗兵丁、在陵负责管理和备办祭品的内务府、礼部员役日常饮水都要从井亭里取用，更重要的水井是消防安全的保障。可是不知为什么，昭西陵的井亭竟设在了距神厨库东约一百米远的地方，取水用水极不方便，不知当时的陵寝设计人员出于怎样的考虑。自昭西陵以后，所有皇帝陵和皇后陵的井亭无一例外地都建在了神厨库的南墙外不远的地方，极大地方便了用水。这也是陵寝规制的一个进步吧。中华人民共和国成立前，昭西陵井亭已毁坏无存，到20世纪60年代仅剩下了一个井柱。到如今仅剩有井口石枋。井内扔了许多垃圾，井水接近枯干。村民们为什么没想到利用这口井浇灌农田呢？

图 3：顺治帝朝服像

# 第二章　顺治皇帝的孝陵及其皇后陵寝

## 一、清朝关内第一陵——孝陵

顺治帝的孝陵是清王朝在关内营建的第一座皇陵，是清东陵的首陵，在清陵中规模最大。孝陵始建于康熙二年（1663 年），陵宫部分建成于康熙三年（1664 年）十一月。其石像生、石牌坊、神功圣德碑亭在以后多年中陆续建成。孝陵内葬顺治帝、孝康皇后、孝献皇后。孝陵是关内清陵中唯一埋葬骨灰的陵寝，也是清东陵唯一未被盗掘成功的陵寝。

### 1. 孝陵图（图1）

乾隆年间，宫廷画家绘制了从永陵到裕陵七座皇帝陵的陵图。多年来笔者在各种出版物上只看到过永陵、福陵、昭陵、景陵、泰陵、裕陵六座陵的陵图，从来未见到过孝陵的陵图，感到非常奇怪。偶得一位网友给笔者发来一张陵图，我一看正是所缺的顺治帝的孝陵陵图，只不过品相差点，照片小点，尽管有这些不尽如人意之处，但总算把七张陵图凑全了。这七张陵图虽然不是实测图，也不是施工图，都是示意图，但对于陵寝研究也是有帮助的。

图1: 乾隆朝绘制的《孝陵图》

② 大清皇陵旧影

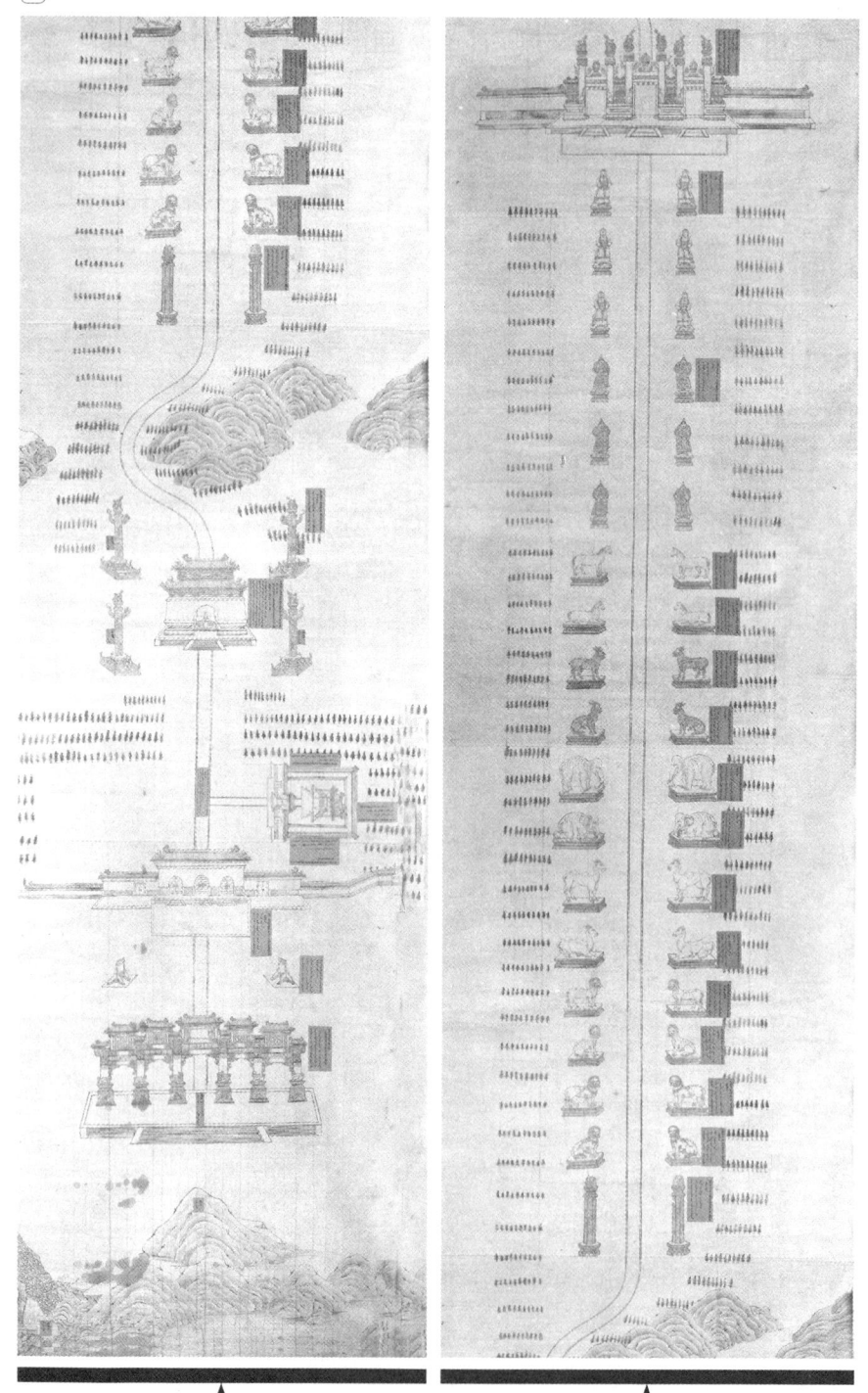

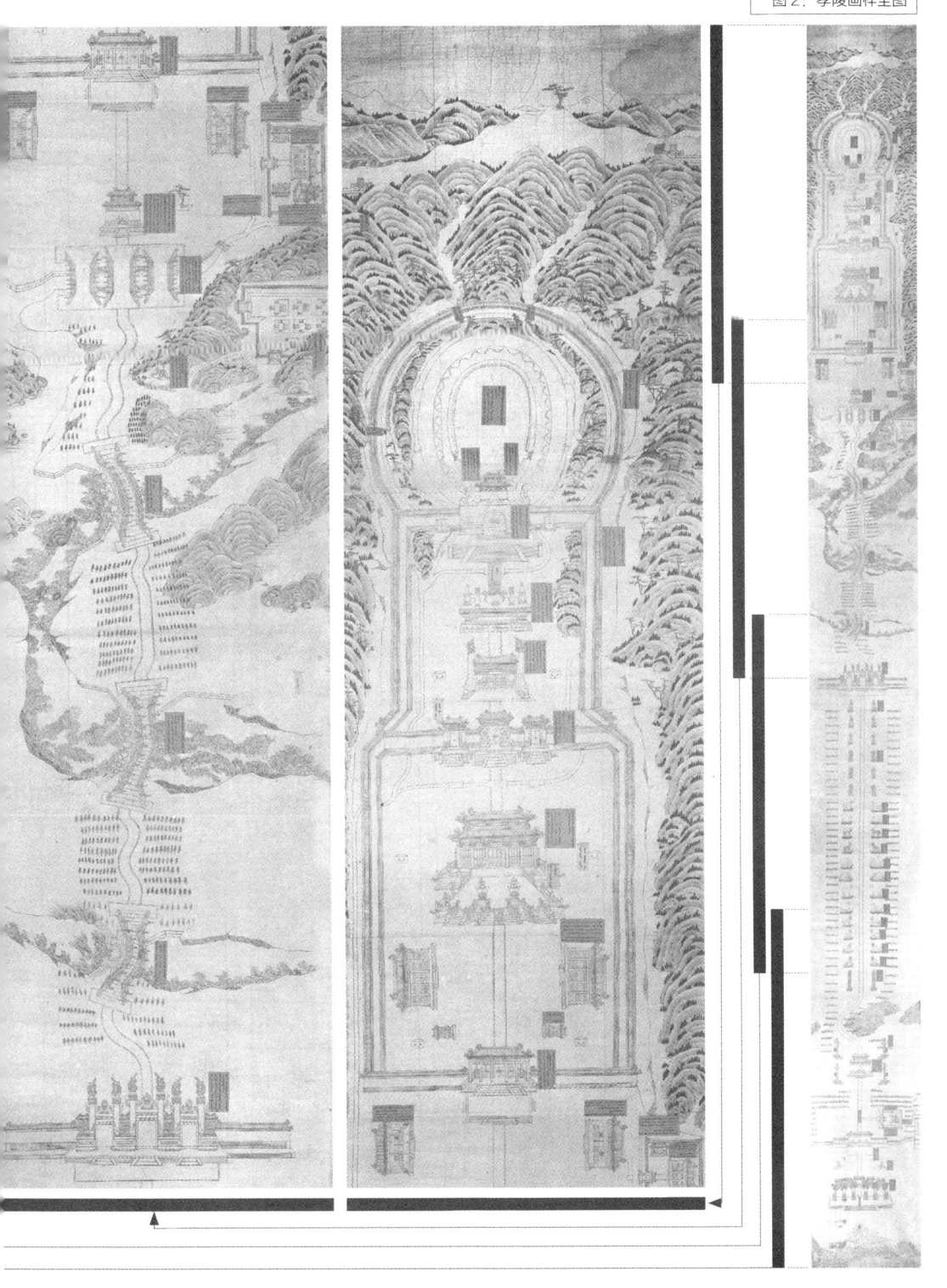

[清东陵篇] 第二章 顺治皇帝的孝陵及其皇后陵寝

图2：孝陵画样全图

## 2. 孝陵画样全图（图2）

在中国第一历史档案馆珍藏着一件清孝陵画样全图，长1071厘米，宽85厘米，如此之长的图实在罕见。这张图与宫廷画家画的图相比，更加真实，不仅画出了全部建筑，而且每座建筑的建筑规制、屋顶形式都画了出来，在黄标签上用满汉两种文字将该建筑的相关尺寸一一标明。更为难得的是，这张图上还标注石牌坊和四根华表"未建造"，表明石牌坊和华表是最后建造的。

大概20世纪90年代初，笔者到中国第一历史档案馆查阅档案时，发现了这张图。按照一般情况图纸是不让看的，更不用说拍照。由于笔者从1977年就开始到那里查档案，与档案馆的领导和工作人员都很熟，而且这张图确实对东陵的研究很有帮助，经过馆领导批准，同意笔者将全图拍下来。因为图太长，笔者一个人忙不过来，除摄影师和我之外，又从档案馆找了两位工作人员协助。全图10多米长，我们分段拍。档案馆有专门拍图的摄影室和摄影师，将图的一端贴在墙上，用磁块将每段图固定在墙上，其他的人负责图的保护和舒展。全图分10段拍摄，用半天时间拍摄完毕。

## 3. 顺治帝画像（图3）

顺治帝，爱新觉罗·福临，太宗皇太极第九子，生于崇德三年正月三十日（1638年3月15日）戌时，生母为永福宫庄妃即后来的孝庄皇后。崇德八年八月二十六日于沈阳皇宫的大政殿即皇帝位，时年6岁。次年改元顺治元年（1644年），由睿亲王多尔衮和郑亲王济尔哈朗辅政，同年八月二十日顺治帝迁都北京，从沈阳出发，九月十九日由正阳门进入紫禁城。顺治帝于同年十月初一日在紫禁城皇极门（太和门）再一次举行登基大典，从此成为清朝入关后的首位皇帝，后统一全国。顺治八年（1651年）正月十二日亲政。顺治十八年正月初七日（1661年2月5日）子时，顺治帝因患天花病死在养心殿，年仅24岁，在位18年。贞妃董鄂氏和侍卫傅达礼为其殉葬。顺治帝的梓宫最初停放在乾清宫正中。二月初二日梓宫奉移到景山寿皇殿暂安。三月二十四日上庙号、谥号"世祖体天隆运英睿钦文大德弘功至仁纯孝章皇帝"。同年十一月二十四日神牌升祔太庙。四月十七日百日礼这一天，由高僧茚溪森秉烛，将梓宫火化，骨灰装入宝宫（骨灰坛之类）。康熙二年（1663年）四月二十四日，顺治帝的宝宫奉移遵化昌瑞山下的孝陵。同年六月初六日（1663年7月10日）戌时，顺治帝的宝宫及孝康皇后、孝献皇后的宝宫同时葬入孝陵地宫。雍正元年（1723年）八月初二日加上"定统建极"四字。乾隆元年（1736年）三月十一日加上"显武"二字。最后庙号谥号全称为"世祖体天隆运定统建极英睿钦文显武大德弘功至仁纯孝章皇帝"。

顺治帝有记载的后妃32人，有皇子8人、皇女6人。

**4. 孝康皇后像（图4）**

孝康皇后，佟佳氏，赠少保都统佟图赖的女儿，崇德五年（1640年）生，初入宫为庶妃。顺治十一年三月十八日（1654年5月4日）巳时，年仅15虚岁的佟佳氏在景仁宫生下了一个男婴，这个男婴非等闲之人，他就是后来享誉世界的康熙大帝。《清实录》记载了孝康皇后生育康熙帝玄烨的情形：

先是孝康章皇后诣慈宁宫问安，将出，衣裾褶间有龙盘绕，太皇太后见而异之，问知有娠，顾谓近侍曰："朕曩孕皇帝时，左右尝见朕裾褶间有龙盘旋，赤光灿烂，后果生圣子，统一寰区。今妃亦有此祥征，异日生子必膺大福。"至上诞降之辰，合宫异香，经时不散。又五色光气充溢庭户，与日并耀。是时，宫人以及内侍无不见者，咸称奇瑞云。

《大清景陵圣德神功碑碑文》记载了类似的内容。

康熙帝即位后，佟佳氏被尊为皇太后，康熙元年（1662年）十月初三日上徽号为"慈和皇太后"。康熙二年（1663年）二月十一日亥时病逝,年仅 24 岁。10 天后即二月二十一日,佟佳氏的梓宫奉移到坝上殡宫暂安。五月二十七日上谥号"孝康慈和庄懿恭惠崇天育圣皇后",不称"章皇后"。孝康皇后的神牌不升祔太庙和奉先殿,只供奉孝陵

图 4:孝康章皇后朝服像

隆恩殿内。康熙二年（1663年）五月二十八日寅时，宝宫奉移孝陵，六月初六日戌时随顺治帝宝宫及孝献皇后宝宫葬入孝陵地宫。康熙九年（1670年）闰二月二十三日，康熙帝命群臣会议孝康皇后升祔太庙和系谥事。群臣会议的结果是孝康皇后应系世祖庙谥，称"章皇后"，并应升祔太庙和奉先殿。康熙九年五月初一日，孝康皇后的神牌升祔太庙，八月初一日，将系过谥的孝康皇后的神牌供在了孝陵隆恩殿内。雍正元年（1723年）八月初二日加上"温穆"二字。乾隆元年（1736年）三月十一日加上"端靖"二字。最后谥号全称是"孝康慈和庄懿恭惠温穆端靖崇天育圣章皇后"。

⑤

图5：民国初期的孝陵石牌坊

图6：20世纪40年代初的孝陵石牌坊

## 5. 石牌坊（图5—图7）

牌坊是我国古代建筑中的一种独特的建筑形式，一般建在古建群的最前面，它可以起到刚进入古建群就马上构成艺术高潮，把整组建筑烘托得更加华丽和层次分明的作用。清东陵的石牌坊采用木结构形式，完全用巨大的石件结构而成五间六柱十一楼。石牌坊通高12.48米，面阔31.35米，结构和谐，比例适中，造型美观，庄重雄伟。规模如此巨大的石牌坊，目前在我国只有寥寥数座。东陵石牌坊的楼脊、吻兽、瓦垅、椽飞、斗栱全部用巨石雕成，额枋上雕刻旋子彩画图案，昔日彩画的颜色至今还能看到。牌坊的每座楼均为最高形式的庑殿式，既表明了牌坊的自身等级，也显示出皇家陵园的崇高地位。每根石柱的根部均用巨大的夹杆石夹护着，以增强牌坊的稳定性。夹杆石的顶部雕刻着两对卧麒麟、四对卧狮。中间两柱的夹杆石（四面）上浮雕云龙戏珠，次间两柱的夹杆石上浮雕异兽（有的专家称摩羯龙）衔花，最外侧的两柱夹杆石上浮雕双狮戏球，龙腾狮跃，浪涌波翻，栩栩如生，充满了生机勃发之意。

因为这座石牌坊位于大红门正前方，所以它虽然属于孝陵，也可视为整个清东陵的石牌坊，它稳重典雅，雄伟高大，来访者身临其下，顿生肃穆之感。

三百多年来，它历尽风雨的侵袭、烈日严寒的磨难、多次地震的颠簸，仍然巍然耸立，毫无倾斜之处，令人不能不佩服我国古代匠师们的超人才智和创造能力。

清东陵的石牌坊是仿明十三陵的长陵石牌坊而建，尺寸略有增加。清西陵的石牌坊又是仿清东陵石牌坊而建，雕刻图案略有变化。

清东陵石牌坊（图5）这张老照片非常珍贵，它帮助解决了两个重大问题，一个是大红门屋顶的规制（下文将详细叙述），另一个是大红门前值班房的方向问题（这个问题将在"泰陵石牌坊"条目中叙述）。

图7：清东陵石牌坊（2005年）

图8：20世纪40年代尚未修复的清东陵大红门
图9：20世纪80年代中期的大红门

## 6. 陵园的正门——大红门（图8—图12）

  无论是明十三陵，还是清东陵、清西陵，都由许多座陵寝组成，有首陵和非首陵之分，排列有序，神路相连，主次分明。这些陵寝有共用的围墙——风水墙，有共用的具服殿，有共用的大门——大红门。

大红门是皇家陵园的正门，单檐庑殿顶，有三个拱券式的门洞，覆以黄色琉璃瓦，表明了它的尊贵和重要。大红门两侧还各有一个随墙便门。从大红门两侧伸出的风水墙就像两条长长的臂膀，把陵园的"前圈"抱拢来。大红门前左右各有一座值班房，有官兵昼夜看守。值班房南各有一座下马牌，用满、蒙、汉三种文字在两面各镌刻"官员人等至此下马"的字样。据清宫档案记载，大红门的正脊两端的龙吻上分别挂

图10：20世纪90年代初，孝陵大红门。神路上的荒草被清除，神路两侧修了辅路，未栽植风景树，因此可将大红门及两侧的随墙便门一览无余

图11：清东陵自1996年开始申报世界遗产。为了恢复清代时的原貌，1997年在孝陵神道两侧栽植了20行风景树。大红门前也逐步开始栽种风景树

有两条铜镀金的吻链。同治十二年（1873年）六月二十一日深夜，在大雨中，巨雷将西端的龙吻击碎，吻链震为两段。大红门安有吻链是很少有人知道的，如果看不到这件清宫档案，恐怕这一史实就永远湮没在历史的烟尘中了。

大红门可谓陵园锁钥。如此重要的皇陵大门，在清王朝覆亡后，中华人民共和国成立前，遭到了严重破坏。从图8可知不仅六扇实榻大门不翼而飞，屋顶也被全部拆毁无存，两侧的随墙便门成了豁口。大门前后野草丛生，瓦砾遍地，一片凄凉破败景象。大红门仅存墙体。

1977年，新上任不久的清东陵文物保管所所长宁玉福敏锐地预见到"文化大革命"结束后，随着文化事业的发展，必然要有一个旅游高潮的到来。清东陵是清王朝规模最大的皇陵，清朝著名的皇帝、后妃差不多都葬于此，而且邻近北京，必然会成为旅游参观的重要景点。孝陵神路是进入陵园的最佳路线，大红门是清东陵的正门，必经之处，是清东陵的"脸面"，所以必须复建。可是有关大红门的任何资料都没有，连原来是什么形式的屋顶都不知道，向附近村民了解，众说纷纭。于是，宁所长派笔者带着瓦工师傅赵生、赵福禄去清西陵考察，看到西陵的大

图12：大红门今貌 ⑫

红门是单檐庑殿顶的。但东陵的大红门就一定与西陵的一样吗？领导踌躇难决。正在这时，笔者从民间找到了一套清亡后不久拍的清东陵老照片，其中的这张老照片（图5）虽然照的是石牌坊，但从石碑坊中门可见到大红门，恰恰是单檐庑殿顶的，与清西陵的大红门一样。原来清西陵的大红门是仿照清东陵的大红门建的。正是这张老照片，一下子解决了大红门的屋顶规制问题，显示了老照片的重要作用。

在解决了大红门屋顶规制问题以后，为了解决施工尺寸和具体做法问题，清东陵又派古建队的主要工程技术人员和摄影师，再一次去清西陵详细考察勘测大红门。因为清东陵文物保管所当时没有汽车，这些人便开着消防车前往，车上配两名司机，轮流开车，歇人不歇车，中途不休息，带着干粮和水，在车上吃，一口气赶到清西陵大红门，下车就量尺寸，拍照片，这一切做完后，连夜赶回了清东陵。

20世纪70年代，木料非常紧缺，没有木料怎么办？于是就决定采取用水泥预制椽飞，屋顶内部完全用碎砖头砌筑的方法。这样整个大红门一根木料也未用，虽然这种做法违背古建维修原则，但在当时的特殊情况下不失为一个没有办法的办法。至今大红门已修复四十年了，一点下沉变形的迹象也没有。

复建大红门工程于1979年5月8日正式开工。笔者清楚地记得，在施工中，国家文物局资深高级工程师陶宗震先生到工地视察，发现没有"推山"（简单地说即加长庑殿顶正脊长度），于是当场就在他的指导下推了山。1979年10月1日全工告竣。新建的大红门富丽堂皇，为清东陵旅游增加了一个新的闪光点。

大红门建成初期，孝陵神路两侧还没有辅路，行人、车辆都在神路上走。后来征地，修了辅路。20世纪90年代后期，清东陵申报世界遗产，开始在辅路两旁栽植仪树。在树长大以前，站在大红门南能看到两旁的随墙便门，还能从大红门东西门洞看到四根华表。如今树长大了，便门看不到了，从大红门东西两门洞也看不到华表了。

### 7. 具服殿（图13—图15）

具服殿也叫更衣殿，位于大红门北约30米远的神路东侧。具服殿坐东朝西，单檐歇山顶，面阔三间，有前廊。殿前有月台，月台左右（南北）各有一座三级抄手垂带踏跺。月台前有一高台甬路，直通西面的中门。具服殿南间后面3米远的地方有一个净房，单檐硬山顶，面阔一间，有隔扇门四扇，没有后门。具服殿南间后檐墙有一小门，通向净房。红色的围墙将具服殿及净房围起来，形成一个独立的小院子，西墙有三个门，中门为歇山顶式的门楼，两旁为随墙门。具服殿是来谒陵的帝后妃们休息、更衣、方便之所。

图13：20世纪70年代残破的孝陵具服殿遗址
图14：1992年，孝陵恢复了具服殿

图15: 2000年1月15日，让·路易·鲁迅先生一行在具服殿观看东陵沙盘（右一为笔者）

清朝灭亡以后，随着东陵逐渐失去管理，具服殿遭到了毁灭性的破坏，殿只剩下了两个半截山墙，净房仅存基址，三个门成了三个豁口，围墙也残破不堪，殿前的月台和高台甬路还存在。

1991年，为了恢复陵寝原貌，适应旅游事业的发展，清东陵文物管理处决定复建具服殿。得知清西陵的具服殿还保存得十分完整，于是清东陵派出工程技术人员和瓦木工匠，专程去清西陵考察了具服殿。通过实地考察掌握了具服殿的规制和尺寸。清东陵的具服殿复建工程于1992年兴工，当年建成。

在清东陵申报世界遗产的最关键时刻，2000年1月15日，联合国教科文组织派国际古迹遗址理事会秘书长让·路易·鲁迅先生来清东陵进行现场评估考察，一行人在具服殿内观看了清东陵沙盘。

图16：清亡后不久的孝陵神功圣德碑亭

## 8. 关内的第一座神功圣德碑亭（图16—图22）

孝陵的神功圣德碑亭是清朝入关后，仿明十三陵长陵神功圣德碑亭规制，在关内建的第一座神功圣德碑亭。该碑亭始建于康熙七年（1668年）正月。它有两个"之最"，两个"唯一"，即建得最早，建筑最高；它是关内五座功德碑亭中唯一立一统碑且唯一称"神功圣德碑亭"的，而其他那四座均立双碑，都称"圣德神功碑亭"。

明十三陵中除长陵、思陵外，其余11座皇帝陵以及清朝关外的永陵、福陵和昭陵，都建有功德碑亭，但体量很小，且碑亭外四角都不设立华表。而明长陵和关内清陵的功德碑亭，每座碑亭外都立有四根华表，这四根华表在清代叫擎天柱，它不仅能使碑亭更华美壮丽，起到装饰映衬的作用，还能起到扩大体量的作用，使碑亭本身不再显得孤零零的。

现在我们所看到的孝陵神功圣德碑亭并非是康熙七年建的。那座原建的碑亭已经在光绪二年（1876年）消失了。它是怎么消失的呢？情况是这样的：

光绪二年闰五月十二日（1876年8月1日）下午6时左右，从北面的远山后面涌升起一团团浓云，很快布满天空，大地昏暗无光，万物寂静，似乎预感到一场灾难就要降临。突然一阵暴风刮来，飞沙走石，紧接着电光闪闪，雷声大作，雨点如注，倾盆而下。夜幕降临后，雨势加急，雷电愈紧。突然，一道闪电划破夜空，紧接着一声巨雷当空炸裂，突见孝陵神功圣德碑亭南面上檐斗栱火烟腾起，很快蔓延四周，顷刻之

图17：20世纪40年代初的孝陵神功圣德碑亭

图18：1980年时的孝陵神功圣德碑亭南面
图19：1980年时的孝陵神功圣德碑亭东侧面

间整座碑亭变成了一团火球，烈焰腾腾，金蛇乱舞，瓦片飞迸，气浪冲天。大火在瓢泼大雨中熊熊燃烧，火光映红了夜空，20里之外都能看到。驻守在马兰峪东府和西府的东陵守护大臣毓橚、溥芸闻知孝陵神功圣德碑亭起火，吃惊不小，赶紧冒雨迅速赶到现场。但见烈焰四射，瓦片乱飞，气浪扑人，根本就不能近前。况且楼身高大，下部是十余米高的墙体，火焰全在上部，尽管在倾盆大雨中，火势丝毫不减，靠人力根本不能扑救。毓橚等只得指挥官兵弁役在碑亭四周保护，严防火势蔓延到四周仪行树。到后半夜3时左右，大雨才停，而大火继续燃烧。天亮时，木架塌落，火势逐渐熄灭，木构件已全部化为灰烬，砖石酥裂，碑身劈折，赑头坠地，龟趺破裂。

正在垂帘听政的慈安、慈禧两宫皇太后闻知孝陵神功圣德碑亭被焚毁，立刻派工部尚书魁龄、工部右侍郎桂清赶赴东陵查看，随后，任命魁龄、桂清为承修大臣，重建孝陵神功圣德碑亭。冬季清理现场，备办物料，来年春天开工。经工部按例估算钱粮，除铜、铁、颜料、布匹、纸张、杉木、琉璃料件等直接取用外，其他物料、工价共需银401713

两 7 钱 9 分 8 厘 5 毫。光绪三年（1877 年）二月初一日午时破土兴工，按原来规制营建，重新立碑，镌刻碑文，将残破龟趺按已有裂缝，分成四块，用六轮练车分四次运出兴隆口外，择净地掩埋。残破碑身上因镌有列圣庙号尊谥，不能埋掉，于是在马兰峪孝陵礼部库建一座三间库房，拉运到那里珍藏。重建工程于光绪五年（1879 年）十月全工告竣。

清朝灭亡后，由于年久失修，到 20 世纪 80 年代，孝陵神功圣德碑亭已十分残破。经国家文物局批准并拨款，由清东陵文物保管所古建队施工，对孝陵神功圣德碑亭进行一次大修，于 1981 年 10 月 12 日动工，1984 年 9 月 5 日完工。那次维修时，最初不知道四个券门内的门窗隔扇是什么样的，通过详细察看老照片（图 16），得知是落地明式隔扇，门顶窗为月牙窗。老照片再一次发挥了作用。

中华人民共和国成立后，在马兰峪的孝陵礼部衙门原址上建起了马兰峪粮库。库房内存放的孝陵功德碑残件却不知了去向。

图 20：1997 年修复后的孝陵神功圣德碑亭

图21：光绪二年闰五月被烧毁的孝陵功德碑
赑头于2011年5月找到并拉回了东陵

2011年5月，有人发现，在遵化城西的一家工厂内有一件石碑的残件，听说这件石碑残件是从马兰峪粮库旧址地下挖出来的。经政府做工作，于当年5月下旬将这个石碑残件拉回东陵，摆放在孝陵神功圣德碑亭南门口外东侧的台基下。

笔者听说了这件事后，非常兴奋，在6月5日下午前往考察。到那里一看，原来残件是石碑的赑头（即碑头），下面还带有少部分碑身上的满汉文字。碑额上的文字是"大清孝陵神功圣德碑"，用满汉两种文字镌刻。从残存的碑身上的文字来看，也是满汉合璧，汉字在左，楷书，21行。满文在右，因碑残缺，仅存27行，与现在孝陵神功圣德碑亭内的新碑相比，尺寸基本一样。这就可以确凿无疑地证实这赑头就是康熙七年正月所立的孝陵神功圣德碑上的原件。

本来碑身与赑头同放在库房保存，赑头找到了，碑身为什么没有找到？到哪里去了？笔者对此耿耿于怀。2013年9月22日，马兰峪四村一户办喜事，笔者去帮几天忙。其间从马兰峪张志友先生口中得知碑身就在马兰峪东关他们的工厂院内，是与碑头同时发现的。碑头拉到了遵化城西的工厂，残破的碑身就拉到了马兰峪的工厂。笔者一听简直不敢相信自己的耳朵，苦心寻觅多年的孝陵功德碑身难道就这样轻而易举地找到了吗？张先生见笔者有些不信，马上开着车拉着笔者到了他们的工厂。在工厂院内偏东堆放铁料的角落里果然发现了许多残破的青白石石件，经笔者细看，上面刻有汉字和满文，在一块石料上刻着这样的文字"……诞生宫内红光昭辉香气弥漫经久不散　金陵僧号者其臣下执之以降由是下……"这正是孝陵神功圣德碑上的碑文。这些石块是孝陵神功圣德碑残件已确凿无疑！这家工厂距笔者家只有1里之遥，近在咫尺，竟然多年不知！让笔者寻找了多年。这真是"踏破铁鞋无觅处，得来全不费功夫"。当天笔者就在微博上发了这个消息，五天后即9月27日，几名清陵的爱好者专门从北京赶来观看此碑，并将汉字比较多的一块进行了传拓。我们经过仔细清点，残碑石件共有13块。时至2019年7月10日，这些石残件仍保存在这家工厂内。

图22：康熙七年立的原碑碑额文字拓片

## 9. 孝陵石像生（图23—图31）

陵墓设石像生，早在汉代就已有之。最初是为了镇墓驱邪，保护死者，后来逐渐演变成了墓主人生前权力地位的象征。明十三陵只有首陵明成祖的长陵设有石像生，非首陵不设石像生。清陵打破了这一制度，非首陵也设石像生。根据清朝陵制，只有皇帝陵才能设石像生。清朝的十二座皇帝陵中有八座陵寝设了石像生，最早的永陵、道光帝的慕陵和之后的惠陵、崇陵受国力的限制，都未设石像生。在清陵的八组石像生中，规模最小的为弩尔哈齐的福陵石像生，只有四对石雕像。规模最大的是顺治帝的孝陵

图 23：民国初期的孝陵石像生中的文士
图 24：民国初期的孝陵石像生中的武士

图25：20世纪60年代的孝陵石像生
图26：孝陵石像生及神道旧影

石像生，有18对石雕像，序列长达870米，排列在笔直的神路两侧，犹如两列威武雄壮的仪仗队，使来访者立刻产生崇敬肃穆之感。

孝陵石像生的石雕像的种类、数量及排列顺序基本仿明长陵而设。其主要不同之处是石人的服饰不同。从民国初期的这六张孝陵石像生老照片上还能看到神路两旁的仪树。到了1924年左右，陵园内的所有仪树及海树基本砍伐殆尽。20世纪80年代以前，神路成了当地交通的主要道路，各种车辆任意通行。神路西侧的庄稼超过了石像，种到了神路边。只有东侧有一条小土路。石雕像受到了严重的损坏,许多部位,如象牙尖、朝珠、手指、辫子、耳朵、底座棱角等凸出部位都被凿伤。神路墁砖及铺石皆损伤严重。20世纪90年代,神路两侧开出辅路,车辆辗轧神路的现象才被杜绝。自申报世界文化遗产以后,神路上才不见了荒草。如今孝陵石像生已成为清东陵一道亮丽的风景线。

图 27:民国初期的孝陵石像生中的卧马
图 28:民国初期的孝陵石像生中的卧象

[清东陵篇] 第二章 顺治皇帝的孝陵及其皇后陵寝 143

㉙
㉚

图 29：民国初期的孝陵石像生中的卧骆驼
图 30：民国初期的孝陵石像生中的立麒麟

图 31：如今的孝陵石像生（2012 年 5 月）

[清东陵篇] 第二章 顺治皇帝的孝陵及其皇后陵寝

图 32：20 世纪 70 年代的孝陵一孔拱桥
图 33：20 世纪 90 年代修复之后的孝陵一孔拱桥

## 10. 一孔拱桥（图 32—图 33）

一孔拱桥位于龙凤门以北的孝陵神路上，桥面每侧原来安设 10 根二十四气式的望柱、九块栏板，造型小巧玲珑。在清亡后的多年战乱中，这座小桥也未能躲过灾难，石栏杆毁坏无存，仅剩下了桥面（图 32）。

20 世纪 90 年代初，清东陵文物管理处按照原样恢复了一孔拱桥的石栏杆。2016 年又对该桥进行了全面大修，对马槽沟泊岸也进行了重砌，取消了后来增加的马槽沟两泊岸的石栏杆，恢复了原样，2017 年完工。

图 34：20 世纪 60 年代的孝陵七孔拱桥

## 11. 七孔拱桥（图 34—图 35）

七孔拱桥，在明十三陵只有明成祖的长陵有；清东陵只有顺治帝的孝陵有；清西陵只有雍正帝的泰陵有。我们不难发现，明清皇陵，凡是拥有七孔拱桥的，都是皇家陵园的首陵，这足以表明七孔拱桥的崇高地位。

孝陵七孔拱桥长 110 米，宽 9.08 米。桥面两边的石栏杆有栏板 126 块，望柱 128 根，二十四气式柱头。桥下有 7 个巨大的拱券式桥洞，远远望去，如玉龙卧波，长虹经天，十分雄伟壮观。它是清东陵桥面最长、桥孔最多的拱桥。然而它之所以名震遐迩，既不在于它拥有最长的桥身，也不在于它具有最多的桥孔，而在于这座石桥能发出

图35: 21 世纪孝陵七孔拱桥东侧

声音。如果我们敲击一下这座桥的栏杆，就能听到钟磬般的声音。尽管每块栏板形制相同，大小一样，石质相同，然而发出的声音却不相同，有的清脆响亮，有的婉转悠扬，还有的浑厚低沉。我国古代音乐分"宫、商、角、徵、羽"五音，因此，有人就把孝陵七孔拱桥称为五音桥。

其实能发出声音的石桥不仅仅是孝陵七孔拱桥，孝陵的一孔拱桥、五孔拱桥和三路三孔拱桥也是五音桥。在清朝陵寝中孝陵是唯一有五音桥的陵寝。

从这张老照片（图34）来看，在20世纪60年代，孝陵七孔拱桥每侧石栏杆两端的栏板、望柱丢失不少。20世纪70年代末，清东陵文物管理处补齐了所有缺失的栏板和望柱。在2016年又对该桥进行了全面大修，将坑洼不平的桥面石重新铺墁，将马槽沟两泊岸原来没有而后来安的石栏杆全部取消，恢复了原状。工程于2017年完工。

关于孝陵七孔拱桥，在清东陵地区流传着一个"钦差大臣敲竹杠"的故事，故事是这样的：

光绪九年，由于国家财政越来越紧张，看守皇陵的官员俸饷往往不能按时足额发放，而那些陵寝官员们花天酒地、任意挥霍的日子过惯了，没钱受不了，于是他们整天变着法儿地寻找生财之道。一天，他们灵机一动，计上心来。他们深深地知道，皇帝再没钱，修他们老祖宗的陵寝是从来不吝啬，肯花钱的。于是他们急忙上书皇帝，说"世祖章皇帝的孝陵七孔桥二百余年来未经修理，桥面铺石多有伤折沉陷，栏杆石间有损坏歪闪，各券洞砖块破碎严重，不时掉落，此处券洞为圣驾所必经之地，如遇皇差车马过桥，倘砖块掉落，关系匪轻。急需维修，以昭敬慎，以重皇陵"。光绪皇帝闻知此事，提起御笔，一咬牙，批了40万两白银，命陵寝官员尽快诹吉兴工，务必工精料实，早日完工。银子很快就拨到了东陵。其实，七孔拱桥根本就不像陵寝官员说的那样损坏严重，只是由于长年累月雨淋日晒，石栏杆水锈很多很厚，显得很陈旧，个别桥面铺石有些不平走闪。陵寝官员早就成竹在胸。他们只派了几个石工，把石栏杆薄薄地刮了一层，见见新；把不平走闪的石块进行归安，没用一个月，就完工了，就像一座新桥一样，所用银两微乎其微。眼看着40万两银子就要搂到手了，那股高兴劲儿就甭提了。工程完工没几天，光绪帝派来了一位钦差大臣，专门来验收修桥工程。陵寝官员听到这个消息，不觉暗暗心中发慌，但表面上还强作镇定。因此他们格外小心地接待这位钦差大臣，唯恐露出马脚。他们满脸赔笑，点头哈腰，毕恭毕敬地陪着钦差大臣到工地去验收。钦差大臣围着七孔拱桥转了几圈后，嘴角上露出了一丝笑意，什么话也没说就回马兰峪公馆了。陵寝官员在府邸大摆宴席，水陆俱备，极为丰盛。他们把钦差大臣请到上座，殷勤劝酒，觥筹交错，融洽备极。当酒至半酣时，陵寝官员试探地问钦差大臣："大人，您这次来东陵验收工程，觉得怎样？能使皇上满意吗？"钦差大臣仰起头来，两眼眯缝着，装作略带醉意的样子，耸了耸双肩，微笑着慢条斯理地说："工程嘛，很不错，坚固美观。工程如此之速，诸大人齐心戮力，用心良苦，可想而知，堪为嘉奖！本钦差回京复旨时，一定在皇上面前全力保奏。不过本钦差倒想看一看废旧石料放在何处？不知各位大人意下如何？"这句话虽然说得轻松，但对于陵寝官员来说，就像一把锋利的宝剑，刺中了他们的要害。他们大惊失色，伸出来的舌头半晌也没缩回去。他们知道钦差大臣已看出了破绽，无法挽回。他们交换了一下眼色，同时伸出了两个手指，大家点了头。由一人出面，语调略带颤抖地说："大人，卑职等罪该万死，话就说到这儿吧，那个数……"那个陵寝官说到这里，伸出了四个手指，对钦差一比，继续说"给您拨过一半就是了。万望大人高抬贵手，在皇上面前多多美言，卑职等则三生有幸了"。那钦差大臣见目的已经达到，马上换了另一副面孔，哈哈大笑，说："各位大人何必如此认真呢，本钦差只不过一句笑谈而已。来来来，咱们共同干一杯！"陵寝官员们这时候还哪有心思喝酒，但钦差的话又不敢不听，只得皮笑肉不笑地勉强应付。酒席最后不欢而散。这位钦差身不动，膀不摇，20万两银子就到了手，那个美劲儿就甭说了。而那些陵寝官员们眼看着就要到手的白花花的40万两银子却先装进了钦差腰包一半，真比割自己的心肝还难受，然而又无可奈何，只得暗自叫苦。

## 12. 孝陵前景（图36—图38）

顺治帝的孝陵是清东陵的首陵，建得最早，是后世清陵效仿的蓝本。因年代久远，所以受到的损坏相对也比较严重。这张孝陵前景老照片摄于20世纪20年代。孙殿英盗陵之前，陵寝建筑比较完整，隆恩殿和隆恩门上的吻链还都存在，各殿宇的木构件比较完整，但一些细小地

图36：清亡后不久的孝陵前景

方已残缺不全，如神道碑亭墙上的柱窗（为了散发柱子内的水气，防止柱子腐烂，在墙体上对着柱子的部位镶嵌镂刻花草人物图案的砖）已经丢失；碑亭券门的隔扇门也已不在，代以木栅栏；昌瑞山上的树已日渐稀少；昔日平整干净的海墁上已蒿草遍地，显示出王朝覆亡后的萧条凄凉景象。

孝陵是清东陵唯一一座神道碑亭在三路三孔拱桥北的皇帝陵。

图 37：民国初期的孝陵前景
图 38：如今的孝陵前景（2005 年）

图 39：20 世纪 60 年代的孝陵三路三孔拱桥，石栏杆残缺不全

图 40：2006 年时的孝陵三孔拱桥

### 13. 三路三孔拱桥（图39—图40）

明陵，在陵宫前建三路一孔拱桥。清朝皇帝陵，在陵宫前建三路三孔拱桥，这也是清陵与明陵的区别之一。中间的桥是帝后棺椁、神牌通行的桥，故称之为神桥。东桥是皇帝走的桥，故称之为君桥。西桥是大臣通行的桥，故称之为臣桥。在关内皇帝陵中只有孝陵和景陵这三座桥的石栏杆望柱头都是二十四气式柱头，桥孔上方没有吸水兽。在中华人民共和国成立前的几十年中，这组桥曾遭到严重破坏，石栏杆残缺不全。20世纪90年代修缮孝陵时，这组桥也得到了修缮，补齐了缺失的石栏杆构件。

图41：20世纪60年代孝陵东朝房的残破景象

### 14. 孝陵东朝房和西朝房（图41—图44）

清朝的皇帝陵和皇后陵的隆恩门前左右都建有面阔五间的东朝房和西朝房，这是陵寝内务府员役制备供品的地方。在东朝房里熬奶茶、做膳品，所以东朝房也叫茶膳房。西朝房是备办果品、制作饽饽的场所，所以西朝房也叫饽饽房。在清王朝覆亡后的几十年中，由于年久失修，加上自然和人为的破坏，到了20世纪60年代，孝陵的东西朝房已残破十分严重，门窗隔扇全部无存，槛墙拆毁，檐部的椽飞、望板糟朽，东朝房大脊还断裂无存。房后的砖砌烟筒也岌岌可危。20世纪90年代初经国家拨款，由清东陵文物管理处古建队施工，对孝陵的全部建筑进行了修缮，孝陵获得了新生。东西朝房也得到了维修，可惜的是东朝房的两个烟筒未能修复，西朝房的烟筒保住了。

图42：修复后的孝陵东朝房（2012年）

〔清东陵篇〕 第二章 顺治皇帝的孝陵及其皇后陵寝

图43：20世纪60年代孝陵西朝房的残破景象
图44：修复后的孝陵西朝房（2013年）

图 45：20 世纪 60 年代的孝陵东值班房，只剩下了北山墙
图 46：20 世纪 60 年代的孝陵西值班房，只剩下了两个山墙

图47：已复建的孝陵西值班房（2012年）

### 15. 东西值班房（图45—图47）

在隆恩门前东西两侧各有一座单檐卷棚硬山顶的小房子，与其他建筑最大的不同是所用非黄琉璃瓦，而是布瓦。这两个建筑叫值班房，也叫班房，是护陵的八旗官兵值班休息之所。在乾隆三十五年（1770年）以前，清陵的值班房都是木板房，既不防寒，又容易失火、糟朽，于是在乾隆三十五年（1770年）二月二十三日，乾隆帝降旨，将木板值班房改为永久性的砖瓦结构。在清亡后的几十年中，孝陵这两座值班房遭到了灭顶之灾，只剩下残破的山墙来证明它们的存在。20世纪90年代初大修孝陵时，两座值班房也得到了恢复，再现了昔日的容貌。

### 16. 隆恩门（图48—图49）

隆恩门，俗称宫门，是陵寝的唯一门户，单檐歇山顶，面阔五间，进深二间，有三个门。中门上方悬挂斗匾一方，用满、蒙、汉三种文字题写"隆恩门"三字。孝陵隆恩门在中华人民共和国成立前的几十年中，遭到了严重破坏，瓦件残缺不全，中间和次间的额枋、斗栱、雀替都被盗走，部分瓦件不全，20世纪90年代得到了全面修缮。

图 48：20 世纪 80 年代修缮前的孝陵隆恩门
图 49：如今的孝陵隆恩门（2005 年）

[清东陵篇] 第二章 顺治皇帝的孝陵及其皇后陵寝

图 50：维修前的孝陵东配殿旧影
图 51：维修前的孝陵西配殿旧影

## 17. 东西配殿（图 50—图 52）

　　东配殿是存放祝版和制帛的场所。维修隆恩殿时，将神牌临时移供到东配殿内。西配殿是喇嘛念经的地方。每当顺治帝和孝康皇后的忌辰

图52：维修后的孝陵东配殿（2012年）

日，便有13名喇嘛在西配殿内念《药师经》。在清亡后的几十年中，两座配殿遭到了严重破坏，门窗、隔扇全部被盗走，部分木构件被拆走，瓦件无存。20世纪90年代初，得到了全面的修缮。在修缮过程中，发现两座配殿的木料都是金丝楠木件，而且是由大件改成的小件。经考证，得知是拆用了北京北海西岸明朝时建的清馥殿的旧料。

### 18. 隆恩殿（图53—图58）

隆恩殿，俗称享殿、大殿，是陵寝地面最重要的建筑。孝陵的隆恩殿重檐歇山顶，面阔五间，进深三间。殿内有暖阁三间。中暖阁内供奉顺治帝和孝康皇后的神牌，西暖阁供奉孝献皇后的神牌。每年的大小祭祀都在殿内举行。在中华人民共和国成立前的几十年中，隆恩殿的门窗、隔扇、槛框、暖阁、神龛、宝床全部被盗无存。椽飞、连檐糟朽，前檐额枋无存，瓦件不全，石栏杆构件不全，石活走闪。

1991年5月至1993年5月，国家拨款560万元，对孝陵进行了全面修缮。在修缮过程中，发现隆恩殿及东西配殿的木料均为名贵的金丝

[清东陵篇] 第二章 顺治皇帝的孝陵及其皇后陵寝

图53：维修前的孝陵隆恩殿

楠木，而且都是由大料改成的小料。在隆恩殿和神道碑亭的天花板的背面发现了许多刀刻的文字。通过对这些文字的考证，得知当年营建孝陵时，为了解决经费不足的困难，清廷拆用了明朝在北京北海西岸建的清馥殿的一部分建筑材料，从而否定了"拆明陵建孝陵"一说。

图 54：维修中的孝陵隆恩殿
图 55：神道碑亭天花板背面的文字拓片

[清东陵篇] 第二章 顺治皇帝的孝陵及其皇后陵寝

图 56：孝陵隆恩殿天花板背后的文字拓片（1）
图 57：孝陵隆恩殿天花板背后的文字拓片（2）
图 58：如今的孝陵隆恩殿（2009 年）

### 19. 二柱门（图 59—图 60）

清陵建二柱门的做法是效仿明陵制度。二柱门位于陵寝门以北的神路正中，由两根石柱和一楼构成，是一座牌坊式的礼制性建筑，没有实用功能。根据清朝陵制，只有皇帝陵才可以建二柱门。从道光帝的慕陵开始，裁撤了二柱门。在中华人民共和国成立前的几十年中，孝陵二柱

图 59：维修前的孝陵二柱门旧影

图60：如今的孝陵二柱门（2012年）

门损坏严重，楼顶基本无存，槛框、余塞板等被盗走。在20世纪90年代初，二柱门得到了修复。

### 20. 琉璃影壁下的盗口（图61）

孝陵虽然没有被盗，但也并不是始终处于安全境地。当其他陵寝都已被盗后，盗陵匪徒也将罪恶的魔爪伸向了孝陵。抱着试试看的侥幸心理，他们利用夜间盗挖了几次，因为当时各村都成立了民兵组织，昼夜巡逻，盗掘行为每次都被巡逻的民兵发现，盗匪不得不逃之夭夭，均未得逞，所以孝陵得以幸存。盗匪是从哑巴院内的琉璃影壁下挖盗洞的，只挖进了一米多深。这个盗洞笔者曾亲眼见到，到20世纪70年代末才封堵上。

图61：昔日孝陵哑巴院内影壁下的盗口

## 21. 神厨库各建筑（图62—图68）

神厨库是陵寝礼部员役杀牛宰羊，做肉食供品的场所。由神厨、南神库、北神库、省牲亭组成。这些建筑在中华人民共和国成立前的几十年当中，和其他建筑一样遭到了严重的损坏，神厨和南神库未能保留下来。北神库和省牲亭得以修复。

［清东陵篇］　第二章　顺治皇帝的孝陵及其皇后陵寝

图 62：维修前的孝陵神厨库内的神厨房东坡残状（1）
图 63：维修前的孝陵神厨库内的神厨房东坡残状（2）

图 64：孝陵神厨库内的南神库（旧影）
图 65：维修前的孝陵神厨库内的北神库（旧影）

〔清东陵篇〕 第二章 顺治皇帝的孝陵及其皇后陵寝

图 66：维修前的孝陵神厨库省牲亭残状
图 67：维修后的孝陵神厨库北神库（2005 年）
图 68：维修后的孝陵省牲亭（2013 年）

## 二、清朝的第一座皇后陵——孝东陵

孝东陵是孝惠皇后的陵寝,是清朝建的第一座皇后陵,位于孝陵东侧半公里处,约始建于康熙二十七年(1688年),完工于康熙三十二年(1693年)。这座陵寝除内葬孝惠皇后之外,还葬有顺治帝的7个妃子、4个福晋、17个格格,共29人。孝东陵的规制成了后世营建皇后陵效法的蓝本。

### 1. 当了56年的皇太后(图1)

孝惠皇后14岁的时候就成了清朝入关后的第一帝——顺治帝的中宫皇后,她年轻漂亮,又是当时皇太后(孝庄皇后)的娘家侄孙女,按说应该受到皇帝的格外宠爱,春风得意,红得发紫。可实际上并非如此。她入宫不久,姿容绝世的董鄂妃也入了宫,从而使孝惠皇后形同寡居,致使膝下寂寞。顺治帝驾崩时,她刚21岁。康熙帝即位后,尊她为皇太后,事奉至孝,奉她游览江南、热河避暑、盛京祭祖、展谒皇陵,并为她营建宁寿宫、首建皇后陵。她于康熙五十六年十二月初六日(1718年1月7日)病逝,终年77岁,当了56年的皇太后,这在中国历史上都是罕见的。她的寿数之高在清朝皇太后中仅次于乾隆帝的生母,位居第二。她的谥号经累朝加增,最后全称为"孝惠仁宪端懿慈淑恭安纯德顺天翼圣章皇后"。

也许是孝惠皇后活得太久了,到她去世时顺治帝已入葬孝陵地宫50多年了,当时清朝皇家的丧制已由火化改为土葬,使用了棺椁,显然她的巨大的棺椁已不宜再葬入孝陵地宫与三个骨灰坛子摆放在一起,更何况古时有"卑不动尊"的讲究,同时可能还担心已封闭了50多年的孝陵地宫一旦打开,有泄漏地宫山川灵气之虞。本来清朝到了康熙年间,一直没有建过皇后陵。面对这种情况,康熙帝出于对孝惠皇后的无比敬重,毅然决定为她营建了清朝第一座皇后陵。她的这一福分在当时来说,连她的姑奶奶孝庄皇后都没有享受到。

[清东陵篇] 第二章 顺治皇帝的孝陵及其皇后陵寝

图1: 孝惠章皇后朝服像

图2：民国初期的孝东陵

## 2. 孝东陵前景（图2）

因为孝东陵是清朝建的第一座皇后陵，所以成了后世皇后陵效仿的范本。孝东陵毕竟是皇后陵，不能与天之骄子的皇帝陵相比，因此不能建神功圣德碑亭、五孔拱桥、石像生、牌楼门、神道碑亭、二柱门，不如皇帝陵那样气派，规制明显收缩，其他建筑和布局基本仿照皇帝陵。同时，皇后陵的神路要与皇帝陵的神路相连接。皇后陵只能建一座三孔拱桥。孝东陵三孔拱桥两侧石栏杆为二十四气式望柱头。

孝东陵背靠昌瑞山左翼，左右有天然砂山陪护，前有朝山和案山相对，风水极佳，可称得上是一处风水宝地。从民国初期拍的这张孝东陵老照片上看，尽管后宝山上林木已少了很多，陵前蒿草遍地，但建筑还基本完好，仍能显示出大清王朝第一座皇后陵的富丽堂皇。

### 3. 东西朝房（图3—图5）

孝东陵不仅为后世皇后陵奠定了基本规制，而且在陵寝命名上也给后世皇后陵创立了方法。因为皇后陵是皇帝陵的附属陵寝，孝东陵在孝陵的东侧，为了表示皇后陵与皇帝陵的从属关系，所以就将孝惠皇后的陵命名为孝东陵，意为在孝陵之东的陵。从此以后，凡皇后陵都按这个方法命名：第一个字用皇帝陵的第一个字；第二个字是皇后陵相对于皇帝陵的方位用字，如在东则用"东"字，在西则用"西"字，成为定制。

皇后陵的各单体建筑的规制、功用及名称与皇帝陵是一样的，只是形体略为缩小。1945年12月22日，景陵地宫被盗，盗匪头子把盗得的最值钱的随葬宝物拿走以后，剩下的零碎首饰、珍珠、宝石等被拿到孝东陵东朝房里分赃，按人分，每人得碎金子五钱。盗匪们为什

图3：20世纪70年代的孝东陵东朝房

图4：20世纪70年代的孝东陵西朝房
图5：修缮后的孝东陵东朝房（2015年）

么要选在孝东陵东朝房分赃呢？因为这里距大道较远，比较偏僻，不易被发现。在20世纪60年代，东西朝房虽然屋顶还比较完整，但所有门窗隔扇全部被盗走无存，槛墙也被拆毁。后于20世纪90年代被维修好。

## 4. 隆恩门（图6—图7）

皇后陵的宫门也叫隆恩门。在中华人民共和国成立之前，孝东陵隆恩门遭到了严重的破坏，角柱和门扇、槛框、两梢间额枋全部无存。到了20世纪70年代，由于年久失修，前檐的椽飞、望板糟朽无存；大脊东半部无存。

1987年8月1日上午，黑云密布，电闪雷鸣，大雨将至。九时许，突然一声巨雷，在孝东陵上空炸开，紧接着就见隆恩门内冒出一股黑烟。看陵的警卫马上赶到隆恩门内察看，只见西门西侧的柱子上半截被雷击开了一条裂缝，冒出了火苗，黑烟滚滚，火势极为危险。警卫迅速通知了清东陵文物管理处。管理处旋即调来消防车，并组织职工赶到现场扑救。在消防车赶到之前，孝东陵南的西沟村村民得知这一消息，纷

图6：20世纪70年代的孝东陵隆恩门

纷自动赶来救火。由于抢救及时，方法得当，火很快就被扑灭了。当时河北省文物处处长董增凯正在清东陵检查工作，对这件事极为重视，也赶到了现场。经过调查，得知之所以发生雷击起火，是因为隆恩门没有安装避雷针。在 1952 年 7 月 14 日，景陵圣德神功碑亭被雷击起火烧毁后，国家高度重视，将清东陵所有高大的建筑都安上了避雷针，但还有很多建筑没安。从 1968 年 2 月到秋后，清东陵文物保管所又把各陵的大殿、省牲亭等较高建筑安上了避雷针。这时整个东陵共有 52 座建筑（另一说为 56 座）都安上了避雷针。这次隆恩门失火，省文物处长迅速把这一严重事件向省和国家文物局做了汇报，申请将清东陵和清西陵所有没有安装避雷针的建筑全部安装避雷针。上级很快批准了报告并拨下来三万元专款。清东陵文物管理处抓紧施工，很快就将各陵配殿、宫门、朝房、神厨库等约 160 座建筑全部安上了避雷针。从此以后，清东陵再也没有发生雷电击伤建筑物的事件。

20 世纪 90 年代初，国家拨款对孝东陵进行了全面修缮，隆恩门也恢复了原貌。

图 7：如今的孝东陵隆恩门（2012 年）

图8：孝东陵西燎炉维修前状况

### 5. 燎炉（图8）

燎炉也叫焚帛炉，是大祭时焚烧纸锞的地方。为了防止失火，四壁和顶部都是铁板，外部全是琉璃件活，整座建筑没有一根木料。在维缮前，两座燎炉部分琉璃件活丢失。特别是西燎炉前面的琉璃件活大部无存，其他琉璃件活也丢失不少。后来得到了维修。

### 6. 东西配殿（图9—图11）

维修前，孝东陵的东西配殿所有的门窗隔扇全部无存，角柱也被盗走。檐部和翼角糟朽更为严重。许多琉璃瓦件也残缺不全。20世纪90年代修缮时，隆恩殿和东西配殿的门窗隔扇全部是重新打制的。

图 9：20 世纪 70 年代的孝东陵东配殿　⑨
图 10：20 世纪 70 年代的孝东陵西配殿　⑩
图 11：维修后的孝东陵西配殿（2013 年）　⑪

## 7. 神厨库各建筑（图12—图16）

神厨库是礼部员役杀牛宰羊，做太牢（早期是一牛一豕一羊，中后期改为一牛二羊）、少牢（二羊）和肉类供品的场所。由神厨、南神库、北神库、省牲亭组成，环以红墙，坐东朝西，建于陵前左侧。孝东陵建神厨库是后世皇后陵建神厨库的依据。从清朝末年开始，孝东陵神厨库就失于维修，所以神厨库各建筑残破得十分严重，到中华人民共和国成立时，省牲亭、神厨都已毁掉。20世纪70年代末，南北二神库仅剩下半个屋架，瓦件已基本无存。20世纪90年代初，在全面修缮孝东陵时，南北二神库得以新生，但神厨和省牲亭仅存了遗址。值得庆幸的是，省牲亭内的铜海（大铜水缸）、水池及两口祭牲铜锅（从慈禧陵搬来的）得以保存下来，经过修缮仍保持了原样。在大铜海上用满汉两种文字镌刻着铜海及环的重量。

图12：20世纪70年代的孝东陵神厨库门楼

图 13：20 世纪 70 年代的孝东陵神厨库南神库
图 14：20 世纪 70 年代的孝东陵神厨库北神库

[清东陵篇] 第二章 顺治皇帝的孝陵及其皇后陵寝

图 15：修缮后的孝东陵北神库（2011 年）
图 16：孝东陵省牲亭遗址（2011 年）

### 8. 孝东陵宝城（图17）

孝东陵的宝城围绕宝顶而建，基本是一个圆形。东西每一侧各伸出三个挑头沟嘴。宝城基座是豆渣石砌的，整个宝城是用澄浆砖干摆砌的。在基座每一侧各有两个方形的水沟眼，一眼排泄转向磴道里的雨雪水，另一个眼排宝顶上的雨雪水。维修前，不知从何时开始发现宝城后面的砌砖向外鼓闪，于是便用许多粗木杠子支戗住，这只能管一时，不能管长久，只能延缓鼓闪，解决不了根本。在20世纪90年代修缮孝东陵时，将宝城鼓闪部分拆除重砌。

图17：孝东陵宝城鼓闪，用木头支顶着（旧影）

## 9. 井亭遗址（图18—图19）

孝东陵的井亭位于神厨库南墙外较远的地方。井亭不知毁于何时。如今仅剩一口井。

图18：孝东陵井亭遗址
图19：井口枋及井

图1: 乾隆朝绘制的《景陵图》

# 第三章 康熙皇帝的景陵及其妃园寝

## 一、继往开来的景陵

康熙帝的景陵始建于康熙十五年（1676年）二月初十日，完工于康熙二十年，内葬康熙帝、孝诚皇后、孝昭皇后、孝懿皇后、孝恭皇后和敬敏皇贵妃。景陵规制在孝陵基础上又有许多首创，成为后世清陵效仿的模式。历史上，景陵屡遭磨难，损失比其他皇帝陵大。

### 1. 景陵图（图1）

景陵是清王朝在关内营建的第二座陵寝，位于孝陵东南约一公里。昌瑞山下吉地很多，选择的余地很大，所以景陵的地理形势非常好，三面环山，地势平坦，河水夹流。按照国家定制，新皇帝登极即位后就应相度吉地，营建陵寝。可是康熙帝即位后，面临着许多重大事情，如：要营建其父的孝陵；要办理其父、其生母孝康皇后（孝康皇后死于康熙二年二月十一日）两件大丧；南方许多反清势力还没有消灭；当时外部的三藩势力和内部的鳌拜集团都威胁着皇权，成了心腹之患。这些情况致使皇家没有更多的财力和精力去为还是孩子的康熙帝相度吉地，营建陵寝。可是孝诚皇后在康熙十三年（1674年）五月去世了。原配皇后是要与皇帝合葬在一起的。孝诚皇后又不能长期停灵不葬，当时正是平三藩叛乱的关键时刻，在这种情况下，营建康熙帝陵寝事被迫提到了议事日程。为了解决财政紧张的难题，决定先建地宫，将孝诚皇后入葬后，其他建筑等国家经济好转后再次第营建。景陵于康熙十五年（1676年）

二月初十日正式兴工，到康熙二十年（1681年）三月孝诚皇后入葬时，隆恩殿还没有竣工。

清制，陵名要在皇帝死后才能命名，陵名要由嗣皇帝决定。雍正元年（1723年）二月十七日，礼臣们将所拟定的六个陵名上奏给皇帝。雍正帝看了以后，百感交集，哀恸不胜，用针刺破中指，用指血将"景陵"二字圈定，从此称"景陵"。用指血圈定陵名，这在清朝陵寝史上是唯一的。

从图1这张景陵图看，景陵皇贵妃园寝已建成。圣德神功碑亭已建成，石像生和牌楼门都已补建齐，表明这张图应绘于乾隆十几年。

## 2. 康熙帝画像（图2）

爱新觉罗·玄烨是清朝入关后的第二个皇帝，因为所用的年号是"康熙"，所以叫他康熙帝。他去世后，庙号是圣祖，庙谥是"仁"，所以称"圣祖仁皇帝"。康熙帝有三个"最"：他是中国封建皇帝中在位时间最长的，他在位将近62年之久（顺治十八年正月时康熙帝即位），中国封建社会任何一位皇帝都不能跟他相比；他是清朝皇帝中拥有后妃最多的，据文字记载，他拥有皇后4位、皇贵妃3位、贵妃1位、妃11位、嫔8位、贵人10位、常在9位、答应9位，共计55位；他是清朝皇帝中拥有子女最多的，他有35个皇子、20个皇女。他在位期间，平定三藩叛乱、收复宝岛台湾、打击沙俄入侵；他曾六下江南、三谒盛京、五拜五台、50次谒陵（包括去盛京三陵）、43次巡视塞外。他终年69岁，寿数在清帝中位居第二位。康熙帝多才多艺，兴趣广泛，对儒家文化、书法、天文、地理、数学、音乐、医学、骑射等都很精通，是清帝中的佼佼者。虽然他在一生中屡兴文字狱，制造了许多冤案，严重地限制了人们的思想，但从大的方面看，他不愧是一位颇有建树的英明君主，不愧"康熙大帝"的美称。

康熙六十一年十一月十三日（1722年12月20日）戌时，康熙帝病逝于京西畅春园清溪书屋。梓宫停在乾清宫，十二月初三日奉移寿皇殿暂安。雍正元年（1723年）三月二十七日梓宫奉移景陵，同年九月初一日巳时葬入地宫。经累朝加谥，最后庙号谥号全称为"圣祖合天弘运文武睿哲恭俭宽裕孝敬诚信中和功德大成仁皇帝"。

图2：康熙帝读书坐像

### 3. 孝诚皇后朝服像（图3）

孝诚皇后，赫舍里氏，领侍卫内大臣噶布喇的女儿。孝诚皇后有两个"最"，一个"唯一"：孝诚皇后大婚时，所嫁给的丈夫是清帝中最年轻的一位，当时康熙帝虚岁只有12岁，实足年龄只有11岁5个月12天；她也是死在皇后位上年龄最小的皇后，当时只有虚岁22岁，实足年龄20岁4个月零两天。后来的孝哲皇后虽然也22岁去世，实足年龄为20岁8个月零2天，比孝诚皇后寿数多了4个月。赫舍里氏于康熙十三年五月初三日（1674年6月6日）巳时（9时到10时）生下了皇二子胤礽，当天下午申时（15时至17时）因难产而死。皇后赫舍里氏死后，康熙帝赐给她的谥号是"仁孝皇后"，这个谥号一直用了49年，到雍正元年（1723年），因康熙帝的庙谥是"仁"字，与仁孝皇后的"仁"字重复，所以改为孝诚皇后。清朝的27位皇后中，只有她改过谥号。她于康熙二十年（1681年）三月初八日寅时葬入景陵。她的谥号经累朝加谥，最后谥号为"孝诚恭肃正惠安和淑懿恪敏俪天襄圣仁皇后"。

图3: 孝诚仁皇后朝服像

### 4. 孝昭皇后半身朝服像（图4）

孝昭皇后，钮祜禄氏。在清朝的皇后中，她似乎是默默无闻的皇后。在大清皇家的史册中，既没有记载她的出生日期，也没有她入宫的日期。她去世时，人们甚至连她活了多大岁数都不知道。其实孝昭皇后绝非等闲人物。她是继孝诚皇后之后，康熙帝的第二个皇后，寻常女子是不能进入皇宫成为皇帝的中宫皇后而母仪天下的。成为皇后起码要具备三个条件：第一要姿色超众，是一位绝色的美女；第二要才艺俱佳，精通翰墨，是个才女。

图4：孝昭仁皇后半身朝服像

第三且最重要的是品德优秀，有母仪之风，同时还要出身于名门望族，累世冠缨之家。孝昭皇后能很快地入主坤宁，表明她具备了上述条件。她的父亲遏必隆是顺治帝的托孤大臣，是康熙初年的四大辅臣之一，是当时的太师。遏必隆是清初著名开国功臣额亦都的第十六子，他为大清国的建立，身经百战，屡立战功。因此，孝昭皇后是大清的功臣之女。后来遏必隆因受鳌拜集团牵连，被削去太师。孝昭皇后是于康熙十六年（1677年）八月二十二日被册立为皇后的，这时其父遏必隆已去世四年。孝昭皇后被册立为皇后之后，不失时机地向皇帝提出了为她的父亲建家庙的请求，康熙帝很痛快地答应了，并亲自撰写了碑文，赞扬了孝昭皇后的孝心。从这件事上足能看出孝昭皇后是一位颇有心计的女性。她在皇后的宝座上刚刚坐了半年，就于康熙十七年（1678年）二月二十六日巳时（9时至10时）病逝于坤宁宫。据《张诚日记》记载，孝昭皇后死于难产。康熙帝为她隆重办理丧事。因她死时景陵还没有建成，所以她和孝诚皇后的梓宫暂安在京北巩华城殡宫。康熙二十年三月初八日寅时她与孝诚皇后葬入景陵。经累朝加谥,她的最后谥号是"孝昭静淑明惠正和安裕端穆钦天顺圣仁皇后"。

### 5. 孝懿皇后便服像(图5)

孝懿皇后佟佳氏是康熙帝名正言顺的第三任皇后。她的父亲佟国维既是康熙帝的岳父,也是康熙帝的舅父;康熙帝的生母孝康皇后既是孝懿皇后的姑母,也是孝懿皇后的婆母;孝懿皇后既是康熙帝的妻子,也是康熙帝的表妹;孝懿皇后的妹妹也被选入了皇宫,就是曾抚育过幼年乾隆帝、葬入景陵皇贵妃园寝的悫惠皇贵妃。自孝昭皇后病逝后,后宫事务一直由这位表妹妻子主管。康熙十六年(1677年)八月二十二日,康熙帝册封她为贵妃。康熙二十年十二月二十日(1682年1月28日)册封她为皇贵妃,始终在皇贵妃位上。康熙二十二年(1683年)六月十九日生育了皇八女,生下来刚24天就夭亡了,当时康熙帝在外地巡视,父女连面都未见过。这位身为大清公主的皇八女死后只用单被裹出,不用棺木,在僻静处焚化掉,连骨灰都没要。这是一般人难以想象的。在长达九年的时间里,康熙帝为什么不立他的这位表妹为皇后呢?原来康熙帝有严重的克妻思想。他认为孝诚皇后、孝昭皇后年纪轻轻就死去,那都是被他克死的。他怕表妹当了皇后,也会被他克死,为了保护表妹妻子,让她永远陪伴自己,所以一直不立她为皇后。实际上她是不戴皇后桂冠的皇后。在佟佳氏生命垂危的时刻,康熙帝才正式立她为皇后。在康熙二十八年(1689年)七月初十日上午举行了册立礼,下午4时孝懿皇后就驾返瑶池去了,实际上她只当了一天多的皇后,是清朝27位皇后中当皇后时间最短的。尽管当皇后时间短,但她的丧仪是完全按皇后的标准举行的。康熙帝对她的死非常悲痛,做了四首挽诗,这是前两位皇后没有得到过的。据《张诚日记》记载,孝懿皇后死于流产。康熙二十八年(1689年)十月十一日,孝懿皇后梓宫从朝阳门外殡宫奉移景陵。康熙帝亲自护送,并命皇长子允禔、皇三子允祉、皇四

图 5：孝懿仁皇后便装像
图 6：孝恭仁皇后朝服像

子胤禛随驾同行。十月二十日巳时（9时至11时）葬入地宫，康熙帝亲自将爱妻兼表妹的孝懿皇后的梓宫送入了地宫，进行了最后的诀别。孝懿皇后曾抚育过雍正帝，所以一直到嘉庆帝时，对她的这一劳绩还念念不忘。孝懿皇后的谥号经累朝加谥，最后全称是"孝懿温诚端仁宪穆和恪慈惠奉天佐圣仁皇后"。

### 6. 孝恭皇后朝服像（图6）

孝恭皇后可以说是一位传奇式人物。她在康熙帝生前并不是十分得宠，地位最高仅晋封到妃这一级，可是她却给皇帝生育了3男3女。在妃嫔众多的皇宫里，她一人就生了6个子女，不仅在清朝皇太后中没有第二个人，就是在整个清朝后妃中，她也是与康熙的荣妃、乾隆帝的孝仪皇后并列第一。她生的儿子胤禛当了皇帝，本来她应该高兴，处处支持儿子，可她却恰恰相反，处处跟儿子闹别扭，非要为康熙帝殉葬，不同意给她上徽号，不接受儿子和大臣的朝拜，不迁居宁寿宫，让雍正帝很难堪。她在雍正元年（1723年）五月二十二日得病，第二天早晨就死了，如此之快，实在令人难以置信。难怪当时有传言说雍正帝相逼，其母撞铁柱而死。孝恭皇后是与康熙帝同时于雍正元年（1723年）九月初一日巳时葬入景陵地宫的。经累朝加谥，她的最后谥号全称是"孝恭宣惠温肃定裕慈纯钦穆赞天承圣仁皇后"。

## 7. 景陵圣德神功碑亭（图7—图16）

景陵的圣德神功碑亭在清朝的陵寝制度史上具有非同寻常的意义：它开创了清朝皇帝陵非首陵也可建带华表的功德碑亭的制度；它开创了功德碑立双碑，左碑镌满文，右碑刻汉字的制度；从景陵开始，把"神功圣德碑"改称为"圣德神功碑"。

景陵圣德神功碑亭于雍正三年（1725年）四月二十四日卯时正式破土动工，于雍正五年（1727年）闰三月二十一日巳时正式立碑，规制仿孝陵神功圣德碑及碑亭，于雍正七年（1729年）全工告竣，实用银241655两6钱4公2厘2毫。

1952年7月14日（农历闰五月二十三日，星期一）傍晚，清东陵上空黑云密布，整个大地昏暗无光，家家户户都关门闭窗，提前进入了梦乡。一阵急风过后，瓢泼般的大雨伴随着隆隆的雷声从天而降。突然一道刺眼的闪电划破了夜空，紧接着一声震耳的巨雷当空炸响。景陵圣德神功碑亭被雷电击中起火，在倾盆大雨中燃烧起来。如注的雨水还不等落下来就被冲天的大火化为水气随烟而散。碑亭周围十几里地被火光照得如同白昼。距碑亭只有一华里的东沟村和南大村，家家的窗户纸几乎都要烤着了。一些胆大的男人打着雨伞跑到街上观看。碑亭就像一座火山，冲天的大火熊熊燃烧。琉璃瓦被烧得乱蹦，许多巨大的木构件带着火苗不时地从二十多米高的楼顶上掉下来。大火在瓢泼大雨中整整烧了一夜，到了第二天早上，雨也停了，火也渐渐熄灭了。偌大的圣德神功碑亭一夜之间竟变成了一座废墟。

在景陵圣德神功碑亭废墟上发现了许多锡的熔化后的碎片。原来在建碑亭时，为了防止屋顶渗水，就在琉璃瓦下的灰背上铺上了一层铅锡

图7：民国时期的景陵圣德神功碑亭

合金的金属片，片与片之间都焊接着，形成一个整体，老百姓叫它锡背。在这次大火中，锡背被烧化了。后来清东陵文物保管所将这些熔化的铅锡合金碎片熔化后，倒在仰置的琉璃筒瓦的槽里，凝固后，变成了金属锭，放在慈禧陵省牲亭内的铜水缸里。笔者到东陵工作后，兼任文物保

图8：20世纪40年代初的景陵圣德神功碑亭
图9：景陵圣德神功碑亭、五孔拱桥、石像生旧影

[清东陵篇] 第三章 康熙皇帝的景陵及其妃园寝

图10：被烧后的景陵圣德神功碑亭。这时双碑虽然被烧得龟裂极为严重，但还未倒。这是碑亭北面的照片（1953年）

图11：景陵圣德神功碑亭被烧后，过了十余年，双碑中东边的满文碑才倒（黏接前情景）

图12：这是1954年拍的景陵圣德神功碑亭，此时双碑还没有倒
图13：被烧毁的景陵圣德神功碑亭内东边的满文碑已倒，西边的汉字碑也龟裂严重，岌岌可危

管员，所以这些铅锡合金锭在笔者手中保存了多年。后来这些锡锭，一部分铸裕妃园寝大门上的门钉用了；另一部分铸定陵、孝陵、景陵的明楼、隆恩殿、隆恩门斗匾上的字用了。

景陵圣德神功碑亭烧毁后，当地政府迅速将这件事报告给了上级政府。国家文物局和河北省文化局派来几位官员和专家来现场调查此事。为了保护好文物古迹，在当年的9月29日成立了清东陵文物保管所。这是河北省成立的第一个最基层的文物保护机构。

景陵圣德神功碑亭内的双碑在大火的灼烤下，遭到了严重的损坏，龟裂严重，尤其是东碑更为惨重，但当时并没有倒，东碑的龟头坠地，十余年后东碑才倒。

2001年8月17日，清东陵文物管理处在国家文物局的帮助下，将烧碎坍倒的东碑残件黏接在一起，又立了起来。同时又将西碑进行了保护性黏接。如今并排的双碑又恢复了昔日的雄姿。大概 2014 年时，被烧毁的碑亭开始动工修复，直到 2019 年 7 月还没有完工。

⑭
⑮

图 14：20 世纪 80 年代拍摄的被烧毁后的景陵圣德神功碑亭
图 15：已黏接好的景陵圣德神功碑（2010 年）

图 16：新复建的景陵圣德神功碑亭（尚未完工，2019 年）
图 17：民国初期的景陵望柱及石像生

### 8. 景陵石像生（图17—图21）

景陵石像生共有五对石雕像，即文士、武士、马、象、狮，排列在神路两侧，松柏葱郁，显得格外安谧肃穆。乾隆年间由宫廷画家绘制的景陵陵图中清楚地画有石像生；由清朝时的专司保卫东陵的马兰镇总兵官编辑的《昌瑞山万年统志》《陵寝易知》两部介绍东陵的专著上，白纸黑字写着景陵建有石像生。几十年来，凡是介绍东陵的书籍、文章对景陵的石像生都没有产生过任何疑义。可是笔者经过对景陵石像生的多年考证和研究后认为，景陵石像生当为以后补建，不是始建景陵时就有。经过笔者十年的探求，于2000年2月7日（正是农历的正月初三日），从浩如烟海的清宫档案中找到了监察御史玛起元给刚即位28天的乾隆帝上的一道奏折，他奏请皇帝给景陵和泰陵补建石像生。这就确凿无误地证实了景陵初建时没有设石像生。后来乾隆帝分别给景陵和泰陵补建了石像生。据天津大学王其亨教授考证，泰陵石像生补建于乾隆十三年（1748年），推测景陵石像生的补建也可能在这个日期前后。

图18：景陵望柱及石像生（2006年）

景陵石像生的最大特点就是排列在弯曲的神路两侧，这在清陵中是独一无二的。因为是乾隆年间补建的，所以景陵石像生的风格和雕刻手法与裕陵石像生十分相似。

图 19：民国初期的景陵石像生之石马
图 20：民国初期的景陵石像生之石象

[清东陵篇]　第三章　康熙皇帝的景陵及其妃园寝　201

图21：民国初期的景陵石像生之武士

图 22：民国初期的景陵牌楼门，牌楼门的门扇还都齐全，但已有破损

## 9. 牌楼门及神道碑亭（图 22—图 26）

景陵牌楼门是冲天式的，由六根石柱和五个楼顶组成。每根柱的顶端是一只昂首向天的蹲龙，俗称望天犼。每个门口安装两扇五抹头直棂隔扇门。经笔者考证，这座牌楼门也是乾隆帝给补建的。原因如下：经观察，景陵牌楼门上的蹲龙和景陵二柱门上的蹲龙大不一样，二柱门上蹲龙下的天盘须弥座上没有搭袱子，牌楼门的天盘须弥座上却搭了袱子，和裕陵牌楼门上的蹲龙及天盘须弥座一样。由此入手，笔者展开全面的考证，最终认定景陵牌楼门和景陵石像生一样，均为乾隆帝补建。清朝皇帝陵设牌楼门，是乾隆帝的首创。

[清东陵篇] 第三章 康熙皇帝的景陵及其妃园寝

图 23：景陵牌楼门和神道碑亭旧影
图 24：大约在 20 世纪 20 年代的景陵牌楼门，从西数第三柱已倒

图 25：20 世纪 40 年代初的景陵石像生及牌楼门
图 26：如今的景陵牌楼门（2006 年）

景陵的牌楼门到了民国初期，还比较完整。隔扇门尽管已经残破，但基本上还都存在，没过几年就只剩槛框了。大约到了20世纪20年代中期，不知是大风刮的，还是地震颠的，西数第三根石柱竟向南倒下，被摔成三截。倾倒原因至今还是一个谜。从相关文献中得知，石柱于1928年7月时就已伤断。

1978年，清东陵文物保管所决定修复景陵牌楼门，将摔断的石柱用环氧树脂胶黏接。为了保险，在伤断的两段之间用直径1余厘米的铁棍相穿连。当时修复牌楼门和二柱门时，笔者已到东陵工作两年了，常到景陵工地现场去看。起吊伤断的石柱构件时，采用的是抱杆加捯链同时使用的方式。石柱于当年8月22日黏接成功。牌楼门至今已修复40多年了，没有任何走闪变形之处。

景陵的神道碑亭营建得早，体量相对比较大，没有券脸石。这座碑亭之所以重要，是因为神道碑亭上的汉字由雍正帝御笔书写并钤用"雍正尊亲之宝"，这是清朝陵寝制度的首创。碑文刻有大小一致的满、蒙、汉三种文字。

### 10. 东西朝房（图27—图28）

皇帝陵和皇后陵的东西朝房是陵寝内务府员役熬奶茶、做膳品、打制面食供品的地方，所以在房内设有锅灶，每座房后都建有两座砖砌的大烟筒。既然烧火，就必然存在着失火的隐患。道光十二年（1832年）正月，东西朝房在五天之内，连续发生了两起火灾，从而引发了一起大案。情况是这样的：

道光十二年正月十八日，道光帝收到了东陵守护大臣有麟的一件奏折，他看后大惊。原来在正月十四日丑时（凌晨1—3时），景陵西朝房南次间的后檐发生了一次火灾，经全力扑救，到寅时（凌晨3—5时）被扑灭，大火烧毁了一架席排，熏焦檐椽19根、飞檐一丈三尺、檐头面宽五尺。询问失火原因，"咸称实不知情"，猜想可能是过路人遗失火种。对此道光帝极为震怒，斥责有麟等人办理草率。于是命事发后刚

图27: 20世纪90年代初的景陵东朝房，瓦件不全，门窗隔扇全无

图28: 20世纪90年代初的景陵西朝房，瓦件不全，门窗隔扇全无

刚接任马兰镇总兵官之职的特登额"详细查讯失火根由，并是日值班巡守各官兵员名，据实陈奏"。

道光帝觉得只让特登额查办此事不妥，于是于正月二十四日，命军机大臣、工部尚书穆彰阿带领相关人员驰驿前往东陵，会同特登额查办景陵西朝房失火事件。可能穆彰阿还没有到达东陵，道光帝就收到了特登额的奏报，查出了在正月初九日东朝房后檐楣板也曾被火熏焦的严重事件。道光帝认为东陵守护大臣有麟在正月十四日只奏报了西朝房失火之事，而有意隐瞒了在此之前发生的东朝房火警的事件。道光帝对即将升任仓场侍郎的原马兰镇总兵官钟昌所说的可能是路过西朝房后的过路人遗失火种的说法表示不信。正月二十八日，道光帝命穆彰阿等要明察暗访，"严切根究，务令水落石出，将纵火人犯从重治罪，不许稍有含混"。

穆彰阿到达东陵后，会同特登额对相关人员连日严审，但毫无结果，都一致认定"无知纵火之事"。二月七日，道光帝对穆彰阿等所拟定的相关人员的处治表示同意：对已革左右翼章京明安、富勒章阿各杖七十、徒一年半，照例折枷、鞭责发落。景陵八旗总管塔兴阿、郎中三德交部严加议处，后被革职。二月十四日，道光帝批准吏部和宗人府拟定的将有麟、溥喜由镇国公降为入八分辅国公，将钟昌实降四级调用的处分。二月二十五日，道光帝责令有麟、溥喜、钟昌将所烧的景陵东朝房和西朝房赔修完整，完工后国家不派员查勘。至此，景陵东西朝房失火事件结束。一件简单的失火案，作为军机大臣、工部尚书的穆彰阿和二品大员的马兰镇总兵钟昌，竟破不了案，找不到失火原因，缉拿不到纵火犯，实在令人难以相信，也可见官场之腐败。

景陵东西朝房到了20世纪50年代，所有门窗隔扇全部无存，槛墙被拆毁，瓦件不全，檐部椽飞槽朽。1995年国家拨款，对景陵进行了全面维修。东西朝房又恢复了原貌。

图29：清亡后不久的景陵三路三孔拱桥及隆恩门，从照片上可以看出几位文人雅士坐着小轿子车专门来景陵观赏，非常悠闲

## 11. 三路三孔拱桥（图29—图31）

景陵的三路三孔拱桥仿孝陵而建，也是二十四气式望柱头，但比孝陵规模大，有气势，从雍正帝的泰陵开始三路三孔拱桥的栏杆就改为云龙云凤柱头了。从这几张老照片可知，在清朝灭亡不久，有许多人慕名来观赏景陵。景陵三路三孔拱桥直到1945年还基本完整。据说，在日本投降以后，一伙十分激进的人认为封建皇帝就是压迫劳动人民的大地主头子，他们建的陵用的就是劳动人民的血汗，于是一起哄，就把三座桥的石栏杆全都推倒了，砸碎了。景陵的三路三孔拱桥是清陵三孔拱桥中被破坏最严重的。

1995年至1996年，国家文物局批准并拨款，对景陵进行全面维修，修缮了明楼、隆恩殿、东西配殿、隆恩门、神道碑亭，恢复了东西值班房。三路三孔拱桥是进陵的必经之路，没有石栏杆，既不安全，也不好看，所以这次维修，按原规制恢复了三座桥的石栏杆，石料全部采自房山大石窝。修复后的三路三孔拱桥再现了昔日雄姿。

图30：民国初期，徐郁一家人在景陵留影
图31：如今的景陵三路三孔拱桥（2012年）

图 32：20 世纪 90 年代初的景陵
　　　　东值班房仅剩北山墙

## 12. 东值班房（图 32）

关内皇帝和皇后陵的东、西值班房是八旗官兵巡逻值班的栖身之所，每天有两名章京率十名八旗兵昼夜巡逻。到 20 世纪 60 年代，景陵西班房全部无存，东班房仅剩下半个北山墙。在修缮景陵时，将两座班房都恢复了原貌。

## 13. 隆恩殿（图 33）

隆恩殿是举行陵寝祭祀的重要场所。景陵隆恩殿内供奉着康熙帝、孝诚皇后、孝昭皇后、孝懿皇后、孝恭皇后、敬敏皇贵妃六个神牌。未曾想一场神秘的大火竟将这座巨大的隆恩殿化为灰烬。情况是这样的：

光绪三十一年二月二十日卯时（1905年3月25日早6时许），景陵隆恩殿上层檐的檐部突然浓烟喷冒，继而火光四起。值班的陵寝官员急忙打开隆恩门大锁，冲进院内。内务府主事博尔庄武等人冒着浓烟烈焰奋不顾身地冲进隆恩殿内，将六块神牌抱了出来，然后再想回去抢救

图33：20世纪90年代初维修前的景陵隆恩殿

其他东西时，烈焰腾空，金蛇乱舞，气浪逼人，人已根本不能靠近隆恩殿。护陵官兵束手无策，除了派人迅速上报上司外，只能眼睁睁地看着火焰吞噬着隆恩殿。东陵守护大臣载泽、寿全、马兰镇总兵丰升阿闻讯赶到景陵时，整个隆恩殿已经变成了一个熊熊燃烧的火山。没过多少时间，偌大的一座隆恩殿竟化为灰烬。这是继光绪二年孝陵神功圣德碑亭被雷火焚毁之后，清东陵发生的第二次大火灾。

隆恩殿被烧毁，事情何等重大！载泽等急忙将此事上奏朝廷，光绪帝接到奏报后，感到十分震惊，立即命户部尚书赵尔巽、军机大臣兼户部右侍郎铁良为钦差大臣，赶赴东陵查办此事。两位钦差大臣不敢怠慢，立即动身。他俩到达东陵后，严查密访，昼夜刑讯，使出了所有手段，用尽了各种方法，折腾了十几天，什么原因也未查到。二人无计可施，只得回京复旨，上奏说："火自上出，别无可疑形迹。"光绪帝对此结果，也是无可奈何。只得严惩了守陵官员，命赵尔巽、铁良勘估景陵隆恩殿的复建工程预算并承修此项工程，同时，根据这次火灾，命赵尔巽拟定东、西陵新的守护章程。后来承修大臣改为吏部尚书鹿传霖和户部右侍郎陈璧，直到宣统元年（1909年）才建成。加上维修东、西配殿和陵寝门，当时勘估用银601993两7钱7厘。

隆恩殿失火被毁，两位朝廷大员竟查不出半点线索，真是一件奇事。当时是农历二月，尚未进入雷雨季节，况且失火那天根本无雨，触雷电失火是完全不可能的。二月二十日，距二月十五日小祭已过五天，距三月初一日清明大祭还差十天，康熙帝的四位皇后的忌辰大祭又均不在二月，所以因祭祀时灯火不慎引起火灾的可能性也可以完全排除。到底火灾是何原因，东陵地区有两个传说。一是，陵寝官员之间矛盾极大，互相陷害。为置景陵官员于死地，其对头设奸计，故意放火。另一种传说是，一个作案多起的江洋大盗长期藏匿于隆恩殿的天花板上，用殿内的蜡烛照明，不小心碰倒了蜡烛，引起了火灾。这两个传说是真是假，现在已无从查考，看来此事已成难解之谜。

### 14. 铜鹤（图34）

清朝陵制，关内皇帝陵隆恩殿月台上陈设鼎式铜炉一对、铜鹿一对、铜鹤一对。月台每侧一鹤一鹿，鹤在前，鹿在后。鹿鹤与"六合"谐音。六合者，东西南北上下，六个方向，寓意宇宙。这张铜鹤老照片，许多人都认为是慈禧陵的，经笔者反复认真考证，终于确认是景陵隆恩殿东侧的铜鹤。鹤引颈向天，十分挺拔秀丽，造型非常舒展，反映了当时造鹤匠师的高超工艺。鹤旁站着一个没穿衣服的小男孩儿，如果他还健在的话，到今天也该是百岁的老人了。此照片拍摄时间当在民国初期。如今，石座仍在，铜鹤无存，这正是：昔日铜鹤不翼飞，此处石座已空存。铜鹤一去不复返，后人何处去觅寻？不仅铜鹤没有了，铜鼎和铜鹿也都不存在了。

图34：景陵隆恩殿前铜鹤旧影

因为景陵隆恩殿是清晚期重建的，所以到清朝灭亡时还不太残破，只是将门窗隔扇和暖阁、神龛全部拆毁无存，吻链被盗走。隆恩殿的斗匾尚存。殿前的石栏杆东倒西歪，残缺不全。

图35：20世纪90年代初维修前的景陵东配殿，门窗隔扇全无
图36：20世纪90年代初维修前的景陵西配殿，门窗隔扇全无

## 15. 东西配殿（图35—图36）

在光绪三十一年的隆恩殿大火后，东西配殿也随之受到了损失，在重建隆恩殿时，对东西配殿也进行了修缮。到了20世纪50年代初期，景陵东西配殿的门窗隔扇及内部装修全部无存，檐部缺少部分瓦件。

### 16. 陵寝门（图37—图38）

陵寝门也叫三座门、琉璃花门，是后寝的门户。光绪三十一年的隆恩殿大火也使陵寝门多少受到了损失，在重建隆恩殿时一并修缮一新。到了20世纪90年代初，由于年久失修，加上人为的破坏，门扇、槛框都已无存，过木被拆走，致使两个旁门顶部坍塌。中门楼顶瓦件严重缺失。在1995年至1996年维修景陵时，陵寝门也得到了修复。

图37：20世纪90年代初维修前的景陵陵寝门
图38：维修后的景陵陵寝门（2005年）

图 39：景陵二柱门旧影
图 40：清亡后至 1928 年孙殿英第一次盗陵前，景陵二柱门西柱就已经倒折

图 41：鸟瞰景陵二柱门（旧影）
图 42：景陵方城明楼及残破的二柱门旧影
图 43：修复好的景陵二柱门（2011 年）

## 17. 二柱门（图 39—图 43）

景陵二柱门在清亡后，不知什么原因，西面的石柱向西摔倒，断成两截。起码在 1928 年东陵第一次大盗案发生时，石柱就已经摔断。1978 年开始修复二柱门，在当年的 9 月 3 日正式将断柱竖起接好。如果没有这几张老照片，是很少有人知道景陵二柱门西柱曾被摔伤。清朝皇陵共有七座二柱门，只有景陵二柱门石柱摔断过。

图 44：民国初期的景陵宝顶

## 18. 宝顶（图 44）

图 44 为民国初期拍的景陵老照片，宝顶上光秃秃的，没长一棵树，直到现在也基本如此。而晚于它营建的泰陵、裕陵、昌陵的宝顶上都已树木成荫，这如何解释？连小孩子都知道房顶上不应长树长草，一旦长了小树应尽快把小树拔掉。同样的道理，宝顶也是建筑，上面也是不应该长树长草的，一旦长了树，年长日久，树越长越大，树根越长越粗，

越扎越深，就会把宝顶的夯土胀裂成缝，一旦遇到大风，风吹树摇，树根会把夯土摇晃成许多裂缝，雨雪水灌进去，严冬胀裂，年复一年，宝顶就难保了。

据《世宗宪皇帝实录》记载，在雍正元年（1723年）九月初一日巳时（9时至11时）康熙帝入葬地宫时，有五色祥云自西北升起，覆于景陵上空，覆护缭绕，经时不散，认为是"圣祖峻德神功之瑞应，皇上至诚大孝之感格焉"。这明显是一种夸张溢美之词。

雍正帝即位后，流言四起，不仅社会上，而且他的众多兄弟都攻击他篡改康熙帝遗诏、毒杀皇父，非法谋夺了皇位。雍正帝面对这些来势汹汹的流言蜚语，他一方面通过发上谕，颁发《大义觉迷录》一书，为自己进行辩护，另一方面用自己的实际行动表明自己对皇父的孝敬、忠诚和父子感情亲密无间。在确定康熙帝庙号和确定康熙帝陵名时，他都用针刺破中指，用指血圈定。他的这种方法，在清朝空前绝后，没有二例。

谁也不会想到，在将近300年前，雍正帝在景陵宝顶上曾演了一出好戏。清明节上坟添土，是中国人的传统，不仅民间这样，就是皇家也如此。雍正二年（1724年）三月十一日是清明节。雍正帝提前于三月初六日就从京城出发前往遵化昌瑞山祖陵。在清明节这天，雍正帝鞋上套着黄布套，亲自挑着一担洁净的黄土，"由磴道升天桥，膝行至宝顶中间跪，上土毕，匍匐退行，尽诚致敬"。当时规定，要上土13担。雍正帝上了第一担之后，另外12个大臣一人一担，每人鞋上也都套着黄布套，依次上宝顶添土。皇帝亲自挑土，膝行上宝顶，匍匐退行，这是雍正帝的首创。可是后来的清朝众多皇帝都没有效法雍正帝的这种做法。可能他们认为这样做太辛苦太累，也可能他们认为这样做有点过分，没有必要吧。总之只有雍正帝一个人这样做了。雍正帝这种超乎寻常的清明节上土的方式与他刺血定庙号、定陵名的用意是一致的。这出绝妙精彩的好戏只在景陵宝顶上演过一次，以后遂成绝响。

## 19. 神厨库（图45—图47）

清朝，只有皇帝陵和皇后陵才设神厨库。神厨库都坐东朝西，建有五间神厨、南北神库各三间、重檐歇山顶的省牲亭，环以朱垣。一般情况下，神厨库都建在东朝房后面，而景陵神厨库却建在了石像生的东侧。其实这里并没有什么奥秘，完全是受地势的限制所致。因为景陵的东朝房的后面就是山坡。根本就没有建神厨库的地方。中华人民共和国成立前，景陵神厨库遭到了严重的破坏。五间神厨毁掉得最早。到了20世纪60年代初，南北神库虽然破损极为严重，但都幸存。北神库不仅门窗无存，而且瓦件也无存了，南神库的北坡也已不存在了。到了20世纪70年代就只剩下省牲亭了，但也残破严重，岌岌可危，其他都成了遗址。1996年全面修缮景陵时，对省牲亭也进行了抢救性维修，从而保住了神厨库这唯一的建筑。周围院墙和门楼也得到了修缮。

图45：20世纪60年代的景陵北神库

[清东陵篇] 第三章 康熙皇帝的景陵及其妃园寝

图46：20世纪60年代的景陵南神库
图47：维修后的景陵神厨库（2005年）

## 20. 八国联军流窜至景陵（图48—图49）

光绪二十六年（1900年）七月，八国联军攻陷北京，慈禧挟光绪帝等逃出北京。九月十六日、十七日、二十二日、二十三日、二十四日，先后有部分外国侵略军窜到东陵，寻衅闹事，恫吓守陵官员，对陵寝的

图48：1900年，八国联军闯入景陵　　　　　　　　　48
图49：外国侵略军流窜到景陵（旧影）　　　　　　　49

威胁很大。当时,驻东府的东陵守护大臣是辅国公寿全,驻西府的是辅国公光裕。这两位守护大臣是东陵的最高长官,他们既恐慌、害怕,又十分忧虑、为难:率领护陵官兵跟洋兵打吧,一来没有胜算的把握,二来即使胜了,将来朝廷一旦怪罪下来也承担不起;不打忍着吧,列祖列宗的陵寝时刻都有遭不测的危险,一旦出现重大事件,是自己的极大失职,将来也是吃罪不起,左思右想,束手无策,被逼无奈,于是,在九月十八日上午十时左右,两位守护大臣同时投井自尽。幸亏东府抢救及时,将寿全救活,但西府的光裕未能救活。

光绪二十六年(1900年)九月二十四日,光绪帝发出谕旨:前因京师大小文武官员如有矢志殉节,临难捐躯者,朝廷允宜褒扬,以彰忠孝。

九月二十九日,寿全和马兰镇总兵官堃岫联名上折,将光裕投井而死的事上奏朝廷,并将他家"身后萧条,伊子广寿年仅十岁,伶仃尤堪悯恻"的情况也上奏了,请求朝廷对光裕给予表彰、议恤。十一月初二日,光绪帝发出谕旨,认为光裕"平日当差勤慎,派往守护陵寝,亦复尽心职守。本年九月间,目击时艰,忧愤自尽,洵属大节凛然"。于是,追赠他为贝子衔,交宗人府从优议恤,入祀昭忠祠,并赐给光裕"勤愍"的谥号。他的儿子广寿,在他父亲丧期过后,承袭他父亲的爵位。

这两张老照片是八国联军部分军队扰乱景陵时拍的,是八国联军窜扰东陵的铁证。

## 二、关内第一座妃园寝——景陵妃园寝

康熙帝的景陵妃园寝是清王朝在关内建的第一座妃园寝，也是清朝10座妃园寝中埋葬人数最多的妃园寝。它是后世营建妃园寝的蓝本。

### 1. 景陵妃园寝全景（图1—图4）

景陵妃园寝位于景陵东一华里，坐北朝南，始建于康熙十五年至十九年之间，初称妃衙门。雍正五年（1727年）改称景陵妃园寝。这座妃园寝既没有效仿明朝妃子墓规制，也有别于关外的福陵妃园寝和昭陵妃园寝的规制，是清朝独创的妃园寝规制。

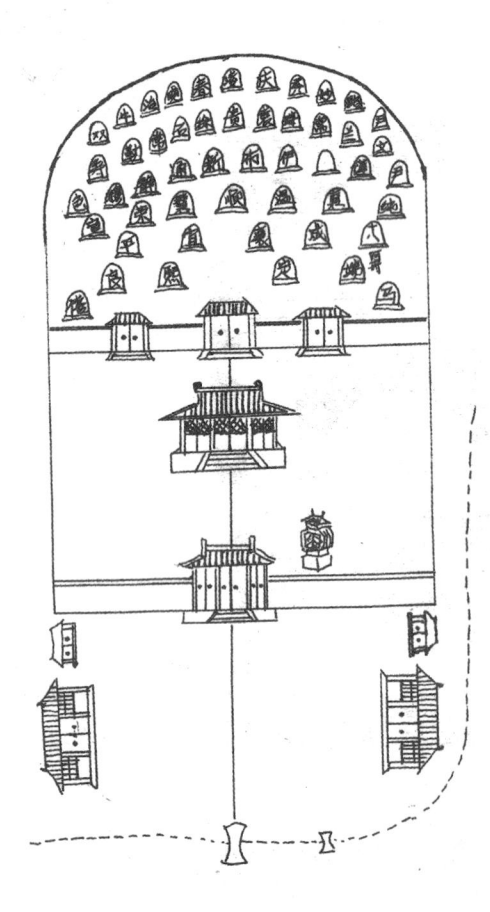

景陵妃园寝共有49座宝顶，据《陵寝易知》一书上记载，园寝内葬贵妃1位、妃11位、嫔8位、贵人10位、常在9位、答应9位、皇子1位，共49人，人数与宝顶数正相符。可是在《陵寝易知》这部书中却说第五排东数第三座宝顶是空的，没有葬人。这究竟是怎么回事？笔者百思不得其解。1978年4月清东陵文物保管所（清东陵文物管理处前身）的职工在景陵妃园寝的后院挖苹果树墩，无意中挖出了一个小地宫，里面有许多的水，水中有一个小棺材。经派出所的警

①

图1：《陵寝易知》一书中绘制的景陵妃园寝示意图

[清东陵篇] 第三章 康熙皇帝的景陵及其妃园寝

图2：20世纪60年代的景陵妃园寝，享殿还剩南半坡
图3：20世纪70年代末的景陵妃园寝

察验看后，马上就回填上了。这个地宫的地面上没有宝顶，也没有任何其他迹象。通过陵图得知这个地方正是埋葬皇十八子允祄的位置。据《大清会典事例》记载，康熙年间规定：凡早殇皇子"皆备小式朱棺，祔葬于黄

图4：2006年时的景陵妃园寝航拍照

花山园寝，惟开墓穴平葬，不封不树"。皇十八子允祄虽然未葬在黄花山园寝，但遵循了"备小式朱棺""惟开墓穴平葬，不封不树"的规定。至此才解开了这个谜。

在建妃园寝的地宫时，是按妃嫔数建的，一人一座地宫。为什么会出现空券呢？笔者经过多年的研究考证，初步得出的结论是：死于康熙三十八年的敏妃可能最初葬在这个空地宫内。敏妃是怡亲王允祥的生母，雍正帝即位后，将敏妃追赠为敏敏皇贵妃，并将她从地宫里起出，在雍正元年九月初一日，迁葬到了景陵地宫，所以才出现了空地宫。这只是笔者的推测，还有待文献支持。

从老照片中能看到，到了20世纪60年代，景陵妃园寝的享殿后坡坍塌，只剩前坡，岌岌可危。大门的前后坡都存在，但残破十分严重。到了20世纪70年代，园寝门中门瓦件基本无存。享殿全部坍塌，园寝门成了三个豁口。1994年修复了园寝大门和园寝门的两个随墙门。后来又恢复了西值班房。但享殿、园寝中门、燎炉都没有恢复。

图5：20世纪60年代的景陵妃园寝的东西厢房、值班房都已毁掉无存

(5)

## 2. 东西厢房和东西值班房都毁坏无存（图5）

景陵妃园寝的东、西厢房初建时是面阔各三间，由于墓主人不断增多，祭品数量越来越大，在乾隆初期改为各五间。以后东陵各妃园寝均仿此制。到20世纪60年代，东、西厢房和东、西值班房都毁坏无存，仅剩台基。

## 3. 大门（图6—图9）

清朝帝后陵的陵院大门称隆恩门，妃园寝的则只能称大门，不能称隆恩门。

到了20世纪90年代初，景陵妃园寝大门瓦件无存，檐部木件无存。前坡檐部瓦件、吻兽、垂兽、跑兽无存，椽望糟朽无存。1994年，清东陵文物古建队修复了大门。

图6：20世纪60年代的景陵妃园寝大门正面残破旧影

[清东陵篇] 第三章 康熙皇帝的景陵及其妃园寝

图7：景陵妃园寝大门毁坏严重（旧影）
图8：景陵妃园寝大门北面（旧影）
图9：修复后的景陵妃园寝大门（2013年）

7
8
9

图1：景陵皇贵妃园寝外景（20世纪80年代初）

## 三、清朝规制最高的妃园寝——景陵皇贵妃园寝

清朝共建了10座妃园寝，要论规制最高的非景陵皇贵妃园寝莫属。因为这座妃园寝只葬有悫惠皇贵妃和惇怡皇贵妃两人，所以当地人称之为双妃陵。这座妃园寝始建于乾隆四年（1739年），建成于乾隆八年（1743年）。

### 1. 景陵皇贵妃园寝全景（图1）

景陵皇贵妃园寝位于今东陵乡东沟村东，宝华峪道光陵遗址西旁。乾隆帝为了报答两位奶奶辈的妃子的养育之恩，不仅为两位妃子单独建了园寝，而且还提高了这座园寝的规制，从而使这座园寝成了清朝规制最高的妃园寝。到底哪些地方超越了标准呢？标准规制的妃园寝，不建方城、明楼，宝顶很小，建在长方形的砖石砌的月台上。月台前有垂带踏跺。宝顶周围不建宝城。而这座皇贵妃园寝在后院并排建了两座方城明楼，宝顶环以带雉堞的宝城。妃园寝内建两座方城明楼，仅此一例。这座皇贵妃园寝还增建了东西配殿。在享殿前还设有"丹凤朝阳"的丹陛石，因此这座园寝是清朝 10 座妃园寝中规制最高的。20 世纪 70 年代末 80 年代初，清东陵文物保管所对景陵皇贵妃园寝进行了修缮。

## 2. 一孔拱桥（图 2—图 3）

清陵制度，妃园寝前建一孔拱桥，栏杆的柱头是二十四气式的，不能是龙凤柱头，体现了严格的等级制度。1983 年 5 月，景陵皇贵妃园寝的屋顶建筑基本维修完，但一孔拱桥仍缺失一块栏板、三根望柱。这时，由香港著名导演李翰祥执导的电影《火烧圆明园》《垂帘听政》需要在东陵拍许多镜头。在拍摄《垂帘听政》时，有这样一段情节：驾崩于热河避暑山庄的咸丰帝，他的梓宫于咸丰十一年九月二十三日从避暑山庄奉移北京，途中经过了 10 天。每天晚上梓宫都停在提前搭好的芦殿内。所谓芦殿就是用席布之类搭的临时殿宇。电影里有一场芦殿祭拜的场景，所以必须要搭一座芦殿。李翰祥先生经过精心选择，最后将芦殿的地址选定在景陵皇贵妃园寝前。因为这个地方地势平坦广阔，既有山也有松林，风景十分优美。更重要的一点是园寝前有一座一孔拱桥。

② 

图 2：景陵皇贵妃园寝一孔拱桥旧影

图3：景陵皇贵妃园寝一孔拱桥（2012年）

可是令李导演感到美中不足的是这座桥的栏杆残缺不全，少了一块栏板、三根望柱。如果把残缺的栏杆拍进电影，有伤大雅，怎么办？聪明的李翰祥导演灵机一动，立刻"计"上心来，因为他在挑选芦殿地点时，几乎走遍了清东陵。他立刻想到了景陵妃园寝前的一孔拱桥。那座一孔拱桥与这座一孔拱桥差不多，而栏杆却是完整的，何不将那座桥的部分栏杆移过来，补到这座桥上？于是，李导演就把他的这一想法跟保管所的领导说了，并表示用完后再移回原处，这样既拍好电影了，桥一点也不受损失，两全其美。保管所领导考虑了再三，终于答应了。李导演千恩万谢。景陵妃园寝的一孔拱桥的一块栏板和三根望柱很快就安到了景陵皇贵妃园寝的一孔拱桥上，非常合适，简直看不出来是从他处移过来的。电影也拍摄得非常顺利。

因为景陵皇贵妃园寝紧靠柏油路，来往游人在汽车上就能看到这座桥，况且移过来的石栏板和望柱安装得天衣无缝，所以电影拍完后，并没有把栏板和望柱移回，至今仍安在那里。

④
⑤
⑥

图 4：修缮前的景陵皇贵妃园寝东厢房旧影
图 5：修缮前的景陵皇贵妃园寝西厢房旧影
图 6：景陵皇贵妃园寝东厢房（2012 年）

## 3. 东西厢房（图 4—图 6）

皇帝陵和皇后陵的茶膳房、饽饽房叫东西朝房，具有同样功能的妃园寝的茶膳、饽饽房则只能叫东西厢房。帝后陵的东西朝房皆有前廊，标准规制的妃园寝的东西厢房是没有前廊的，而且不能使用琉璃瓦，只能用布瓦。而这座景陵皇贵妃园寝的东西厢房却有前廊，仍使用布筒瓦，这是清朝妃园寝的唯一一例。

这两座厢房在历史上和其他建筑一样，遭到了严重的破坏，门窗槛框全部无存，瓦件不全，木件糟朽。在20世纪80年代初维修时，两座厢房也得到了恢复。

### 4. 东西值班房的遗址（图7—图8）

景陵皇贵妃园寝的东、西两座值班房到中华人民共和国成立时仅剩下南北房山了，屋顶全部无存。至今未得到恢复，仅存遗址。

图7：20世纪60年代的景陵皇贵妃园寝东值班房残状
图8：20世纪60年代的景陵皇贵妃园寝西值班房残状

[清东陵篇] 第三章 康熙皇帝的景陵及其妃园寝

⑨
⑩
⑪

图 9：修缮前的景陵皇贵妃园寝东配殿旧影
图 10：修缮前的景陵皇贵妃园寝西配殿旧影
图 11：修缮后的景陵皇贵妃园寝西配殿（2005 年）

### 5. 东西配殿（图9—图11）

这座皇贵妃园寝的东西配殿均面阔五间，单檐歇山顶，比昌西陵、慕陵、慕东陵东西配殿还多两间。到了20世纪70年代，这两座配殿门窗隔扇全无，椽飞糟朽，瓦件不全。20世纪80年代初维修这座皇贵妃园寝时，修葺了屋顶，重新打制了门窗隔扇，两座配殿恢复了昔日容貌。

### 6. 享殿（图12—图15）

这座妃园寝的享殿面阔五间，单檐歇山顶，与其他妃园寝明显不同的是，享殿前的月台正前方的垂带踏跺之间设了一块丹陛石，上面雕刻了一幅"丹凤朝阳"的图案。标准规制的妃园寝是不设丹陛石的。即使是皇后陵的昌西陵和慕东陵，隆恩殿前都没设丹陛石。妃园寝设丹陛石仅此一例。

图12：20世纪50年代末景陵皇贵妃园寝享殿残状

[清东陵篇] 第三章 康熙皇帝的景陵及其妃园寝

图13：20世纪60年代的景陵皇贵妃园寝享殿残破状况（1）
图14：20世纪60年代的景陵皇贵妃园寝享殿残破状况（2）

图15：如今的景陵皇贵妃园寝享殿遗址（2005年）

这座妃园寝的享殿到了20世纪70年代初，门窗隔扇全部无存，殿顶只剩下了前半坡，木架全部外露，时刻都有倒塌的可能。到了20世纪80年代初，完全坍倒，如今仅存后檐墙、两山墙和台基。丹陛石还比较完整。

### 7. 明楼（图16—图18）

这座妃园寝建了两组方城明楼、宝城宝顶。为了与帝后陵的方城、明楼有所区别，建筑体量适当缩小，明楼为单檐歇山顶，不悬挂斗匾。朱砂碑上用满汉两种文字镌刻。东面的宝顶下安葬着悫惠皇贵妃佟佳氏，她是孝懿皇后的亲妹妹。她曾经从康熙三十九年到康熙六十一年，主持后宫事务达22年之久，死于乾隆八年，终年76岁。西面的宝顶下安葬着惇怡皇贵妃瓜尔佳氏，她是康熙帝晚年的宠妃，与佟佳氏一起抚养过年幼的乾隆帝。她死于乾隆三十三年，终年86岁。她是康熙帝55

图16：修缮后的景陵皇贵妃园寝双明楼及宝城宝顶（2005年）

个后妃中最后一位离世的。

到了 20 世纪 70 年代初，两座明楼残破严重，尤其是西面的明楼，四面的檐部木构件及瓦件基本无存。方城、宝城也多有残损。20 世纪 80 年代初，这座园寝得到了全面的修缮。

图17：20 世纪 70 年代景陵皇贵妃园寝西明楼残破状况
图18：20 世纪 70 年代景陵皇贵妃园寝东明楼残破状况

图1：乾隆朝绘制的《裕陵图》

# 第四章 乾隆皇帝的裕陵及其妃园寝

## 一、地宫雕刻豪华的裕陵

裕陵是乾隆帝的陵寝，位于东陵境内的胜水峪。因为裕陵建于乾隆盛世，国泰民安，国力强盛，加之乾隆帝好大喜功，踵事增华，所以裕陵工精料美，制度崇宏，多有创新，在清朝皇帝陵中堪为上乘。

### 1. 裕陵图（图1）

乾隆年间，乾隆帝命宫廷画家绘了从永陵到裕陵七座皇帝陵的陵图。这张图就是其中的裕陵图，也是最后的一张图。裕陵始建于乾隆八年（1743年）二月初十日丑时，完工于乾隆十七年（1752年），用银约180余万两。因为建于乾隆盛世，所以气势雄伟，质地精良，多有创新，富丽堂皇，在清陵中为上乘之作。与乾隆帝合葬的有孝贤皇后、孝仪皇后、慧贤皇贵妃、哲悯皇贵妃、淑嘉皇贵妃。

自雍正帝在河北易县建了泰陵，从而有了西陵之后，后世皇帝会遇到一个难题：是将陵寝建在东陵还是建在西陵？第一个遇到这个难题的就是乾隆帝。乾隆帝最初曾想将自己的陵建在西陵，子随父葬。后来又担心后世子孙如果都像自己一样，都想长依父母膝下，陵寝就会都建在西陵，这样就冷落、疏远了东陵。所以他决定将自己的陵建在东陵。清朝陵寝制度到了乾隆年间，已经典制大备，进入了成熟、完善阶段。裕陵不仅建筑完备，工精料美，还有许多的首创，比如，在三路三孔拱桥两侧各建三孔平桥；在隆恩殿东暖阁内建佛楼；石五供的炉顶、瓶花、烛连火焰用紫砂石；地宫内雕刻经文、佛像；石像生为八对等。裕陵是清朝帝陵中的巅峰之作。

## 2. 乾隆帝像（图 2—图 5）

乾隆帝，爱新觉罗·弘历，是清入关后的第四帝，他是雍正帝的皇四子，生于康熙五十年八月十三日（1711 年 9 月 25 日）子时，生母为

图 2：《心写治平》长卷中的乾隆皇帝像
图 3：乾隆帝戎装像
图 4：老年的乾隆帝像

图 5：乾隆皇帝 25 岁即位时的朝服像

孝圣皇后。他即位时25岁，正是精力充沛，年富力强之际。乾隆帝继承父、祖之余烈，加之励精图治，使清王朝达到了极盛，但从后期开始走下坡路。他在位60年，又当了3年太上皇帝，掌实权达63年之久，是中国历史上掌实权时间最长的皇帝。他终年89岁，是中国封建皇帝中寿数最高的皇帝。乾隆帝在位期间的十次重大军事行动都取得了胜利，因此他宣称有十全武功，自号"十全老人"。他70岁以后，又称"古稀天子"。乾隆帝精通儒家经典、诗词、绘画、书法。他对古玩鉴赏也有很高的造诣。他一生做了四万多首诗，几乎相当于《全唐诗》之和。他题字满天下。他拥有后妃41位，有皇子17位、皇女10位。嘉庆四年正月初三日辰时（1799年2月7日上午8时许），乾隆帝病逝，同年九月十五日卯时葬入裕陵地宫。他的庙号、谥号全称是"高宗法天隆运至诚先觉体元立极敷文奋武钦明孝慈神圣纯皇帝"。

### 3. 孝贤皇后像（图6—图7）

孝贤皇后，富察氏，生于康熙五十一年（1712年）二月二十二日。经雍正帝指婚，雍正五年（1727年）七月十八日，与弘历结婚，时年16岁。她是乾隆帝的结发之妻。雍正六年（1728年）十月初二日子时，生皇长女。雍正八年（1730年）六月二十六日申时，生皇二子永琏。

雍正九年（1731年）五月二十四日卯时，生皇三女。雍正帝驾崩的当天，经大臣奏请，皇太后钦准，称富察氏为皇后。当年十一月十六日，乾隆帝正式颁谕立富察氏为皇后。乾隆二年（1737年）十二月初四日为她举行了皇后册立礼。乾隆十一年（1746年）四月初八日子时，生皇七子永琮。乾隆十三年（1748年）正月，孝贤皇后随驾东巡，三

图6:《心写治平》长卷中的孝贤皇后像 ⑥

图 7：孝贤纯皇后朝服像

月十一日死于回銮途中的德州舟次，终年37岁。孝贤皇后是一位贤明的皇后，平素节俭，衣帽上不饰珠翠等物，而用通草绒花；献给皇帝的荷包不用金银丝线，而是用鹿羔皮制作，以表示不忘本。她知书达理，孝敬公婆，对乾隆帝关怀备至，因此深受乾隆帝的敬重和喜爱。

乾隆十年正月，皇贵妃高氏死时，赐谥为慧贤皇贵妃，皇后闻知后，含着泪对乾隆帝说："我朝后谥上一字皆用'孝'字，倘许他日谥为'贤'，敬当终身自励，以副此二字。"富察氏死后，乾隆帝果然谥她为孝贤皇后。孝贤皇后死时裕陵尚未完工，于是就将她的梓宫从观德殿移到东直门外的静安庄殡宫暂安，把先期停在那里的慧贤、哲悯两位皇贵妃的金棺停在孝贤皇后梓宫旁边。乾隆十七年（1752年）十月二十七日辰时，孝贤皇后及慧贤、哲悯二皇贵妃葬入裕陵地宫。

经累朝加谥，孝贤皇后的全部谥号是"孝贤诚正敦穆仁惠徽恭康顺辅天昌圣纯皇后"。

### 4. 孝仪皇后（图8—图9）

孝仪皇后，魏佳氏，内管领清泰之女，生于雍正五年（1727年）九月初九日，比乾隆帝小16岁。乾隆十年（1745年）入宫，封为魏贵人，以后逐步晋封，乾隆三十年（1765年）六月十一日册封为皇贵妃。在20年时间里一直受宠不衰。她为乾隆帝生了四子二女，其中的皇十五子颙琰就是后来的嘉庆帝。有清一代，为皇帝生育六个子女的后妃只有三个人，孝仪皇后就是其中的一位。乾隆四十年（1775年）正月二十九日魏佳氏病逝，享年49岁。同年二月十一日册谥为令懿皇贵妃，十月二十六日辰时葬入裕陵地宫。乾隆六十年（1795年）九月

图8：《心写治平》长卷中的孝仪皇后（当时是令妃）

图9：嘉庆帝生母孝仪纯皇后朝服像

图 10：慧贤皇贵妃朝服像

初三日，乾隆帝宣布颙琰为皇太子，同时追赠其母令懿皇贵妃为孝仪皇后。经嘉庆、道光两朝加谥，其谥号全称为"孝仪恭顺康裕慈仁端恪敏哲翼天毓圣纯皇后"。

图11: 慧贤皇贵妃半身像

## 5. 慧贤皇贵妃（图10—图11）

慧贤皇贵妃，高佳氏，她是乾隆早期的宠妃。她是河道总督、大学士高斌的女儿，满洲镶黄旗人，初隶包衣。早在雍正年间，高氏初为宝亲王弘历的使女，雍正十二年三月初一日，雍正帝晋封她为弘历的侧福晋。弘历即位后封高氏为贵妃，同时下令将高氏母家从包衣佐领下拨归满洲镶黄旗。因当时宫中没有皇贵妃，所以她的地位仅次于孝贤皇后，为宫中的二把手。高氏是名门淑女，通情达理，尽心尽力侍奉皇帝。有时皇帝因水旱灾情而担心农民种不了地、打不了粮食而心情郁郁不乐时，高氏就婉言劝慰。她还经常用古代名妃的言行来要求自己，二十年如一日。乾隆十年（1745年）元旦，正是佳节喜庆之日，未想到高氏竟得了重病，卧床不起，乾隆帝去看望她时，高氏语重心长地嘱咐乾隆帝要自爱，不要悲伤，当皇帝很不容易，情真意切，使乾隆帝很受感动。高氏虽经全力医治，但病势日渐沉重。为了报答这位侍奉自己二十年之久的爱妃，在正月二十三日，乾隆帝晋封高氏为皇贵妃，可是刚过两天，就在正月二十五日填仓这天，高氏病逝了。第二天乾隆帝就赐谥她为慧贤皇贵妃。金棺暂安静安庄殡宫。乾隆十七年（1752年）十月二十七日，随孝贤皇后入葬裕陵地宫。

图12：淑嘉皇贵妃半身像

## 6. 淑嘉皇贵妃（图12）

谁也不会想到，在裕陵地宫里还安葬着一位朝鲜女人，她就是淑嘉皇贵妃。淑嘉皇贵妃，金佳氏，满洲正黄旗，上驷院卿三保的女儿，其兄为吏部尚书金简。她生于康熙五十二年（1713年）七月二十五日。她一家为朝鲜人，早年投靠后金，初隶内务府汉军包衣，后奉旨出包衣，赐姓金佳氏。金氏初入宫为贵人，乾隆二年十二月初四日（1738年1月23日）被册封为嘉嫔。她先后为皇帝生育了四个皇子，即皇四子永珹、皇八子永璇、皇九子（幼殇未命名）、皇十一子永瑆。其中的皇十一子永瑆成就最大，他是乾隆年间的四大书法家之一。乾隆十三年（1748年）七月初一日晋封为嘉贵妃。乾隆二十年（1755年）十一月十五日病逝，终年43岁。奉皇太后懿旨，乾隆帝赐谥她为淑嘉皇贵妃，金棺暂安于静安庄殡宫，乾隆二十二年（1757年）十一月初二日巳时葬入裕陵地宫。

## 7. 裕陵圣德神功碑亭（图13—图15）

清朝皇帝陵的神功圣德碑亭（圣德神功碑亭）都是由新即位的嗣皇帝来建，碑文由嗣皇帝撰写，字由当时著名的书法家书写，这完全符合"盖棺定论"之说。

雍正帝的泰陵圣德神功碑亭由乾隆帝建造，碑文是由乾隆帝撰写的。因此，乾隆帝知道自己陵寝的圣德神功碑亭要由即皇位的儿子营建，碑文要由即皇位的儿子撰写。在乾隆五十年至五十二年，乾隆帝对明十三陵进行了一次大规模的修缮。明长陵的神功圣德碑亭以及献、景、裕、茂、泰、康、昭、庆、德各陵的明楼都由原来的木制的格井天花改为条石发券，这样做既坚固耐久，又能防火，乾隆帝对此十分赞赏。于是在乾隆五十二年（1787年）三月十一日，颁谕说："将来胜水峪建立圣德神功碑时，即仿照新修前明长陵碑亭式样，发券成造。其规模大小不可过于景陵制度。"乾隆帝发出这道谕旨12年以后就离开了人世。不久，新即位的嘉庆帝决定为其父立圣德神功碑，建碑亭。但是，出人意料的是，嘉庆帝并没有按照其父的谕旨，仿照明长陵碑亭式样用条石发券成造，而是仿照康熙帝的景陵圣德神功碑亭式样，仍采用木制的格井天花形式。裕陵圣德神功碑亭于嘉庆六年（1801年）二月初一日破土兴工，嘉庆七年（1802年）二月二十四日卯时立碑，嘉庆八年（1803年）四月二十五日刻字告竣，其规制与景陵的圣德神功碑亭别无二致，使乾隆帝的希望完全落了空。

嘉庆帝为什么不遵照他父亲的谕旨建裕陵的圣德神功碑亭一事至今

图13：20世纪70年代初的裕陵圣德神功碑亭

仍旧是一个谜。

　　这张照片拍摄于20世纪70年代初（图13），当时碑亭周围还没有植树，所以显得很宽敞。如今华表外围都植上了树，所以这张老照片就显得珍贵了。

　　乾隆帝的皇十一子永瑆酷爱书法，37岁时被封为和硕成亲王。永瑆曾经听过康熙朝的老太监讲他的老师年幼时曾亲眼见到明朝著名书法家用前三指握笔管悬腕作书的故事，引起了他

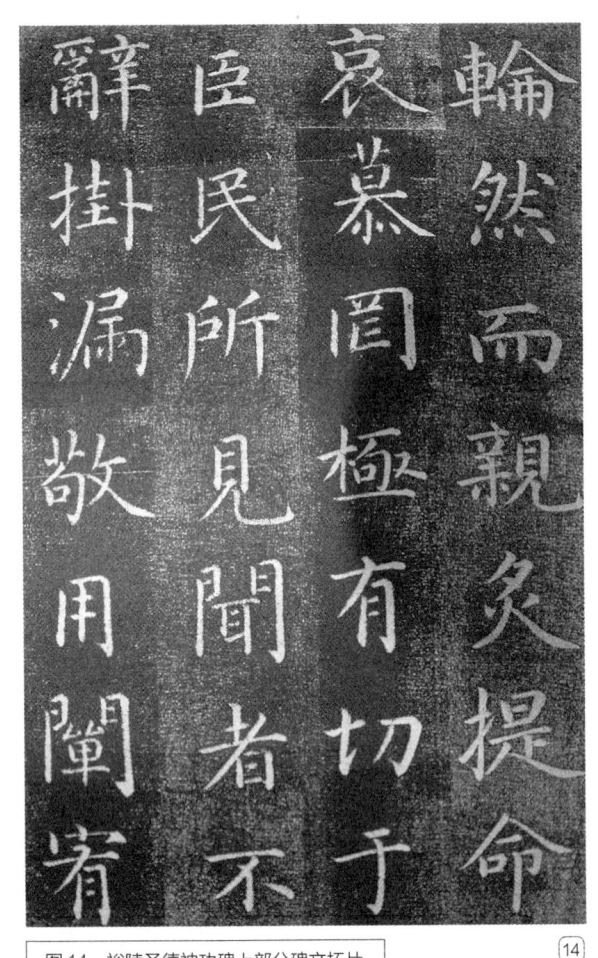

图14：裕陵圣德神功碑上部分碑文拓片

的浓厚兴趣。于是，他潜心研究，努力效法，并加以推广，创出了著名的"拨灯法"。永瑆的楷书"胎息欧阳，出入羲献""少工赵董，兼善篆隶"，独具风格，名重朝野。乾隆帝死后，嘉庆帝遵照定制，在裕陵五孔桥南立碑建亭，并亲自撰写碑文，命永瑆书写碑上的汉字。永瑆受命后，尽其所学，含泪濡墨，敬谨恭书，发挥了最高水平。裕陵圣德神功碑碑文字体严谨端正，飘逸潇洒，堪为清代碑刻中的上乘佳作。

　　20世纪60年代初，裕陵圣德神功碑亭残破极为严重，经国家文物局批准并拨款，于1964年对其进行落架大修。拆卸时，在大脊正中的脊筒子里发现了一个近似方形的铜扁匣子，边长约有30厘米，厚大

约有五厘米。匣子的正面用浅浮雕的技法雕刻着龙凤呈祥和海浪山石图案。这个匣子叫宝匣。匣子里装的物品，因年代不同，物品的种类、数量也不尽一样，但大致变化不大，现在就以道光年间的档案为依据，介绍一下匣子里装的物品：

五锞：锞，就是小元宝。五锞，就是用金、银、铜、铁、锡五种金属分别做的小元宝，每样一个，共五个。

五宝石：分别是红、黄、蓝、白、绿五种颜色的小宝石。

五色缎丁：分别是红、黄、蓝、白、绿五种颜色的缎丁各一尺。

五色线：分别是红、黄、蓝、白、绿五种颜色的线各一两。

五香：五种香料，即芸香、降香、檀香、合香、沉香各三钱。

五药：五种药材，即鹤虱、生地、木香、防风、人参各三钱。

五经：五篇宝经。

五谷：五种粮食，即高粱、粳米、白姜豆、麦子、红谷子各一撮。

这些物品均存放于这个方形铜匣内，寓避邪驱凶，祈盼吉祥之意。反映了人们的一种美好善良的愿望。笔者曾当东陵文物保管员20多年，亲手保管过这件宝匣。

⑮

图15：裕陵圣德神功碑亭正脊上的宝匣

## 8. 石望柱、五孔拱桥、功德碑亭（图16）

关内各帝陵石像生南端都设一对石望柱。望柱即是石像生结束的标志，也是开始的标志。惠陵原设计方案有石像生5对，因经费紧张，裁撤了石像生，却把一对望柱保留下来了。所以石望柱就失去了它原来的功用。崇陵因为是仿惠陵建造，尽管原设计方案没有石像生，但也有一对石望柱。

我们如果稍微细心观看一下这张老照片，就会发现，裕陵的圣德神功碑亭没建在裕陵的中轴线上，而是偏向了左（东）方，是工程设计上的失误，还是另有奥秘？现在还没有一个合理的解释。

裕陵和其他帝后陵一样，在神路两侧各植了九行仪树，但从这张老照片上看，在桥、望柱、石狮周围长了许多的树。从树的粗细和位置来看，这些树不像原来栽的仪树，像是后来自由滋生的小树。

图16：裕陵孔桥和圣德神功碑亭旧影

[清东陵篇]　第四章　乾隆皇帝的裕陵及其妃园寝

⑰
⑱

图 17：民国初年裕陵前景
图 18：1925 年后的裕陵前景

图19: 裕陵前景（2012年）

### 9. 裕陵前景（图17—图19）

裕陵位于顺治帝孝陵以西的胜水峪，其靠山为昌瑞山的右翼，朝山也是金星山。裕陵地势宽阔平坦，环境优美。

当时的风水家是这样描述胜水峪风水的："胜水峪自昌瑞山落脉，龙势曲折蜿蜒，由天市而转天皇。起太阳金星而开钳吐唇。峡中之水个字分明。合襟紧凑。内结太极圆晕，外成万马明堂。立天屏而兼太微。龙穴向上，合三垣之格局，下乘三元之旺气。至于朝对端拱，主山尊严，罗城重环，水口紧密。诚天造地设之大地，应万年吉祥之佳名。"

图17当摄于清朝灭亡后不久的民国初年，裕陵尽管地面上荒草遍地，但各建筑基本完好，砂山和后宝山上的树依然郁郁葱葱。可是到了1925年以后（图18），原来长满树木的山变成了光秃秃的，仪树基本无存，各建筑的门窗也都被拆走，瓦件已经不全，虽然两张照片为同一场面同一角度拍摄，但恍如天地之别，一片荒凉景象。

### 10. 隆恩殿内的神牌和祭祀场面（图20—图21）

关内的清朝陵寝，无论皇帝陵、皇后陵，还是妃园寝，享殿内都设暖阁三间。如果是皇帝陵，则将皇帝和皇后的神牌供奉在中暖阁神龛内的香龛之内。只有孝陵是一个特例，将孝献皇后的神牌供在了西暖阁内。裕陵葬了两位皇后、三位皇贵妃，所以中暖阁内供奉了一帝二后的神牌，应该是乾隆帝的神牌居中，孝贤皇后的神牌居左（东），孝仪皇后的神牌居右（西）。但将这张老照片放大来看，发现右（西）旁的神

图20：裕陵隆恩殿中暖阁宝床上供奉的乾隆帝、孝贤皇后、孝仪皇后的神牌（旧影）

牌上有"恭康顺辅天昌圣纯皇后神位"字样，这明显是孝贤皇后的神牌，当时的神牌供放位置明显是错误的。如此重大的失误如果发生在清朝，陵寝官轻者要撤职治罪，重者有可能掉脑袋。

从图21可以看出，清朝灭亡以后，虽然根据优待清室八条，保留了原来陵寝的机构和人员，皇陵祭祀照旧举行，但祭祀规模早已不如从前。1928年东陵被盗之后，各陵的暖阁、神龛都被拆卸一空，祭祀时，只是把神牌摆设在一张小案上，在案前的桌子上摆上为数不多的供品，其祭祀规格和场面与清朝时已不可同日而语了。

这张老照片同时显示出皇陵供奉的帝后神牌底座为是方墩形，不是须弥座的。三个皇贵妃的神牌供设在了西侧。

图20这张老照片还让我们看到了关内安放神牌的香龛的样式，这也是关内清陵老照片中唯一一张能看到香龛的，很是珍贵。

图21：东陵被盗后裕陵隆恩殿祭祀场面（旧影）

[清东陵篇] 第四章 乾隆皇帝的裕陵及其妃园寝

图22：民国初期的裕陵方城明楼、石五供

### 11. 方城明楼、石五供（图22）

清陵设石五供完全仿照的是明十三陵的做法。清陵石五供经历了一个演变过程，主要体现在体量、摆放位置、纹饰、石质等方面。早期的石五供，体量略小，五供中的香炉、花瓶、烛台造型比较低矮；器身上没有纹饰雕刻；炉顶与香炉、蜡烛、火焰与烛台用一块石料雕成；祭台由三块石料构成；祭台上的图案多为浅浮雕，而且图案较小，吉祥图案也少；烛台位于最外侧。到了中后期，这些都发生了变化。石五供体量逐渐变大；香炉、花瓶、烛台变得清秀挺拔，更接近实物；五供的器身上增加了兽面纹或万蝠流云的图案；炉顶、瓶花、烛连火焰用紫砂石雕刻；祭台上的图案不仅变大，立体感增强，吉祥图案也增多了；祭台改由两块石料构成。在石五供的演变中，裕陵的石五供是一个转折点和里程碑。裕陵的石五供是第一个将炉顶、烛连火焰改用紫砂石雕刻的；是第一个在香炉、花瓶、烛台的器身上雕刻纹饰的；是最后一个用三块石料构成石祭台的。所以说裕陵石五供具有承前启后的作用。

从图22中可看到，当时裕陵的方城、明楼基本完整，没有遭到严重的破坏，方城门洞券北口的隔扇门窗虽然没有完全显露出来，但仅仅能看到的那半个月牙窗也弥足珍贵，为后来恢复月牙窗提供了重要的依据。

但令人不解的是，全陵最高处的明楼正脊上的两个大吻上的剑把、背兽以及铜吻链却不见了。瓦垄上固定吻链的如意铜拉扯还存在。因为明楼上有四条吻链，是铜镀金的，是陵寝建筑上最值钱的附属物。吻链的上端固定在剑把下的如意铜拉扯上，下面与瓦垄上的桃形铜板相连。盗墓贼可能在盗取吻链时，把剑把和背兽碰掉了，仅留下了下面的桃形连接铜板。当然这是笔者的推测。

明楼上的斗匾还存在，依然能看出是满、蒙、汉三种文字。图22是笔者收藏的所有裕陵老照片中唯一能看到明楼斗匾的一张。

图 23：裕陵琉璃影壁前的盗口旧影

## 12. 哑巴院内的盗口、盗洞及地宫抽水（图 23—图 27）

孙殿英的工兵们是怎么进入裕陵地宫的呢？在盗掘裕陵时，他们把盗口选在了哑巴院内的琉璃影壁前的神道正中往下挖，然后向北掏，很快就找到了地宫的隧道券。地宫的整个隧道券都用砖砌实了。匪徒们就在所砌砖的最上部，贴着隧道券顶拆出一条只能弯着腰进出的通道，进入了地宫，盗走了全部珍宝。

裕陵和慈禧陵被盗后，居住在天津张园的退位后的宣统帝溥仪知道后派出了一个由皇室成员和清廷遗臣组成的东陵善后小组，到东陵进行调查和处理安葬事宜。这个小组的正式成员有 7 个人，即载泽、溥忻、溥伒、恒煦、宝熙、耆龄、陈毅。前 4 人都是皇室成员，姓爱新觉罗，后 3 人都是清朝灭亡前的大臣。除此之外还有随员 7 人以及仆从、官役、工匠、厨役以及警备司令部的长官、卫兵等，共有 70 多人。这些人分乘

图 24：被清理后的裕陵盗口（旧影）
图 25：从盗口钻进后就是隧道券内的盗洞（旧影）

十辆小汽车和六辆大汽车，于 1928 年 8 月 18 日（农历七月初四日）由北平出发前往东陵，9 月 8 日返回北平，往返 22 天。

他们到裕陵后，先清理了琉璃影壁前的盗口，然后清理隧道券内的通道。因为地宫里有四五尺深的积水，于是他们从马兰峪城内的孝陵金银器皿库找来抽水机，从 8 月 23 日（农历七月初九日）开始抽水，日夜不停，到 8 月 28 日（农历七月十四日）水基本抽完。8 月 29 日（农历七月十五日），随员徐榕生等带领仆役人等开始清理裕陵地宫。他们在裕陵工作期间，为了防止雨水流进地宫内，特地在琉璃影壁前的盗口处搭起了一个席棚，回京时将棚拆掉，将盗洞和盗口用砖和石灰砌实。据徐榕生的《东陵于役日记》记载，仅填砌裕陵盗洞和盗口用石灰就达 8000 余斤。

图 26：裕陵地宫被盗后，溥仪所派的善后小组在清理盗口（旧影）
图 27：善后小组在裕陵地宫抽水（旧影）

### 13. 地宫的八大菩萨（图 28—图 33）

历代封建帝王为了防止皇陵地宫被盗，绞尽了脑汁，想尽了方法，施展各种奇招妙计，什么冷箭、毒气、陷阱、飞刀、翻板、落地闸等，均归无效，根本不能阻止皇陵被盗。

聪明的乾隆帝于是想出了一个一般帝王想不到的妙招：让神通广大的神仙、佛祖保护地宫，那些盗陵的凡夫俗子总该无计可施了吧。于是乾隆帝满怀信心地请来了八位神通广大的菩萨分别把守四道门，每道门两位。文殊菩萨号称文菩萨，大势至菩萨号称武菩萨。这两位菩萨一文一武，而且每位都拥有两件法器，是八位菩萨中法力最强的。乾隆帝一向精通兵法，善于调兵遣将。他也很会酌才用神，于是就派这对文武菩萨把守第一道门户。观音菩萨和地藏王菩萨在民间知名度最高，于是，

图28：裕陵地宫第一道石门东扇上雕刻的文殊菩萨
图29：裕陵地宫第一道石门西扇上雕刻的大势至菩萨

乾隆帝派这二位菩萨把守第二道门户。乾隆帝派除盖障菩萨和虚空藏菩萨把守第三道门户。代表大富大贵的慈氏菩萨和代表大行的普贤菩萨法力也不含糊，而且还有舍生忘死的拼命精神，于是乾隆帝派这二位菩萨把守第四道门，也是最后一道防线。

　　石门上雕刻的每位菩萨像高约 1.5 米，全部为女性形象。每位都头戴莲花瓣佛冠，高梳发髻，两耳佩环，身披绶带，项饰璎珞。下身穿羊肠大裙，袒胸露腹，赤脚立于莲花台上，身段纷窕，体态婀娜，温柔慈祥，美丽端庄。莲花台下海水粼粼，波光潋滟，简直像一幅仙女下凡图。仔细端详八位菩萨，手印各不相同。无论怎么变化，每只手里都捏着一根藤蔓。藤蔓弯曲向上，顶端有一朵盛开的鲜花，衬以绿叶。因为这些花都位于每位菩萨的肩头旁边，故称为"肩花"。各位菩萨的肩花是一

图 30：裕陵地宫第四道石门东扇上的慈氏菩萨
图 31：裕陵地宫第四道石门西扇上的普贤菩萨

图32：裕陵地宫第二道石门关闭后（旧影）

图33：裕陵地宫第三道石门关闭后（旧影）

样的，但花朵上托的器物却各不相同。肩花上的器物是鉴别菩萨身份的重要标志，也是了解每位菩萨有何法力的依据。

令乾隆帝万万没有想到的是，这些法力无边、神通广大的菩萨在孙殿英的工兵面前，竟然一招未过就一败涂地。不仅未能保护住乾隆帝和他的后妃们，慈氏和普贤两位菩萨竟还身受重伤，骨断筋折。这些神仙们眼睁睁地看着乾隆帝和他的五位后妃被毁棺抛尸，随葬珍宝全部被掠走。

孙殿英的工兵们是怎样闯过四道菩萨的防线，进入地宫的呢？盗匪们十分内行地从每道石门的门缝伸进铁棍之类的东西，用力撞击，将自来石顶倒，顺利地打开了前三道石门。可是当他们再用这种方法想打开第四道石门时，却不灵了，两门纹丝不动。盗匪们急了，于是动用了炸药，将石门炸坏，进入了金券。这一炸，将西扇石门炸成好几块，东扇石门上门轴受损，脱离门管扇。第四道石门的下门槛西段被炸坏。

1978年年初裕陵地宫对外开放前，由瓦工师傅赵福禄等用环氧树脂和白水泥将西扇石门黏接好，并在白水泥所填补的"海水江崖"部分雕刻水浪波纹，这是笔者亲眼所见。黏好的西扇石门放在西侧的垂手棺床上，门下支以坡状木架。东门扇基本完好，放在东垂手棺床上的坡状木架上，以便游人参观。21世纪初因木架糟朽变形，所以已黏好的西扇石门再度裂碎。东扇石门没有变化。

为了保护石门，多年前将每扇石门打开后就完全固定住，不能再随意开启转动。为了保护每扇石门上雕刻的菩萨，便将每扇石门用玻璃罩上。这样，人们再想看到关闭后石门的样子或石门背面的样子就十分困难了。使笔者感到十分欣慰的是找到了第二道石门和第三道石门关闭的照片，拍摄时间为20世纪70年代末。

裕陵地宫有四道石门，为什么只有第二道和第三道石门关闭的照片呢？原来，第一道石门门口顶了两根石柱，无法拍摄到完整的关闭的石门。第四道石门被炸碎了，无法拍摄。

图 34: 裕陵地宫第一道石门背面（旧影）

## 14. 石门的背面（图 34）

图 34 是第一道石门的背面。为什么说是第一道石门呢，因为照片中能看到门洞券内的天王像，而天王像只出现在裕陵地宫第一道石门后墙壁上。第一道石门的每扇门背面都竖向镌刻着八个梵文，周围环以卷草纹。经请教故宫博物院著名佛学专家罗文华先生，他说这八个梵文音为 Om Vajrapani svaha，汉文译为"唵金刚手莎哈"。这张照片拍摄于 1978 年前后，具有极高的研究价值，十分珍贵。

## 15. 四天王像（图 35—图 36）

乾隆帝虑事周详，考虑到第一道门是地宫的第一道防线，最为重要，需要增加保卫力量，于是又请来了法力无边的四大天王。乾隆帝让西方广目天王和北方多闻天王为左翼，持国天王和增长天王为右翼，与把守第一道石门的文殊、大势至两位菩萨形成掎角之势，共同把守第一道石门，可谓调兵有法、遣神有方，缜密周详。

图 35：裕陵地宫西壁上浮雕南方增长天王和东方持国天王
图 36：裕陵地宫东壁上浮雕北方多闻天王和西方广目天王

这四大天王是佛祖释迦牟尼的外将。须弥山半山腰有一山叫犍陀罗，有四峰，四大天王分居四峰，各护一天，称四天王天。四天王天是六欲天的最初一天，因此，四大天王也称护世四天王。这四大天王分别是：

东方持国天王：他善于护持国土，忠实地守卫在东方。因为他还是乐神的领袖，故以琵琶为法器。

南方增长天王：他能使众生的善根增长。他以宝剑为法器，守护着南方。

以上两天王像雕刻在第一道门洞券的西墙壁上。

西方广目天王：他常以净天眼观护阎浮提。他是群龙的领袖，右手托宝塔，左手缠绕一龙，守护着西方。

北方多闻天王：他的福德之名闻于四方。他右手持宝伞，左手握吐宝银鼠，守护着北方。

以上两天王像雕刻在第一道门洞券的东墙壁上。

四天王的这四件法器，宝剑舞动生"风"，琵琶弹奏弦要"调"，宝伞撑开能遮"雨"，群龙降服已归"顺"，正好组成"风调雨顺"一词，反映了人们的良好愿望。也有称四大天王为四大金刚的。寺庙的山门里，常供奉他们的塑像。令乾隆帝意想不到的是，这些法力无边、神通广大的天王面对孙殿英的工兵同样一筹莫展，败下阵来，眼看着盗陵匪徒大摇大摆地进入了地宫。

这两幅四大天王的照片是在1975年地宫打开不久，将第一道石门关闭后拍摄的，如今因为各石门都已被固定，再也拍不到这样的镜头了，所以这两张照片极为珍贵。

## 16. 支顶着石柱的第一道门（图37—图38）

现在我们进入裕陵地宫，会发现除了第四道石门门口外，其余三道门的门口都支顶着4根方形石柱，地宫内共支顶了12根石柱。其实只有第一道石门的最外面的2根石柱是打开地宫时就有的，其余那10根柱子都是后来支顶的。地宫内为什么要支顶石柱？第一道石门是何时支顶的呢？通过清宫档案和现场调查得知，早在嘉庆四年（1799年），第一道石门的上门槛就出现了裂缝。裕陵地宫是在1978年1月29日开放的，到了1989年已开放了11年，这时发现第二道石门上槛和第三道石门上槛不同程度地都出现了微小的裂缝。第一道石门上门槛的裂缝似乎较之前也大了，经过报请国家文物局同意批准，清东陵文物管理处古

图37: 裕陵地宫刚打开时,第一道石门支顶着两根石柱(旧影)

建队于1989年12月15日分别给第二、第三道石门各支顶了4根石柱,将第一道石门又补顶了2根石柱。第四道石门上门槛因为是铜铸的,不会出现裂缝,所以没支。自从支顶了这10根石柱,地宫三道石门的上门槛裂缝得到了有效的控制,没有再发展。

那么第一道石门的两根石柱是谁支顶的呢? 1975年打开地宫时就已有石柱支顶了,肯定不是清东陵文物保管所支顶的。地宫是孙殿英盗掘的,第四道石门是孙殿英盗陵盗匪炸坏的,他不会为了保护地宫而去支顶石柱。1928年溥仪派去东陵重殓的皇室成员和遗臣从情理上分析

图 38：1989 年以前从裕陵地宫第四道石门向南望，只有第一道石门支顶了石柱（旧影）

有可能支顶，但重殓大臣中的宝熙、耆龄、陈毅、徐榕生在东陵重殓期间的日记中都没提到此事。这四个人的日记是按天记的，非常详细，如果说一个人在日记中忘记写了，不可能其他几个人也都忘记写了，而且如在重殓期间，往地宫里运进那么大两根石柱，并且支顶起来，是件大事，不可能会忘记。所以溥仪所派的重殓人员不会支顶。最有可能支顶的就是嘉庆四年九月十五日以后那几天。因为在那年的七月负责裕陵隧道券及外面墓道工程的大臣就已发现第一道石门的上门槛上出现了两道裂缝，为了免遭震动使裂缝变大，改变了隧道券地面原来用打夯的做法，而改用砖砌。这些大臣将上门槛出现裂缝和改变做法一事上奏给了嘉庆帝并得到了钦准。支顶上门槛的两柱之间只有103厘米，而乾隆帝外椁宽154厘米，所以支顶工作应当是在乾隆帝棺椁入葬后进行的。在嘉庆帝已经知道裂缝的情况下，这些大臣面对地宫出现的这一严重隐患不可能置之不理，一定会在乾隆帝棺椁入葬后采取支顶保护措施，这之前也一定会得到皇帝的钦准。可是在清宫档案中，却未找到奏请皇帝采取保护措施的奏折。而且在乾隆帝棺椁入葬后大臣们向皇帝奏报所做各项扫尾工程如关闭石门、填砌隧道、成砌琉璃影壁等工作中，关于支顶石柱之事只字未提。因此，对第一道石门的两根石柱进行支顶究竟是谁人所为，现在还需要继续考证。

**17. 从第二、第三道石门看金券是歪斜的（图39—图40）**

这是两张第二道和第三道石门尚未支顶石柱时的照片。图39为故宫著名摄影家胡锤先生拍摄。图40尚不知道是谁拍的。从这两张照片可以清楚看出乾隆帝的棺椁是歪斜的。棺椁是摆放在金券正中位置的，这表明金券是歪斜的。经实地测量，金券与前七券形成一个10度的夹角。这是为什么呢？

有人解释说，前七券的方向是风水线，金券的方向是子午线。这种解释似乎有一定道理。所谓风水线，就是陵寝的朝对方向，是地面建筑的中轴线。所谓子午线，就是正南正北方向。通过测量，前七券的方向确实是风水线，可是，金券的方向并非子午线，它偏离子午线15度。如此看来，这种风水线、子午线的解释是不成立的。

也有人认为，这可能是工程上的失误，在开槽时把金券挖歪了。首先，这是不可能的。在封建社会，皇陵工程是国家的第一号重要工程，被称为"钦工"，而地宫又是陵寝最关键、最重要的部分，不允许有丝毫的疏忽和误差。在测量仪器和技术尚不十分先进的那个时代，如果在数千米的建筑线上，出现几度的误差，出现点歪斜，似乎还有可能。但在仅长54米的裕陵地宫中，出现用肉眼就可以明显看出的误差，实在不可能。

再者，裕陵地宫四壁及券顶，到处布满石雕图案。这些石雕图案都是事前在样坑中刻好，将各石块编好顺序号码，从样坑中拆卸出来，然

图39：裕陵地宫从明堂券看金券是歪斜的

图40：从裕陵地宫第二道石门看金券也是歪斜的（旧影）

后再按顺序砌到地宫中的。如果地宫的槽坑挖歪了，出现了失误，这些带编号的石块就不会衔接合缝，图案就会错乱变形。从实地观察，裕陵地宫各石料砌得非常严密，所有图案、文字也毫无错乱走形之处。这说明金券方向歪斜，不是工程失误，而是工程设计人员的有意安排。

那么，究竟为什么金券与前七券方向不一致呢？据分析，这是风水的需要，是有意这样做的。前七券与地面建筑的方向都是"亥巳兼壬丙三分"，方向是一致的，是最佳方向，朝对的是金星山。而金券的方向是"壬山丙向兼亥巳丁巳分金"，这个方向"脉气最盛"，对于安放棺椁的金券来说是最佳方向。这就是说，裕陵地面建筑和地宫金券用了两个不同的方向是可以在风水学的理论中找到依据的。

## 18. 孝仪皇后遗体（图 41）

溥仪派到东陵善后的小组人员在清理裕陵地宫时，在正面棺床西边的两棺之间发现了一具奇异的女尸。女尸身穿黄色宁绸龙袍，皮肉完好无损，没有腐烂。两腮和嘴下略有皱纹，牙齿没有完全脱落，面目如生，笑容可掬，犹如一尊古佛。脚上所穿的绣凤黄靴，一只脱落，一只仍穿在脚上。一只耳朵上还戴着一只耳环，约有四十多岁的年纪。随员徐榕生马上将这一重大发现报告给了载泽等人。载泽、宝熙、耆龄、陈毅等人闻讯立即带着妇人和差役赶到地宫查看。一开始命妇人将女尸抬出，因两棺之间狭窄，女尸卡在其间，几个妇人竟抬不起来。徐榕生等不得不上前帮忙，才将这具女尸抬出来，放在铺着缎褥的木板上，盖上黄绸子，临时安放在地宫的西北角。裕陵地宫里共葬了五个女人，这个女尸是哪一位呢？

裕陵地宫葬有孝贤皇后、孝仪皇后、慧贤皇贵妃、哲悯皇贵妃和淑嘉皇贵妃。孝贤皇后死于乾隆十三年，卒年 37 岁，其棺椁在棺床东边。一来年龄不符，二来盗匪也不会将孝贤皇后的尸体隔着乾隆帝的棺椁从东边抬到西边，放在两棺之间。因此，此尸不会是孝贤皇后的。慧贤皇贵妃死于乾隆十年，卒年约为 30 岁左右。哲悯皇贵妃早年入侍高宗潜邸，高宗即位前病逝，卒年约 20 岁左右。这两个人的年龄与女尸均不相符。淑嘉皇贵妃死于乾隆二十年，卒年 43 岁，其棺椁在西侧垂手棺床上，其年龄和棺位与女尸也有差异。孝仪皇后是嘉庆帝的生母，死于乾隆四十年，卒年 49 岁。她是这五位女人中年龄最大的，与女尸年龄最接近。孝仪皇后棺椁位于正面棺床西边第二位，在乾隆帝棺椁的西侧。盗匪从棺中往外抬她的尸体时，自然会顺手将尸体放在西侧两棺之间。而女尸正是在这两棺之间发现的。以此推断此女尸为孝仪皇后当确凿无疑。当时的重殓大臣也认为是孝仪皇后。在裕陵地宫中共葬有 6 个人，有比她年龄小的，有比她年龄大的，有比她早葬的，有比她晚葬的，在同一座地宫中，为什么那 5 具尸体都腐烂了，而唯独孝仪皇后的尸体面目如生？清朝皇家并不注重尸体的防腐，也不刻意采取特别的防腐措

图41：孝仪皇后遗体

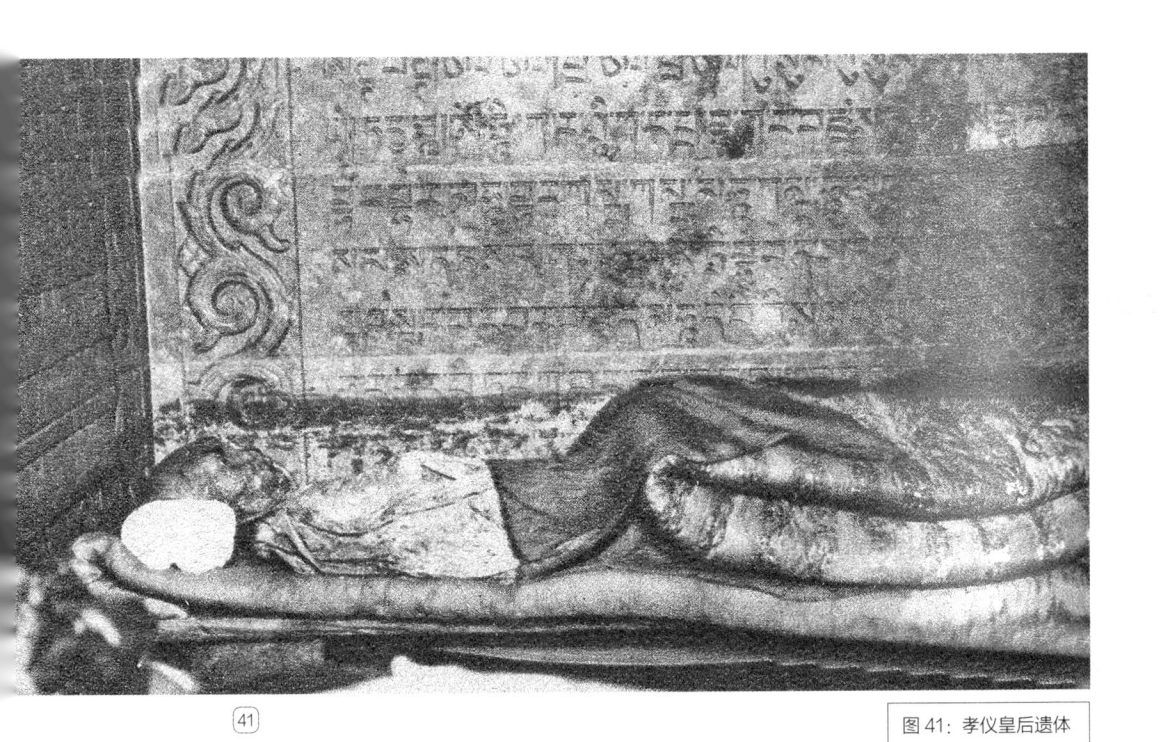

施。棺椁上虽然漆饰了多层，在客观上起到了一定的防腐作用，但主要目的是为了体现等级尊卑。清朝皇家棺制，皇帝和皇后的梓宫漆49道，皇贵妃和皇太子的金棺漆35道，贵妃、妃、嫔的金棺漆15道。在裕陵地宫里的6口棺椁中，要论漆饰次数最多的，当属乾隆帝的和孝贤皇后的，但他俩的遗体都变成了一堆散骨头，而金棺只漆饰了35道的孝仪皇后（孝仪皇后死时尚是皇贵妃，故她的棺漆了35道）却尸体不烂，面目如生。孝仪皇后死于乾隆四十年（1775年），到1928年已有153年。这么长时间尸体居然不腐烂，实在令人匪夷所思，至今也是一个难解之谜。遗体照片第一次刊登是在1928年第49期第31版的《良友》画报上，由褚葆蘅拍摄。

## 19. 乾隆帝内棺（图42—图43）

裕陵地宫里共葬了6个人，除了那具完整女尸外，应该有5个头颅骨，可是重殓人员连找了两天，却只找到了4个头颅骨，最后从东扇石门倚压着的那口棺里找到了一个头颅骨，经鉴定为乾隆帝的。

乾隆帝的内棺与其他五具内棺相比，不仅是最大最好的，而且最大的特点是这具内棺的内外所有藏文、佛像、纹饰图案都是阳刻的，雕工极为精美，堪为剔红工艺作品中的杰作，而其余5口内棺上的文字和图案都是阴刻的。联想到纯惠皇贵妃内棺、慈禧内棺和崇陵孝定皇后的内棺都是阴刻的，又联想到故宫如今尚存有一口阳刻的内棺和阴刻的内棺，这表明不仅仅是乾隆帝的内棺是阳刻的，很可能所有皇帝的内棺都是阳刻的，后妃的内棺都是阴刻的，是否与男为阳，女为阴有关，尚须进一步考证。

6个人的头颅骨总算找齐了，但骸骨却十不存五六。哪些骨头是皇后的，哪些骨头是皇贵妃的，又分属于哪位皇贵妃，根本就不能辨别。唯有乾隆帝的骨头还能识别，因为乾隆帝身体魁梧高大，所以他的骨头也比别人的粗大，且为紫黑色，股骨和脊骨上还带着部分皮肉。这些帝后妃缺失的骸骨哪里去了呢？孙殿英匪兵盗宝时，将遗骨乱扔，与糟烂的衣物、灰浆等掺杂在一起。匪兵走后，当地土匪又进入地宫扫仓，将

图42：乾隆帝内棺（旧影）

图 43：乾隆帝内棺内侧纹饰（旧影）

地宫里的灰浆垃圾等用筐抬出，到河边用水过滤，寻找宝物。这样就将部分遗骨也随着带出，因而造成了骸骨不全。

如何重殓这一帝二后三皇贵妃的遗骨，在几位皇室遗臣之间产生了严重的分歧。最后决定合棺而殓，并使用乾隆帝的原来的棺椁。因外椁都被破坏了，实在不能再用，只得使用内棺。将乾隆帝的内棺安放在正面棺床正中的原来位置。在棺内铺了五层黄龙缎褥，先将乾隆帝的遗骨放在中间，其他四位后妃的遗骨分别摆放在乾隆帝遗骨的两侧，然后在上面盖了三层黄龙缎被。载泽将当年得到的光绪帝的一件龙袍、一件衮服盖在被上。又将那具完整女尸殓入乾隆帝棺西侧的棺中。将地宫内那

图 44：裕陵地宫金券内部分棺椁旧影
图 45：裕陵地宫金券内棺椁旧影

些糟烂的被褥等丝织物装入东侧的棺中，盖上棺盖。载泽、耆龄、宝熙、陈毅等人退出。由徐榕生、志林督率工役漆封棺口，放平石门，残破的棺椁木片堆放在正面棺床的东北角，并为翌日掩闭石门、填砌隧道做准备。这一天正是1928年8月30日（农历七月十六日）。男女五人共殓一棺实在是奇闻。1977年3月5日，笔者曾亲眼看见乾隆帝棺内有五个头颅骨。1977年组装棺椁时，已将乾隆帝的内棺套上了椁，从此再也不能看到这具内棺的风采了。

**20. 裕陵地宫金券内的棺椁（图44—图45）**

裕陵地宫内的棺椁因残破过于严重，只组装了三具完整棺椁，分别放在正中和东西两端，空出乾隆帝棺两旁的两皇后棺位。另外还有一具较完整内棺放在西侧垂手棺床上。将黏接好的两扇石门陈放在金券内两侧的垂手棺床上，石门下支以坡状木架。地宫内安装了照明设施，挖了渗水井和排水管道。经国家文物局批准，于1978年1月29日正式对外开放。为了让来自国内外的游人能观赏到出土文物，清东陵文物保管所领导让笔者设计了两个展橱，从出土的文物中选出一部分精品陈放在展橱内。然后将这两个展橱摆放在乾隆帝棺椁两旁的空棺位处。关于裕陵开放的仅仅二三百字的新华社消息播发之后，竟引起了清东陵的第一个旅游高潮。开放的头几天，真是车如龙，人如潮，宽敞的裕陵前的海墁广场成了人的海洋。售票口的玻璃被挤碎了，隆恩门处的检票员忙不过来，兴奋的参观群众最后竟一拥而进。地宫里的人达到了饱和状态，里面的人出不来，外面的进不去。因为当时地宫棺床前还没有设金属栏杆，只是拉了一根小绳，根本拦不住参观群众，地宫里的游人许多被挤到了棺床之上，棺椁周围站满了游人。在地宫值班的工作人员怕展橱被挤坏，文物丢失，只得一直抱着展橱寸步不敢离开。鉴于这种情况，为了保护文物安全，领导决定撤掉地宫内的两个文物展橱。后来这些出土文物先后在裕陵神厨库和慈禧陵神厨库内展出。图44和图45是1978年裕陵地宫开放时拍的，如今已成了历史。

①

[清东陵篇] 第四章 乾隆皇帝的裕陵及其妃园寝

图1：站在裕陵西望裕陵妃园寝及定东陵（旧影）

## 二、葬有皇后的裕陵妃园寝

### 1. 从裕陵西看（图1）

裕陵妃园寝位于裕陵以西一华里，始建于乾隆十年（1745年），内葬乾隆帝的一位皇后和35位妃嫔。这座园寝建有方城、明楼、享殿、东西配殿、大门、东西值班房、东西厢房、一孔拱桥、东旁建三孔平桥，是清朝10座妃园寝中第二座逾制的妃园寝，也是清朝妃园寝中埋葬人数位居第二的妃园寝。

图1是一张非常珍贵难得的东陵老照片，拍摄者站在裕陵宝顶上向西拍下了裕陵妃园寝的全部建筑，照片中还能看到慈安陵、慈禧陵、定陵妃园寝和定陵，拍摄年代应在20世纪30年代。彼时，陵区内及满山的树木已被砍伐一空，虽然陵寝建筑残破不堪，但基本还都存在。这是迄今为止唯一一张能看到裕陵妃园寝建筑全貌的老照片。

图2：20世纪30年代的裕陵妃园寝

图3：20世纪40年代初的裕陵妃园寝

## 2. 从慈禧陵望裕陵妃园寝（图2—图3）

这是从慈禧陵拍的裕陵妃园寝，时间约在20世纪三四十年代，当时裕陵妃园寝的明楼和享殿的檐部开始损坏，园寝门门楼还有，东配殿前坡瓦件严重缺失。

## 3. 西厢房（图4）

妃园寝的东西厢房的功能和帝后陵的东西朝房一样，是内务府员役做祭品的地方，由于妃园寝比帝后陵等级低，所以只能称厢房，屋顶不能用琉璃瓦，只能用布筒瓦盖顶。

图4：裕陵妃园寝西厢房旧影

我们知道景陵皇贵妃园寝（双妃园寝）和裕陵妃园寝都是超越标准规制的妃园寝，既然如此，为什么裕陵妃园寝厢房不像景陵皇贵妃园寝的厢房那样，也设有前廊呢？这里面有一段隐情。原来在乾隆十年（1745年）初建裕陵妃园寝时，是完全按标准妃园寝的规制设计并营建的，东厢房和西厢房各面阔五间，没有前廊。乾隆二十五年四月，乾隆帝的宠妃纯惠皇贵妃苏佳氏薨逝，要葬入这座妃园寝，于是对这座妃园寝进行改建增建时，只增建了院内的方城、明楼、东西配殿，而院子以外的东西厢房并未改动，仍保留了原样。所以，裕陵妃园寝与景陵皇贵妃园寝不一样，厢房没有前廊。裕陵妃园寝的东厢房早年被毁无存。到20世纪60年代，其西厢房不仅所有门窗隔扇全部无存，更为严重的是中间和北次间的屋顶完全坍塌，一座建筑断成了两截。由于失去了中间的连接，西厢房所剩建筑部分更加走闪歪斜，时刻有坍倒的可能。根据国家当时的"落架保护"政策，清东陵文物保管所经向国家文物局请示并得到批准，对西厢房进行了拆除。

图4这张旧照为我们定格了历史，留下了永久的记忆。

### 4. 东西配殿（图5—图6）

清朝陵制，标准规制的妃园寝是不建东西配殿的。可是为了表示对纯惠皇贵妃的宠爱，乾隆二十五年，乾隆帝下令将已建好的规制标准的裕陵妃园寝进行大规模地改建和增建，其中的一项就是增建东西配殿各五间。到了20世纪60年代，由于年久失修，加上人为地破坏，不仅其门窗隔扇全部被拆走，可以拆卸的木构件也被拆走。两稍间的槛墙也被拆除。建筑由于失去了围护、支撑、连接的构件，致使残破程度更加严重。东配殿仅剩下了北稍间，瓦件全部无存。其他几间全部坍塌。西配殿相对好些，但檐部和翼角严重缺损，正脊仅剩一半，南稍间沉陷严重。到了20世纪70年代中期，南稍间前坡全部坍落。1979年国家拨款，由清东陵文物保管所古建队施工，对裕陵妃园寝进行了全面修缮，西配殿被修复一新，得以保存下来，而东配殿在"落架保护"的政策下，在人们的视线中永远地消失了，如今仅剩下了台基。图5这张东配殿照片尽管残旧不清，但它却是留给人们的东配殿的最后身影。

⑤       图5：裕陵妃园寝东配殿旧影（1964年）

图6：裕陵妃园寝西配殿旧影

## 5. 享殿（图7—图10）

裕陵妃园寝的享殿是标准规制的妃园寝享殿，单檐歇山顶，面阔五间。殿前有月台，陛三出，无石栏围护。这座逾制的妃园寝与同样逾制的景陵皇贵妃园寝相比，还有一点不同，就是在月台前没有设丹陛石，而景陵皇贵妃园寝则设了丹陛石。

享殿是供奉神牌和举行祭祀活动的场所。清制，只有妃以上的墓主人才有神牌，供入享殿的暖阁内。嫔、贵人、常在、答应无神牌，祭祀时，将祭品桌抬到宝顶前的月台上，祭祀行礼。裕陵妃园寝除那位失宠的皇后外，安葬了2位皇贵妃、5位贵妃、6位妃，这13个人的神牌都供入了享殿内。每个人的神牌供入哪座暖阁，哪个位置，都要由皇帝亲自决定。随着墓主人的不断增加，墓主人位号的不断变化，神牌的位次也要随之变动。从图7这张档案上画的裕陵妃园寝享殿供奉的神牌位次

[清东陵篇] 第四章 乾隆皇帝的裕陵及其妃园寝

图7：裕陵妃园寝享殿神牌位次图
图8：裕陵妃园寝享殿旧影

图9：维修前的裕陵妃园寝享殿后檐（旧影）
图10：维修后的裕陵妃园寝享殿及园寝门（2016年）

来看，明显没有那拉皇后。那13位妃嫔当年地位都在那拉皇后之下，向她行礼膜拜，到后来皇后反倒不如这些妃嫔了。

在20世纪70年代以前，裕陵妃园寝享殿遭到了严重的破坏，不仅门窗隔扇、天花板全部无存，槛墙全部被拆，瓦件全部无存，连檐、望板、檐部椽飞糟朽，多根柱子也都糟朽了。1979年国家拨款对裕陵妃园寝进行全面维修。在木材十分紧缺的情况下，享殿的部分柱子及享殿和配殿的部分望板都是水泥预制的。这种做法虽然不符合文物法，但在那时也是没办法的办法，毕竟整体上先维修下来了，等到以后维修时柱子和望板再更换木制的。

### 6. 园寝门（图11）

裕陵妃园寝初建时完全按标准规制，将三座园寝门建在了享殿的后面，两边是面阔墙。乾隆帝为了表示对纯惠皇贵妃的宠爱，下旨将已建成的裕陵妃园寝进行改建和增建，增加了方城明楼、宝城宝顶和东西配殿。由于当时在裕陵妃园寝后院已建了许多妃嫔的宝顶，已经没有地方再添建方城明楼、宝城、宝顶了，于是就将三座园寝门及两侧的面阔红墙拆除，将园寝门改建到享殿两旁，然后用红墙与享殿和东、西进深墙相连。这样后院就腾出了地方可以建方城、明楼了。每座园寝门为单檐歇山顶。门的前后都有四级垂带踏跺。

图11：维修前的裕陵妃园寝东园寝门（旧影）

将园寝门改建到享殿两旁，应该说是受昭西陵规制的启发，昭西陵就是将陵寝门及面阔墙建在隆恩殿两侧的。后来的昌陵妃园寝、宝华峪妃园寝、双峰岫妃园寝（慕东陵前身）都是将园寝门建在了享殿两旁。

这两座园寝门在20世纪五六十年代遭到了严重的破坏。由于木料被偷走，门楼变成了豁子门。1979年修缮裕陵妃园寝时，两座园寝门一并得到了维修。

### 7. 明楼（图12—图13）

乾隆二十五年以后改建裕陵妃园寝最主要的工程是增建方城明楼、宝城、宝顶。裕陵妃园寝的方城明楼、宝城、宝顶完全仿照景陵皇贵妃园寝的规制修建。为了与帝、后陵的明楼有所区别，明楼改为单檐歇山顶，楼内所立朱砂碑改用满汉两种文字（帝、后陵用满、蒙、汉三种文

图12：残破的裕陵妃园寝明楼（旧影）

图13：维修后的裕陵妃园寝方城、明楼（2016年）

字）镌刻。裕陵妃园寝明楼内的朱砂碑上镌刻"纯惠皇贵妃园寝"七个字。

这座明楼到了20世纪60年代，残破严重。到了20世纪70年代末，整个屋顶几乎全部无存。1979年全面修缮裕陵妃园寝时，明楼才得到了全面恢复。

### 8. 东陵秘籍与纯惠皇贵妃地宫棺椁（图14—图16）

乾隆帝的第二位皇后那拉皇后自乾隆三十年（1765年）二月在南巡途中因剪发失宠以后，被关进了翊坤宫后殿。乾隆三十一年七月十四日未时，那拉皇后离开了人世，终年49岁。关于那拉皇后为什么剪发、她死后的丧事情况及埋葬地点，清朝官书讳莫如深，只字不提。清宫档案也是少之又少，这样做很显然是奉了乾隆帝的密旨。那拉皇后的葬地200多年来一直是个谜。但《陵寝易知》一书却揭开了这个谜。这部书由东陵官员编写，内容详尽，关于陵寝的记录真实准确，可信度高，是一部珍贵的东陵秘籍。此书所载的裕陵妃园寝的葬位图中，清楚标示了那拉皇后与纯惠皇贵妃同葬在主宝顶下地宫内，其居于左侧。1981年

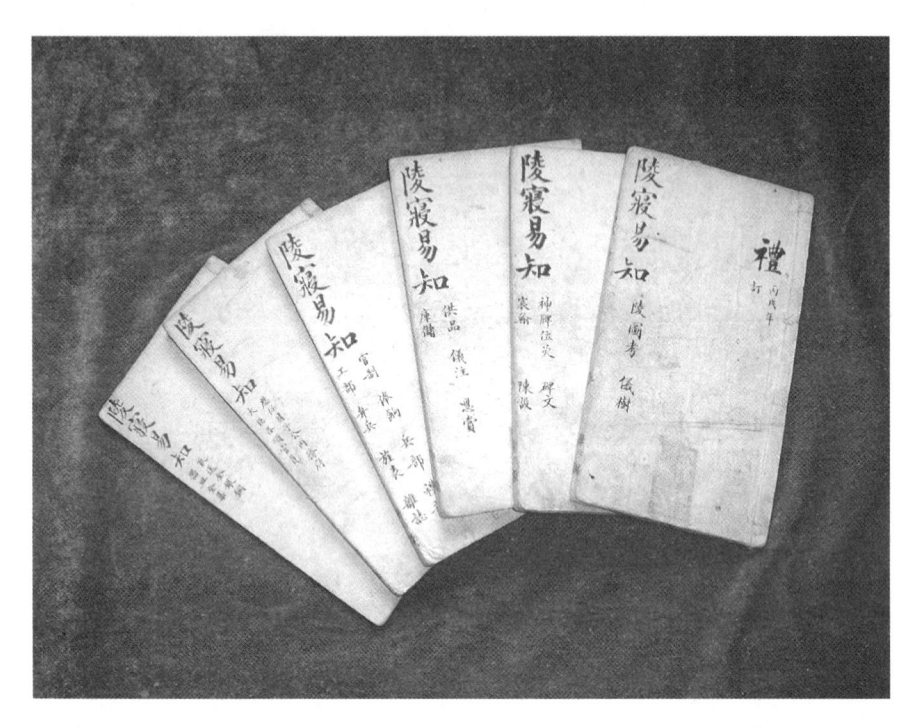

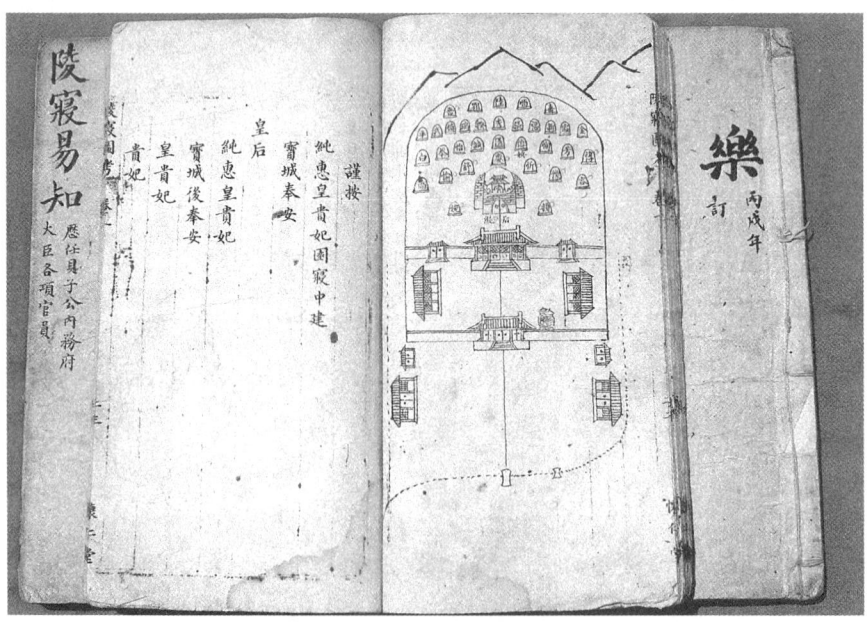

图 14：《陵寝易知》书影
图 15：《陵寝易知》记载了那拉皇后的葬位

图16：那拉皇后椁（右）和纯惠皇贵妃内棺（1983年）

11月30日，纯惠皇贵妃地宫被打开，那拉皇后的葬地之谜彻底大白于天下，原来那拉皇后果真是葬在了纯惠皇贵妃地宫内。名义上按皇贵妃礼为那拉皇后治丧，可实际上远远不如皇贵妃丧礼。那拉皇后虽然晚纯惠皇贵妃四年入葬，但质量低劣的棺椁在1929年11月地宫被盗时就已经糟烂不能成形了。据笔者考证，皇室成员载泽等人在重殓时，因分不清二人的遗骨，而且地宫仅存纯惠皇贵妃的一具完整棺椁，所以就将那拉皇后和纯惠皇贵妃二人遗骨都放在了纯惠皇贵妃的棺内。地宫内的一棺一椁都是纯惠皇贵妃的，那拉皇后的棺椁早已糟烂无存了。为了让游人能够明显看出地宫内安葬两具棺椁，特意将纯惠皇贵妃的外椁放在了那拉皇后的棺位处。这里有一个重要失误，无论内棺和外椁都应该头朝里即北面，可是这一棺一椁都头朝了外（南）。

纯惠皇贵妃地宫是在1983年5月1日开放的，这张照片是在开放不久拍摄的。当时梓券还没有安栏杆，棺与椁还没有安放玻璃罩。如今很难拍到这样的场景了。

### 9. 纯惠皇贵妃朝服像（图17）

通过以上介绍，大家已经知道了裕陵妃园寝在乾隆二十五年以后所进行的改修和增修，都是因为要葬入一位新的墓主人——纯惠皇贵妃。她到底是怎样一个人，为何有如此之大的影响力呢？

纯惠皇贵妃，苏佳氏，是苏召南的女儿，生于康熙五十二年（1713年）五月二十一日，比乾隆帝小2岁。早在乾隆帝即位前她就已经是和硕宝亲王府的一名庶妃了。乾隆帝即位刚一个月就封她为纯嫔。乾隆二

图17：纯惠皇贵妃朝服像

年（1737年）晋她为纯妃。乾隆二十五年（1760年）四月十一日册封她为皇贵妃。她是乾隆帝五位皇贵妃中唯一举行过册封礼的。她为皇帝生下了皇三子循郡王永璋、皇六子质庄亲王永瑢、皇四女和硕和嘉公主。乾隆二十五年（1760年）四月十九日巳时病逝，终年48岁。她死后，当年五月被赐谥为纯惠皇贵妃，后于乾隆二十七年（1762年）四月十九日被葬在了园寝最尊贵的前排正中之位。乾隆帝对她的宠爱可以说无以复加了。

### 10. 容妃的四幅像（图18—图21）

在清朝的10座妃园寝中，裕陵妃园寝，要讲规格，不如景陵皇贵妃园寝高；要论埋葬人数，不如景陵妃园寝多，可是要讲知名度，裕陵妃园寝却首屈一指，这是为什么呢？最主要原因就是因为这座园寝内埋葬了一位来自新疆的年轻美丽的维吾尔族女子。她的身世奇特、传说奇特、身体奇特、葬地奇特、棺木奇特。她至今还有许多未解之谜。她有一个非常美丽而又令人遐想无穷的名字——香

图18：太仓陆夫人在裕陵妃园寝拍摄的容妃吉服像

妃。其实香妃就是乾隆帝的容妃。现在有许多人干脆把裕陵妃园寝就叫"香妃陵"。"香妃"这个名字如今已经在全国家喻户晓。香妃什么样？在社会上流传着四幅画像，即旗妆像、戎妆像、洋妆像和吉服像。经过专家们考证，前三幅都属于传说中的容妃像，很不可信，唯独那张最不清楚的吉服像相比之下还是比较可靠的。为什么这样说呢？理由有三：

（1）来源可靠。著名清史大师孟森教授在他的《香妃考实》一文中提到并刊载了这幅画像，他是这样介绍这幅画像来源的："民国二三年，陆文慎宝忠之子妇、徐相国郙之女太仓陆夫人游东陵，至容妃园寝，

图 19：传说中的容妃旗装像
图 20：传说中的容妃戎装像
图 21：传说中的容妃洋装像

至一处，守者即谓香妃冢。凡陵寝园寝飨殿有遗像，一大一小，小者遇有祭祀即张之，大者年仅张设一次。陆夫人以香妃之传说甚庞杂，亲至其园寝，始知流言之非实，请于守者，以摄影法摄容妃像以归。所摄乃其小者，大像封肩未得见也。"

这幅不太清楚的吉服像就是太仓陆夫人在清东陵裕陵妃园寝拍的。孟森教授在他写《香妃考实》一文时配上了这幅照片。因此说这幅画像来源是可靠的。

（2）档案证实东陵有容妃像。在中国第一历史档案馆珍藏的浩如烟海的清史档案中，发现一条可以证明清末民初清东陵确实有容妃的画像存在的档案：

毓彭在民国十四年旧历八月十七日，给天津张园胡大人信中说："……护理总兵张之庆于毓彭未到任以先，听本地奸人之计划，视陵寝为奇货可居，凡官产官物一律排（作者按：应为拍）卖。各陵瓷器一百二十余件业已装箱运走，当铺所存软件，现正查点出售。红墙以内树株擅自砍伐。桃花寺行宫早已变价。其余裕陵圣容及容妃圣容均行携入署中。仓房官所任意标价出售。"

这条档案清楚地表明，清东陵确曾有过容妃像，由此可以推断当年太仓陆夫人所拍摄的画像应该就是被张之庆携入署中的那幅容妃像。

（3）乾隆帝的后妃中确有吉服像。乾隆帝十分欣赏的《心写治平》画轴上有乾隆帝的十二位后妃画像。这些画像全是吉服像。这幅不太清楚的画像与那十二幅后妃像，无论人物形象、冠服样式，还是绘画手法，基本一样。宫廷绘画多是写实作品，水平再低的画师也不会将皇帝妃嫔的像画得与本人相差很大，更不敢张冠李戴。由此可知，陆夫人所摄的东陵的容妃像同是源于皇家的正式画像。这就更进一步表明了陆夫人所摄香妃像的可靠性。

基于上述三点，这幅吉服像最有可能是容妃的真实画像。

## 11. 容妃地宫半开的石门（图22）

容妃的宝顶位于第二排东数第一位。夯筑的宝顶建在长方形的砖石月台之上。月台的前面有一座五级的垂带踏跺。1979年10月2日，垂带踏跺突然塌陷，出现一个大洞，这其实就是昔日的盗口。从洞口能看到里面的地宫门楼。10月6日，清东陵文物保管所对该地宫进行了探视。笔者是首批探视者之一。容妃地宫由四券一门构成，即罩门券、门洞券、梓券、金券和一道石门。除罩门券为砖券外，其余三券皆为石券。门楼的吻兽、瓦垄、冰盘檐子都是石制的。两扇石门上除兽面衔环铺首之外没有雕刻图案。金券为横券，也没有任何图案雕刻。这是一座标准的妃子地宫。地宫内因为没有设置龙须沟，有近两米深的积水。

地宫的石门外不远的地方有一道挡券墙。墙顶的部分砖头以及坍落的踏跺的砖石在挡券墙下形成了一个砖石堆，由于石门敞开着，所以部分砖石掉落到了石门以里的门洞券内。从这幅老照片中还能看到当时抽水的潜水泵的水管子和木梯子。

图22：裕陵妃园寝容妃地宫里坍落下来的砖头
（1979年10月6日）

## 12. 横置的容妃外椁（图23）

首批进入地宫者登着木梯进入了地宫。因地宫里还有一些灰浆，只得往灰浆里放进一些大砖头，在砖头上搭上脚手板，踩着脚手板进入了金券。棺床上有一具横置的外椁，椁帮上有一个长175厘米、宽60厘米的大洞。从这个大洞往里面看，里面居然没有内棺，只是一具空外椁。

在椁的前挡板上发现有几行用金水手写的阿拉伯文字。临摹下来后，经有关专家辨认，这是伊斯兰教著名的经典《古兰经》里的一句话"以真主的名义"。按清朝皇家棺制，在椁的四面都用藏文缮写四天王咒。这具外椁写的却是《古兰经》里的名言，这是墓主人信奉伊斯兰教的最有力的证据。更进一步证实了容妃是来自新疆的维吾尔族人。凡信奉伊斯兰教的人，去世之后都不使用棺木。这具棺木只有外椁，没有内棺，很可能与容妃信奉伊斯兰教有直接的关系。

图 23：裕陵妃园寝容妃地宫内外椁旧影

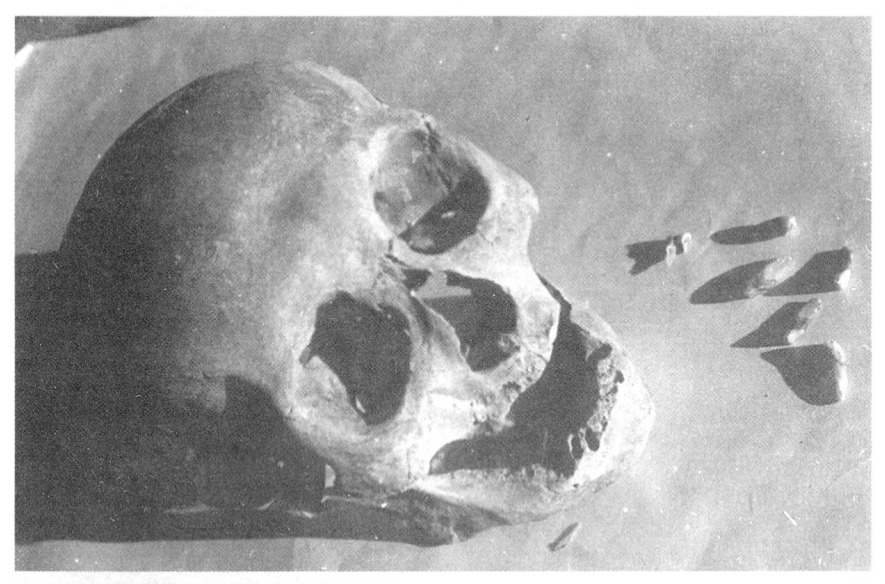

图24：清理地宫时发现的容妃头骨及牙齿

### 13. 头颅骨及地宫（图24—图25）

首批人员进入地宫以后，在棺床上发现了一些未燃尽的松枝、松塔之类，表明当年盗匪是靠燃烧这些来照明的。在棺床上还发现了许多糟烂的丝织品和许多人的骨骸，经过众人寻找，唯独没有发现头颅骨。笔者不甘心，于是站在脚手板上，用铁锹在灰浆中寻找。突然触到一物，搂到近前，双手一捧，捧出一个完整的头颅骨。当时在场的人都兴奋异常。这不仅是容妃葬在清东陵的有力证据，更是考证容妃年龄、民族等的重要实物资料。后来，笔者曾抱着容妃的头颅骨进京鉴定，专家鉴定的结果如下：

（1）头骨代表一个少数民族的个体；

（2）头骨代表一个年逾五旬的老年；

（3）遗骨并无"异香"产生。

1983年4月，清东陵文物保管所又将容妃墓中发现的容妃花白发辫送到了北京，经公安部第三局刑事科分析该发辫微量元素成分，得知容妃血型是O型。

[清东陵篇] 第四章 乾隆皇帝的裕陵及其妃园寝

图25：容妃地宫对外开放初期的样子（约1984年）

通过对容妃地宫的清理，找到了一些残存的文物，主要有各色宝石、大小珍珠、猫眼石、镀金铜扣、吉祥帽、荷包、长85厘米的发辫、带有"江宁织造臣成善""苏州织造臣四德"文字的哈达残片等。这些虽然不是价值连城的珍宝，但对于鉴定容妃的身份都具有很重要的作用。

容妃地宫于1983年5月1日对游人开放。图24是地宫最初开放时拍摄的。当时梓券尚未安设栏杆，外椁尚未放置玻璃罩。

## 14. 诚嫔地宫盗口及宝顶（图26—图27）

裕陵妃园寝共有大小宝顶35座，到了20世纪70年代，大部分宝顶都有残破，尤其是后排那些砖砌的小宝顶更是残破严重。所有宝顶下的月台及垂带踏跺都石活走闪，砖块酥碱。

1979年10月国家拨款对裕陵妃园寝进行全面的修缮。10月2日容妃地宫盗口塌陷没过几天，诚嫔宝顶前的地宫盗口也塌陷了，位置也在月台前的踏跺处。在园寝内干活的瓦工师傅们立刻报告给了保管所，时间不长，宁玉福所长和笔者赶到现场，省里派到东陵勘察容妃地宫的赵辉也来到了现场。从盗口往下看，黑洞洞的，什么也看不清楚。省文化局的意见是对诚嫔地宫暂不作清理，但可以进行一下简单的探查。宁所长和赵辉商量以后，决定派笔者到地宫进行探查。宁所长提前就让电工宁志存将地宫里的水抽净。电工宁志存拉来了电线，把一个电灯坠入洞中，找来了一个木梯子放入洞中。笔者扶着梯子钻进了地宫。宁志存也随着笔者钻进了地宫，帮着照明。宁所长和赵辉等人在洞口外等着。有了电灯照明，地宫里就看清楚了。原来这座地宫是砖券，没有石门，只有挡券墙。棺椁倒放着，椁帮朝上。椁帮上有一个方形大洞，这个洞把里面的内棺都砍透了。很明显当年的盗墓贼是将棺椁翻倒了，用利斧将椁和棺帮砍出了大洞，洞口边长有40厘米左右。因为抽水笼头放在了棺椁外，所以棺椁里都是水。笔者把袖子挽了挽，然后将右胳膊伸进棺内，在水里摸了摸，什么也没摸着，只抓到了许多烂棉花。地宫的棺床是什么样、地面是砖墁还是石墁都未看到。只在地宫里停留了十几分钟，笔者和宁志存就钻了出来。随后宁所长就命古建队将盗口修复好。从那时到现在，再也没人进过诚嫔地宫。

　　诚嫔何许人也？诚嫔，钮祜禄氏，二等侍卫兼佐领穆克登之女。乾隆二十二年（1757年）六月初九日进宫，初封为兰常在。乾隆三十三年（1768年）六月晋兰贵人。乾隆四十一年（1776年）十一月晋为诚嫔。乾隆四十九年随驾第六次南巡，回銮途中落水而死。同年九月初八日葬入妃园寝。

图26：诚嫔地宫塌陷洞口旧影
图27：维修后的诚嫔宝顶（2016年）

图1：咸丰帝朝服像

# 第五章　咸丰皇帝的定陵及其后妃陵寝

## 一、承前启后的定陵

清朝的定陵是咸丰帝的陵寝，位于清东陵境内最西端的平安峪，始建于咸丰九年（1859年）四月十三日申时，完工于同治四年（1865年）九月，共用白银3134547两1钱2分2厘。定陵规制既在全局上保持了祖陵的基本形式，又吸收了他皇父道光帝慕陵的一些做法，同时还有自己的创新，其规制为后来的惠陵和崇陵所效仿。所以说定陵规制承前启后。与咸丰帝合葬的是他的嫡妻孝德显皇后。

### 1. 咸丰帝朝服像（图1）

咸丰帝，爱新觉罗·奕詝，是清朝入关后的第七帝。他是道光帝的第四子。道光十一年（1831年）六月初九日丑时生于圆明园之湛静斋，他的生母是全贵妃钮祜禄氏即后来的孝全皇后。道光二十六年（1846年）六月十六日，道光帝将他秘密定为皇位继承人。道光二十八年（1848年）二月二十七日，18岁的奕詝与萨克达氏（即后来追封的孝德显皇后）成婚。道光三十年（1850年）正月二十六日即皇帝位于太和殿，时年20岁，翌年改元为咸丰元年。奕詝即位后，爆发了太平天国农民起义，他依靠曾国藩等汉族地主武装，并任用肃顺、彭蕴章等大臣筹划财政，全力镇压农民起义。咸丰六年（1856年），英法发动第二次鸦片战争，次年攻陷广州。咸丰八年（1858年）大沽炮台失守，咸丰帝派桂良、花沙纳与俄、美、英、法分别签订了丧权辱国的不平等条约。咸丰十年

（1860年），英法联军进攻北京，八月初八日，咸丰帝携带后妃及部分亲近大臣，以木兰秋狝为名，逃往热河避暑山庄，命恭亲王奕䜣留守京师与列强议和。九月初五日（1860年10月18日）英法侵略军纵火焚烧了驰名世界的皇家园林——圆明园。清政府又被迫与英国签订了屈辱的《北京条约》，与俄国签订了《中俄瑷珲条约》《中俄北京条约》。咸丰十一年（1861年）七月十七日寅时，咸丰帝病死于避暑山庄之烟波致爽殿，年仅31岁，在位11年。同年十月初三日梓宫运回京师。同治元年（1862年）九月初九日梓宫奉移东陵隆福寺暂安。同治四年（1865年）九月二十二日辰时葬入定陵地宫。他的庙号谥号全称是"文宗协天翊运执中垂谟懋德振武圣孝渊恭端仁宽敏庄俭显皇帝"。

## 2. 孝德皇后朝服像（图2）

孝德皇后，萨克达氏，满洲镶黄旗，太仆寺少卿富泰之女。咸丰帝为皇子时，经道光帝指婚，将她赐给咸丰帝为嫡福晋。道光二十八年（1848年）二月二十七日成婚。婚后刚一年零九个月，即道光二十九年十二月十二日，萨克达氏就病死了，再过32天奕詝就当皇帝了，看来萨克达氏实在没有当皇后的命。她的棺椁最初停在皇城内的吉安所，六天后移到京西的田村殡宫。咸丰帝即位以后，尽管国务繁忙，日理万机，却没有忘记死去的结发之妻。在为他举行了登基大典的第二天，咸丰帝就追封萨克达氏为皇后。道光三十年（1850年）十月二十七日，咸丰帝派庄亲王奕仁为正使、成郡王载锐为副使，持节，赍册宝，前往田村殡宫，正式追赠萨克达氏为孝德皇后。咸丰帝在册文中深情地写道"方冀永绥福履，何期顿阻音容。芝寝衾空，椒涂鉴失"，表达了对萨克达氏过早辞世的深切惋惜之情。

同治元年（1862年）九月初九日，孝德皇后的梓宫随咸丰帝梓宫奉移到东陵附近的隆福寺行宫暂安，在那里停了整整3年。同治四年（1865年）九月二十二日辰时与咸丰帝一起葬入定陵地宫。孝德皇后的谥号全称是"孝德温惠诚顺慈庄恪慎徽懿恭天赞圣显皇后"。孝德皇后死于道光年间，在同治年间才入葬，历经道咸同三朝，这在清朝还是少见的。

②

图2：孝德皇后朝服像

### 3. 定陵前景（图3—图5）

这三张定陵前景照片，都是站在五孔拱桥向北拍摄的，角度一样，建筑和山势一样，但却反映了三个不同时代的特点。第一张是清亡后不久拍的，当时定陵的周围及后宝山上树木还很茂密，庄严肃穆，颇有皇家陵寝的气势。尽管野草丛生，但建筑还是比较完整齐全，更为难得的是，牌楼门前西侧的值班房依然可见。这是迄今为止唯一一张表明皇帝陵牌楼门和龙凤门前有值班房的老照片。其他的陵寝有无这种值班房只

图3：定陵前景旧影（1）

能在档案和《大清会典》中寻找答案了。第二张老照片是在约20世纪30年代拍的。虽然是同一角度，同样的场景，但能看出已经发生了重大的变化。不仅所有的树被砍光，山变得光秃秃的，而且牌楼门前西侧的值班房也消失了。庆幸的是西朝房、配殿和牌楼门的五个楼顶还在。第三张照片是在2005年拍的，除了西朝房、西配殿已无存外，其他建筑都已维修一新。定陵周围的树和山上的松柏树已长大成荫。牌楼门前西侧的那座值班房永远消失在了人们的视线中。

图4：定陵前景旧影（2）
图5：修缮后的定陵前景（2005年）

图6：定陵牌楼门及石像生旧影

## 4. 牌楼门老照片（图6—图7）

　　定陵始建于咸丰九年（1859年），其规制和朝向是咸丰帝生前确定的，但主要工程是在同治年间进行的。定陵的朝山是陵前的天台山。其五孔桥两旁对称地建了两座五孔平桥，这在清陵史上是首创。定陵石像生是清陵中最后建的一组，其中的一根望柱、一只狮子、两个武士用的都是宝华峪陵寝的旧件。定陵的建筑序列较短，只有320米长，建筑布局比较紧凑集中，地势又比较陡直，从正面一看，建筑层层升高，层次感很强，颇有气势。清朝皇帝陵在石像生北面有的建龙凤门，有的建牌楼门。最初设计定陵规制时，承修大臣不敢做主，奏请咸丰帝是建龙凤门还是建牌楼门。咸丰帝下旨建牌楼门。图6的这张牌楼门老照片约是在20世纪20年代拍的，五孔桥南还有部分树木。牌楼门的五个楼顶尚存。到了20世纪80年代，牌楼门五个楼顶基本无存。从1984年6月到1987年6月，清东陵文物管理处对定陵地面建筑进行了全面修缮，牌楼门得以修复。

⑦

图7：20世纪80年代初的定陵牌楼门

图8：20世纪80年代初的定陵三路三孔拱桥残破状况

## 5. 三路三孔拱桥老照片（图8）

清朝陵制，只有皇帝陵才能建三路三孔拱桥。由于受地势限制，定陵建筑集中，致使定陵的三路三孔拱桥距神道碑亭很近。仿照裕陵规制，定陵的三路三孔拱桥两侧对称地各建了一座三孔平桥。这些拱桥和平桥在民国时期都遭到了严重的破坏，许多栏杆被推倒、砸坏，甚至移作他用。在1984年的修缮中，三路三孔拱桥和平桥都得到了修复，补齐了丢失的石栏杆构件。

## 6. 东西朝房老照片（图9—图10）

东西朝房是当年内务府员役制备祭品的地方。在清亡后的几十年间，由于自然的损坏和人为的破坏，定陵的东西朝房残破十分严重，所有门窗全部无存。槛墙被拆除。前后檐椽飞望板糟朽，瓦件缺失。特别是西朝房毁坏得更为严重，20世纪60年代对西朝房进行了"落架保护"，现在西朝房仅存遗址，而东朝房却幸存下来。

图9：20世纪80年代初的定陵东朝房背面
图10：20世纪60年代初的定陵西朝房，如今已无存

图11：20世纪60年代的定陵西配殿，如今已无存

## 7. 西配殿老照片（图11）

到了20世纪60年代，定陵的东西配殿遭到了严重的破坏。门窗隔扇全部无存，檐部椽望糟朽，瓦件缺失，特别是西配殿残破得更为厉害，不得不"落架保护"。所以西配殿仅存了遗址，而东配殿因为相比西配殿残破得轻些而幸存下来。为什么定陵的朝房和配殿都是西侧的残破严重，最后都未能保存下来呢？据现在东沟（东沟是景陵内务府营房，现在已变成村庄，村民都是守陵人后代）的张晓东先生讲，当年建定陵时，本来东西朝房和东西配殿的工程都承包给了东沟王家，可李家势大财大，气粗耍横，硬是把西朝房和西配殿的工程，强行包了过去。李家为了搂钱，偷工减料，不按规矩施工，造成工程质量低劣，是豆腐渣工程，所以西朝房和西配殿都毁坏严重。而王家坚持工程质量，所以东朝房和东配殿得以保存了下来。据当地人说，孝陵的七孔拱桥，也是由王、李两家承包维修的。王家修的北半部至今桥面非常平整，而由李家承包的南半部，桥面却石料走闪错裂，坑洼不平。当地人大多都知道这件事。

## 8. 隆恩殿老照片（图12）

定陵隆恩殿重檐歇山顶，面阔五间，殿前的月台上陈设鼎式铜炉一对、铜鹿一对、铜鹤一对。月台的东、西、南三面有青白石栏杆围护。咸丰帝颇有其父之风，最初设计陵寝时，他对祖宗的陵制也想进行改变，下旨裁掉了传统的隆恩殿周围的青白石栏杆，想在隆恩殿两旁各建一道面阔墙，但时间不长又改变了这一做法。但隆恩殿东、西、北三面的石栏杆终未设置。定陵的隆恩殿和其他陵隆恩殿的命运一样，都遭到了严重的破坏，门窗、隔扇、暖阁、神龛、佛楼全部被拆无存。月台的石栏杆也残缺不全。在1984年至1987年的全面修缮中，隆恩殿的门窗、隔扇、暖阁、神龛、佛楼全都得到了恢复。

图12：20世纪80年代初的定陵隆恩殿

## 9. 井亭遗址（图13）

定陵刚建成两年，隆恩门、配殿出现了渗漏，定陵妃园寝地面也出现了沉陷。因为还在保固期内，由承修大臣负责维修。定陵朝房和配殿的修建时间大大晚于孝、景、裕诸陵，可是其西朝房和西配殿都未能保住。井亭在同治十一年（1872年）也因雨水大而沉陷坍塌。可见工程质量之差。后来井亭虽然被修复，但在清亡后又毁掉了。从图13这张老照片上还能看到井亭的部分围墙，如今只剩下了台基和井口了。

图13：定陵井亭遗址旧影

## 二、普祥峪定东陵——慈安陵

慈安和慈禧都是咸丰帝的皇后，两人的陵又都在定陵东旁，所以两陵都称定东陵。为了有所区别，就在"定东陵"三字之前分别冠以每个陵所在的地名，因慈安的陵位于普祥峪，所以就称普祥峪定东陵。慈禧的陵位于菩陀峪，所以就叫菩陀峪定东陵。这两个陵的陵名在清朝皇后陵中是最特殊的。

慈安陵和慈禧陵于同治十二年（1873年）七月二十九日辰时动土，八月二十日未时，同时兴工。两陵历经六个寒暑，于光绪五年（1879年）六月二十二日同时全工告竣。按最初设计方案进行预算，每座陵只需140多万两白银。可是开工以后，先后多次变更设计方案，最后慈安陵用银266万多两，慈禧陵用银227万多两。慈安陵在西，慈禧陵在东，两陵之间仅隔一条马槽沟。

### 1. 慈安画像（图1）

孝贞显皇后，即慈安皇太后，俗称东太后，钮祜禄氏，满洲镶黄旗人，广西右江道累进三等承恩公穆扬阿之女。道光十七年（1837年）七月十二日生，比咸丰帝小6岁，比慈禧小2岁。咸丰二年（1852年）二月被封为贞嫔，四月二十七日入宫，五月二十六日被封为贞贵妃，连升了两级，六月初八日被立为皇后，十月十七日举行册立礼，时年16岁。咸丰十年（1860年）八月初八日，随咸丰帝从圆明园出发，逃往热河避暑山庄。咸丰十一年（1861年）七月十七日，咸丰帝病死于热河避暑山庄，当天钮祜禄氏就被尊为皇太后，时年25岁。回到京师后，于咸丰十一年十一月初一日，与慈禧正式开始垂帘听政。同治元年（1862年）四月二十五日恭上徽号"慈安"。后因同治帝大婚、亲政，累加徽号"端裕""康庆"。同治十三年（1874年）十一月初十日，因同治帝病痘，与慈禧再次垂帘听政。光绪二年（1876年）七月初三日，加徽号"昭和庄敬"四字。光绪七年（1881年）三月初十日戌时崩于钟

图1：孝贞显皇后吉服像

粹宫，享年45岁。光绪七年九月十七日卯时入葬普祥峪定东陵地宫。宣统元年（1909年）四月二十四日增谥"诚靖"二字，最终谥号是"孝贞慈安裕庆和敬诚靖仪天祚圣显皇后"。

**2. 1928年第一次东陵大盗案后的定东陵全景（图2）**

慈安陵位于慈禧陵西旁，中间只隔一条马槽沟。1928年7月，军阀孙殿英将随葬品最丰富最值钱的裕陵和慈禧陵地宫盗掘，其他的陵并没有涉及。那时，慈安陵和慈禧陵虽然建筑齐全，但大多数建筑的门窗隔扇丢失，许多建筑的瓦件已不全。从图2这张老照片上明显看出神道碑亭的门窗隔扇已不存在。陵周围的仪树及后山上的树已全部被砍掉。

② 图2：1928年孙殿英盗陵后的慈安陵和慈禧陵全貌

图3：慈安陵神道碑亭旧影

### 3. 慈安陵神道碑亭老照片（图3）

根据清陵制度，皇后陵是不应建神道碑亭的，而慈安和慈禧以昭西陵建神道碑亭为理由，在二人陵寝中都建了神道碑亭，而且均带券脸石。

从图3这张老照片上可以看出，陵寝的仪树和后山上的树都在；神道碑亭的门窗隔扇齐全；碑亭上的吻链还有，这表明这张照片是在清朝灭亡不久拍摄的。

图4：慈安陵的神道碑亭及三孔拱桥和三孔平桥旧影

### 4. 慈安陵的神道碑亭及桥梁（图4）

清朝陵制，皇后陵只能建一座三孔拱桥，在两侧各建一座三孔平桥。从图4这张老照片看，当时的仪树还都在，在树林中隐约还能看到西下马牌。三孔拱桥和西三孔平桥还很完整。只是看不清马槽沟南的小土堆究竟是何物。

### 5. 慈安陵隆恩殿及内部梁架和横披窗残状（图5—图8）

慈安陵与慈禧陵是同时兴工同时完工的。重修慈禧陵时，隆恩殿、东西配殿、方城、明楼都被拆除重建，而慈安陵隆恩殿依然壮丽辉煌。时至1928年，慈安陵隆恩殿及东西配殿的所有门窗隔扇及内部的暖阁、神龛等全部无存，横披窗被破坏，吻链丢失，这种情况一直延续到20世纪70年代。在70年代末，为了展出从故宫拨来的一批文物，特意为慈禧陵隆恩殿和东西配殿打制了门窗隔扇。因为慈禧陵隆恩殿的横披窗和内墙壁雕砖图案都是卍字不到头的，所以所打制的慈禧陵三殿的门窗隔扇全部为卍字不到头。后来发现不对，应该是六角菱花的，只得将这些卍字不到头的门窗隔扇安到了慈安陵三殿，重新给慈禧陵三殿打制了六角菱花隔扇。所以现在慈安陵三殿的门窗隔扇都是卍字不到头的窗棂。

图5：重修慈禧陵时的慈安陵隆恩殿旧影
图6：修缮前的慈安陵隆恩殿（旧影）

[清东陵篇]　第五章　咸丰皇帝的定陵及其后妃陵寝

⑦
⑧

图7：慈安陵隆恩殿殿内六角菱花横披窗旧影（1966年）
图8：如今的慈安陵隆恩殿正面（2005年）

图9：慈安陵石五供及方城、明楼旧影

### 6. 慈安陵石五供老照片（图9—图10）

这张慈安陵石五供老照片于清朝灭亡后不久拍摄的。香炉上的炉顶、烛台上的蜡和火焰、花瓶上的灵芝花都是用紫砂石雕刻的，仍十分完整。明楼上的吻链也十分齐全。

图10：如今的慈安陵石五供

### 7. 慈安陵省牲亭遗址（图11）

中华人民共和国成立前，慈安陵省牲亭的门窗隔扇全部被偷走。清东陵文物保管所成立后，将慈安陵省牲亭当成了职工食堂。1961年5月12日下午5时10分，因后面的烟筒不严，烟火引着了后厦子里储存的豆秸子，尽管当地群众和县消防队都及时赶到了现场，也未能将火扑灭，省牲亭被烧成废墟。笔者家在马兰峪，距慈安陵有12华里，着火当天晚上曾亲眼见到西面半个天都红了。后来有关人员受到了处分。

图11：慈安陵省牲亭火灾后遗址旧影

图 12：1928 年 8 月时的两座定东陵的神厨库
图 13：维修前的定东陵神厨库泊岸（旧影）

[清东陵篇] 第五章 咸丰皇帝的定陵及其后妃陵寝

[14]
[15]

图14：维修前的定东陵神厨库泊岸台面（旧影）
图15：两座定东陵神厨库前泊岸已修复好（2005年）

### 8. 两神厨库前的豆渣石泊岸老照片（图12—图15）

本来皇帝陵和皇后陵的神厨库应该建在每座陵前的左侧。因为慈安陵和慈禧陵两陵并排，中间只隔一条马槽沟，慈安陵前左侧没有地方建神厨库，于是就将慈安陵神厨库建在了慈禧陵的前左侧，与慈禧陵神厨南北排列，北为慈禧陵神厨库，南为慈安陵神厨库。由于两陵地势北高南低，落差很大，所以在两陵神厨库前砌筑了一道豆渣石泊岸，北低南高，但上面是水平的。台面上的豆渣石之间本来用铁银锭相连。由于那

图16：维修前的慈安陵井亭旧影

图17：维修后的慈安陵井亭

些铁银锭被偷走，石缝开裂错位，灌进去许多雨雪水，一冻一化，裂缝越来越大，所以将泊岸西帮胀鼓，岌岌可危，为了防止塌倒，只得临时用许多木头支着。到了20世纪70年代初，对泊岸进行了全面拆修。将走闪的墁石进行了归安。石缝用水泥抹上。将重要地方的条石用幸存的铁银锭连接。三十多年过去了，再没有发现胀裂鼓闪的现象。

### 9. 慈安陵井亭维修前后（图16—图17）

井亭是每座帝后陵必不可少的建筑，不仅能解决祭祀和生活用水，同时也成了陵寝的一道风景线。井亭为四角攒尖顶，因为是井亭，需要顶部露天，所以没有设宝顶，用脊筒围成一个小方口，属于特殊的攒尖顶。井位于井亭内中央，井口设高大圆形的井口石。根据考证，当时取水时未见设辘轳之类的取水工具的记载，都是用绳子直接拔水（专指陵寝井亭）。慈安陵井亭在维修前遭到了破坏，三面围墙被拆掉，脊兽不全，瓦件脱落。但井水一直在用。主要用于消防车用水。慈安陵井亭约在20世纪80年代维修过。

## 10. 慈安陵西南马槽沟（图18）

慈安陵的马槽沟与慈禧陵的马槽沟相连接，而且慈禧陵的马槽沟的水向西全部流入慈安陵马槽沟。慈安陵的马槽沟向西延伸，与定陵妃园寝的西马槽沟之水汇合，最后注入西大河。

陵寝的马槽沟并非常年流水，它只是起排洪泄洪的作用，每年绝大部分时间没水。在陵上当差的员役为了省事，经常把一些垃圾扔到马槽沟里，造成堆积，既影响排水，又有碍观瞻。鉴于这种情况，经奏准，马兰镇总兵官兼东陵总管内务府大臣庆锡于咸丰二年（1852年）将东陵所有河道和马槽沟进行一次疏通清理，从此河水畅通无阻。此后每到秋末冬初都要清理疏通一次，并向皇帝奏报疏通情况，成为定制。

从图18这张老照片可以看到，慈安陵西马槽沟北泊岸上有两个男子，身着清朝服饰，留着长辫，一人坐着，一人蹲着。马槽沟内已长了杂草，背后是伸向西南的砂山。这道马槽沟和砂山都是慈禧陵所没有的，慈安陵之所以比慈禧陵多花了将近39万两白银，与这道马槽沟和砂山也有关系。

图18：慈安陵西马槽沟旧影

## 三、豪华精美的菩陀峪定东陵——慈禧陵

### 1. 慈禧像（图1）

孝钦显皇后，即慈禧皇太后，俗称西太后，叶赫那拉氏，原为满洲镶蓝旗人，后来抬入满洲镶黄旗。其父惠征曾任安徽徽宁池广太道道员。道光十五年十月初十日（1835年11月29日）寅时生。咸丰元年（1851年）被选中秀女。咸丰二年（1852年）二月被封为兰贵人，同年五月初九日兰贵人从家被接进圆明园。咸丰四年（1854年）二月二十六日诏封为懿嫔，十一月二十五日辰时行册封礼；咸丰六年（1856年）三月二十三日未时生穆宗载淳，当日诏封为懿妃，同年十二月初一日行册封礼；咸丰七年（1857年）正月初二日诏封为懿贵妃，同年十二月十三日行册封礼。咸丰十年（1860年）八月初八日随咸丰帝从圆明园出发，逃往热河避暑山庄。咸丰十一年（1861年）七月十七日寅时，咸丰帝病死于热河避暑山庄，慈禧时年27岁。在咸丰帝死的当天，她被尊为懿贵太妃。因她生的皇子载淳当了皇帝，母以子贵，第二天被尊为皇太后。咸丰十一年十一月初一日，与孝贞皇后一起垂帘听政。同治元年（1862年）四月二十五日，恭上徽号"慈禧"。同治年间因同治帝大婚、亲政，累加徽号"端佑""康颐"。同治十三年（1874年）十一月，因同治帝得了天花，不能理政，在同治帝的请求下，慈安与慈禧仍垂帘听政。同治十三年十二月初五日同治帝病逝，光绪帝即位，因光绪帝年幼，慈安与慈禧继续垂帘听政。光绪二年（1876年）七月初三，加徽号"昭豫庄诚"四字。光绪七年（1881年）三月初十日慈安皇太后病逝后，慈禧独自垂帘听政。光绪十五年（1889年）二月初三日始归政。同年加徽号"寿恭""钦献"。光绪二十年（1894年）八月十五日，以皇太后六旬万寿，加徽号"崇熙"二字。光绪二十四年（1898年）八月因"戊戌政变"，初八日复训政。光绪二十六年（1900年）七月二十一日，因八国联军攻入北京，偕绪帝逃出京师，初去山西

图1：慈禧皇太后照片

太原，后至陕西西安。次年十一月二十七日慈禧及光绪帝返回京师。光绪三十四年（1908年）十月二十一日立溥仪为帝，入承大统，当日慈禧被尊为太皇太后，第二天，即光绪三十四年十月二十二日（1908年11月15日）未正三刻，慈禧病死于西苑仪鸾殿，终年74岁。梓宫停于皇极殿。宣统元年（1909年）正月二十二日上谥号"孝钦慈禧端佑康颐昭豫庄诚寿恭钦献崇熙配天兴圣显皇后"。宣统元年十月初四日（1909年11月16日）巳时葬入菩陀峪定东陵。

### 2. 慈禧陵神道碑亭及前面的大泊岸（图2）

慈禧陵正名叫菩陀峪定东陵。其实菩陀峪原名叫普陀山，同治十二年（1873年）三月十五日由同治帝改为现名。在正式动工营建之前，慈安

图2：慈禧陵神道碑亭及前面的大泊岸旧影

陵的普祥峪和慈禧陵的菩陀峪地势低洼，水坑遍地，将南新城西门外一块1顷25亩3分6厘的地深挖5尺，然后将土运到了这两个陵址铺垫后，两陵地势才高起来，形成了一层层的泊岸，既增加了陵寝的气势，同时也有利于排水。神道碑亭前的大泊岸是这两陵前的第一道泊岸。泊岸正中建10级垂带踏跺。从图2这张老照片上看，泊岸之上站着两个男子，其中一个人穿着清朝服装。神路两侧仪树茂密成荫，后宝山上树木葱郁。神道碑亭上吻链尚在，隔扇门和月牙窗齐全。此照片当为清亡后不久所拍。

图3：照片中远处较小者为慈禧陵的下马牌（旧影），
照片中近处较大者为慈安陵下马牌（旧影）

### 3. 两座下马牌老照片（图3）

清朝陵制，只有皇帝陵和皇后陵才设下马牌，妃园寝只设下马桩。清东陵和清西陵共设了17对下马牌，每座下马牌都用满、蒙、汉三种文字镌刻，其中16对下马牌的汉字都是"官员人等至此下马"，唯独慈禧陵下马牌的汉字是"官员至此下马"，少了"人等"二字。汉字减少二个字，按理说满文和蒙古文也应相对减少。可是与慈安陵的下马牌相对照，慈禧陵的下马牌满文一字没减少，而蒙古文反倒比慈安陵的多了两个字。为什么慈禧陵的下马牌汉字少了两个？这里面有没有特殊的含义？为什么汉字少了，其他两种文字不少？甚至蒙古文反倒多了？这些至今还不能解释。

从图3这张下马牌老照片可知，最初下马牌上的三种文字也上有颜色，根据档案记载字"填硃"。

### 4. 慈禧陵神道碑亭和三路三孔桥（图4）

按标准规制，皇后陵是不应建神道碑亭的。在营建慈安陵和慈禧陵时，两位皇太后不顾昭西陵的特殊情况，硬是以昭西陵建神道碑亭为借口，慈安陵和慈禧陵也建了神道碑亭。这两座神道碑亭是清朝十二座神道碑亭中最精美漂亮的。每个拱券门上不仅安设了洁白的券脸石，而且在每个券脸石上都雕刻了精美的九朵缠枝莲花。更为精彩的是，每门的券脸石的下端都雕刻了一组精美的吉祥图案，有"丹凤朝阳""太师少师""七级浮屠""鹿鹤同春"。两座神道碑亭的四门图案内容尽管一样，但雕刻的表现手法不尽相同，各有千秋。

封建社会等级森严，皇后陵与皇帝陵是有严格区别的，其中的一个重要区别是，皇后陵不能像皇帝陵那样建三路三孔拱桥，只能建一座三孔拱桥，在拱桥两旁各建一座三孔平桥。

从图4这张老照片上可以看出，彼时，神道碑亭及朝房的门窗隔扇还在，陵内和后山上的树未被砍伐。碑亭东门口的台阶上还站着一个小男孩儿。

图 4：定东陵旧影
图 5：慈禧陵朝房、值班房旧影

## 5. 朝房及值班房老照片（图5）

慈禧陵在重修时，隆恩门、东西朝房、东西值班房、神厨库、神道碑亭虽然没有拆除重建，但都进行了揭瓦大修。这张老照片展示了值班房和朝房部分原来窗户的式样，且可以看出当时窗户使用了玻璃。这为文物工作者今后按原样修复古建筑提供了重要依据。

## 6. 清朝灭亡不久的慈禧陵前景（图6）

这张照片应该拍摄于清朝灭亡不久。当时，满山的树木还都在。所有建筑构件齐全。隆恩门上的门钉、铜面叶都还有。隆恩殿和隆恩门上的吻链也都有。在隆恩门内似乎还有两个戳灯。

图6：清亡后不久拍摄的慈禧陵前景

## 7. 重修中的慈禧陵隆恩殿和西配殿（图7—图12）

慈安陵和慈禧陵同时于光绪五年（1879年）六月二十二日完工。可是到了光绪二十一年（1895年），慈禧竟将刚刚建成16年的自己的陵寝进行了一次大规模的重修，将隆恩殿、东西配殿、东西燎炉、方城、明楼、宝城、宝顶拆除重建，其他所有建筑揭瓦大修。承修大臣是庆亲王奕劻、兵部尚书荣禄，于光绪二十一年（1895年）十一月二十四日破土，光绪二十二年（1896年）二月二十五日动工，这次重修工程历时13年之久，直到光绪三十四年（1908年）十月十八日才验收工程，这时距慈禧死只有四天了。从这几张重修的老照片中可以得知，方城并没有彻底拆除重建，只是把垛口和外层砖拆了。明楼确实拆了，但朱砂碑没有动，专门给朱砂碑搭了一个罩棚进行保护。石五供的五件器物没有摆到祭台上，为了防止损坏祭台，特地用砖把祭台圈盖了起来。隆恩殿和宝城都搭盖了大罩棚。东西配殿保留了原来的台基。这些具体施工做法如果没有这些老照片，是很难知道的。

图7：重建慈禧陵隆恩殿时的大罩棚（旧影）

图8：重修时的慈禧陵隆恩殿内景（旧影）

图 9：重修慈禧陵时之西配殿（旧影）
图 10：重修慈禧陵时的方城、明楼、宝城、宝顶的大罩棚（旧影）

## 8. 重修后的慈禧陵隆恩殿和配殿外景（图13—图19）

重修后的慈禧陵隆恩殿，全部采用金龙和玺彩画，而且全部贴金。墙壁外面用澄浆砖干摆到顶。殿及月台周围的石栏杆，在重修前，只有望柱的柱头上有云龙、云凤的雕刻，相间排列。在柱身、栏板、抱鼓石上只有简单的线条勾勒，没有图案雕刻。重修后的石栏杆，布满了变体的"龙凤呈祥"图案雕刻。每根柱头上都雕刻一只云凤，而柱身两侧各雕刻一条昂首向上的升龙，形成一凤压二龙。在每块栏板上，两侧都是凤在前面飞，回首顾盼，龙在后面追的图案。在抱鼓石上一般是不雕刻图案的，而重修后的慈禧陵隆恩殿的石栏杆的抱鼓石的两侧鼓镜上都雕刻一只展翅欲飞的凤，俯首下看。鼓镜下的海水之上雕刻一条行龙，昂首上望。原来的御路石被废掉，重新又雕刻了一块凤在上，龙在下的御路石，因为采用的是高浮雕加透雕的手法，在龙腿、龙须、凤腿、凤嘴

图11：从慈安陵看重修中的慈禧陵，方城、明楼、宝城、宝顶都被拆了

等 10 个部位都刻通刻透，所以立体感很强，栩栩如生，堪为石雕艺术中的杰作。无论是望柱、栏板、抱鼓石，还是御路石上的图案都是变体的"龙凤呈祥"图案，而且这些图案的共同特点都是以凤为主。两座配殿除没有石栏杆围绕，不设御路石外，装修与隆恩殿一样。

图12：重修中的慈禧陵之方城、明楼（旧影）

[清东陵篇] 第五章 咸丰皇帝的定陵及其后妃陵寝

图 13：重修后的慈禧陵隆恩殿旧影
图 14：重修后的慈禧陵隆恩殿旧影（1914 年）

图 15：重修后的慈禧陵旧影（1914 年）
图 16：重修后的慈禧陵隆恩殿和西配殿（旧影）

[清东陵篇] 第五章 咸丰皇帝的定陵及其后妃陵寝

⑰
⑱

图17：光绪二十六年（1900年），仲夏义和木厂全体人员游览慈禧陵留影
图18：重修后的慈禧陵西配殿旧影

图19：重修后的慈禧陵东配殿旧影

### 9. 重修后的隆恩殿内景（图20—图25）

慈禧陵隆恩殿和东西配殿在重修之前，内壁上身用糙砖灰砌，抹饰黄灰，提刷黄浆，周边用两条直线勾勒，没有任何图案。重修后的隆恩殿和东西配殿内壁，下碱用澄浆砖干摆，上身方砖陡砌，然后在方砖上用阳刻的手法雕刻：明间和两山面为五蝠捧寿，四角为盘长、绶带，底纹为卍字不到头图案。利用字的谐音，寓意"万福万寿""福寿绵长""万代福寿"。这些图案四框分别环以回纹、掐珠子、缠枝莲花三层边框。隆恩殿及东西配殿内壁雕砖总面积为228.44平方米，全部扫金。不同的部位分别使用红金粉和黄金粉，形成亮度反差，红白金色交相辉映。

重修前，只有隆恩殿内明间的4根柱子是沥粉扫金的缠枝莲花和八宝图案，其他的都是红油漆柱子。紫禁城的太和殿内有72根柱子，只有明间的6根柱子是沥粉金龙，其余66根都用红油漆柱子。而重修后的慈禧陵隆恩殿和东西配殿，所有外露的64根柱子，全部用半立体的镀金铜龙盘绕，龙身最粗处直径达35厘米。

隆恩殿、东西配殿的彩画中多为龙、锦、蝙蝠、寿字、盘长、工王

[清东陵篇]　第五章　咸丰皇帝的定陵及其后妃陵寝

[20]
[21]

图20：重修后的慈禧陵隆恩殿中暖阁及前面的宝座（旧影）
图21：重修后的慈禧陵隆恩殿内景旧影（1）

图 22：重修后的慈禧陵隆恩殿内景旧影（2）

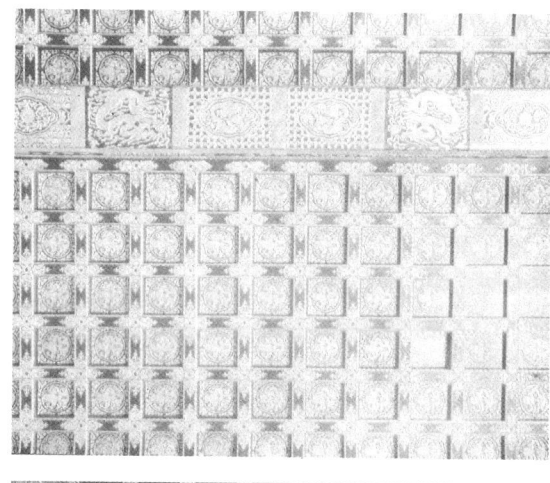

图 23：慈禧陵隆恩殿天花板旧影
图 24：1927 年拍摄的慈禧陵隆恩殿天花板旧影
图 25：如今的慈禧陵隆恩殿仅存五块半天花板（2015 年）

云等图案，其寓意与雕砖图案一样。三殿的天花（东西配殿内没有天花板，前廊有天花板），每块天花板上都沥粉贴金一条金龙。如今只能从老照片上领略昔日天花板全貌的风采。因为如今的慈禧陵隆恩殿只剩下五块半天花板了。

重修前，慈禧陵隆恩殿和东西配殿都是旋子彩画，重修后改为等级最高的和玺彩画，而且全部贴金。

重修前，隆恩殿内的三间暖阁的隔扇和上面的横披窗均为六角菱花形式。重修后，这些完全改为卍字不到头形式的窗棂，而且上面嵌有团寿、蝙蝠、八宝等。上、中、下绦环板上雕刻二蝠捧寿，裙板上雕刻五蝠捧寿，而且上面所有图案全部饰金。这种到处都是蝙蝠、寿字、卍字、盘长图案的装修，可能是重修工程的承修大臣庆亲王奕劻、大学士荣禄（光绪二十五年授文渊阁大学士）为讨得慈禧的欢心而为之。在紫禁城储秀宫的装修上我们可以看到与这些相似的图案，但远不如慈禧陵的精美豪华。

置身隆恩殿内，但见贴金的彩画、扫金的墙壁、镀金的龙柱，金光闪闪，耀眼夺目，犹如处于黄金的世界一样，可谓是真正的金碧辉煌，震撼人心。

### 10. 徐郙一家人在慈禧陵隆恩殿前的留影（图26）

徐郙在光绪二十六年（1900年）至光绪三十二年（1906年）官拜协办大学士，光绪三十三年卒。在民国初期，他的家人曾到东陵游览。这是他的家人在慈禧陵隆恩殿前的留影。那时的慈禧陵还比较完整。

图26：徐郙一家人在慈禧陵隆恩殿前留影

[清东陵篇] 第五章 咸丰皇帝的定陵及其后妃陵寝

85. - TUNG-LING. - Tombeaux Impériaux de l'Est (près Pékin) — TUNG LING. - Eastern Imperial Tombs (Near Peking)

[27]
[28]

图 27：慈禧陵明楼、隆恩殿、陵寝门旧影
图 28：慈禧陵陵寝门旧影（1929 年 7 月 5 日）

### 11. 慈禧陵陵寝门（图27—图28）

慈禧陵的陵寝门与慈安陵的陵寝门是一样的，都是仿照昭西陵样式但规制又高于昭西陵。所以说规制最高，就是两旁的门都带须弥座和月台。

陵寝虽然是阴宅，但也是仿照阳宅的"前朝后寝"的格局而建，陵寝门就是"后寝"的门户。据档案记载，慈安陵和慈禧陵的陵寝门是仿照昭西陵的琉璃花门规制建的。实际上，这两座陵的陵寝门比昭西陵的琉璃花门还要高级，不仅三个门都安设琉璃的斗栱，门跺上身均镶嵌琉璃的中心花和岔角花，而且左右两旁门的门跺下碱都是青白石的须弥座，而昭西陵则只有中门的门跺下碱才有须弥座。

图27是带邮戳的明信片，为清王朝灭亡不久拍摄，那时慈禧陵地面干净整洁；陵寝门门扇齐全；尚可见隆恩殿檐部的鸟网。而慈禧陵陵寝门的老照片（图28）是1929年7月5日拍的，那时慈禧陵被盗已整整一年。从照片上看，门扇、门框、下门槛已经无存。檐部瓦件已残缺不全。

### 12. 石五供（图29—图30）

如今我们去慈安陵和慈禧陵游览，根本看不到石五供的炉顶、瓶花和蜡烛及火焰是什么样子。因为这些嵌件都是用名贵的紫砂石雕刻而成并安插到上面的，均已被盗。我们只能通过这些宝贵的老照片一睹其往日真容。通过慈禧陵石五供的老照片可知，现在慈禧陵石五供的香炉方向摆错了。原来是单腿朝南，现在却单腿朝北了。

[清东陵篇] 第五章 咸丰皇帝的定陵及其后妃陵寝

图29：慈禧陵石五供旧影

图 30：如今的慈禧陵石五供（2017 年）
图 31：慈禧陵东侧马槽沟及砂山旧影

## 13. 慈禧陵东侧马槽沟及砂山（图 31）

慈安陵和慈禧陵两陵并排，其砂山和水系是统一设计的。东、西、南三面人工培堆的砂山将两陵合围起来，上面栽满松树，郁郁葱葱，形成了一个环境优美的独立的小区域、小环境。两陵之间没有砂山，只用一条马槽沟相隔。慈安陵西墙外至马槽沟边和慈禧陵东墙外至马槽沟边的地面，原设计方案是灰土海墁。第四次修改方案时，改用旧样城砖背底，上层用细澄浆城砖平墁。后来又改为完全用豆渣条石铺墁，从而使地面更加结实，并在每侧留树池 20 个。这种做法在清陵中尚无二例。

### 14. 慈禧陵西墙外的三间房（图 32）

慈禧陵建成后，在其入葬前，石五供上的五件器物（香炉一、花瓶二、蜡烛二）是不能摆到祭台上的。因为慈禧的棺椁入葬时，要在陵寝门到方城之间搭戗桥。戗桥是一座比较平缓的斜坡桥，便于将棺椁抬到方城前的芦殿内。如果将五件器物摆到祭台上，就会超过戗桥的高度。所以五件器物要在慈禧入葬后才能摆放到祭台上。在摆放之前为了保存这五件器物，于是就在五供院的东墙外盖了三间房子，专门存放石

图 32：慈禧陵西墙外有一座大青水脊的房子（旧影）

图33：从这张慈禧陵神道碑亭及三孔拱桥的老照片看，陵寝的仪树茂密葱郁，丝毫未损

五供。同时将地宫内的四件龙山石、两件自来石也存于其中。笔者曾几次到慈禧陵东墙外考察，确实有三间房的遗址。在档案《菩陀峪万年吉地工程备要》中也清楚记载了建有"尊藏五供库"三间。可是在这张老照片上却发现在慈禧陵石五供西侧的进深墙外也建有三间房子，大青水脊，布瓦盖顶，与民间豪门大户的房子一样。笔者在20世纪70年代末还亲眼看到了这三间房子的遗址。这三间房子是做什么用的？叫什么名字？为什么档案上没有记载？至今还是一个谜。

## 15. 慈禧陵神道碑亭、三孔拱桥、三孔平桥老照片（图33—图34）

这两张老照片是同一角度拍的，但由于拍摄的日期不同而呈现不同画面。有多位骑自行车人的那张，拍摄日期当在清朝灭亡不久，慈禧陵被盗之前。仪树、碑亭的隔扇门还都存在。另一张可能是慈禧陵被盗后拍摄的，此时仪树无存，碑亭券门内的隔扇没有了，很是荒凉。远处可以看到孝陵的朝山金星山，近处可以看到慈禧陵南的砂山。另外还看到马槽沟南岸有一根杆子，不知是做什么用的。

㉞

图34：从这幅慈禧陵老照片看，慈禧陵的仪树已荡然无存

图35：慈禧陵前景旧影

### 16. 慈禧陵前景老照片（图35）

这张老照片给了我们三个重要信息：（1）当时的慈安陵和慈禧陵的后宝山上茂密的树林已被砍伐一空，以此推算，此照片的拍摄日期当在1925年以后的日本占据东陵时期。（2）在隆恩门六根檐柱之间安设木栅栏，还是第一次看到，到底为什么要安这道木栅栏，具体原因待进一步考证。（3）在三孔拱桥南、马槽沟南岸有一根木杆，经过详细分析考证，那不会是信奉萨满教的索罗杆子，因为从来没有听说过在清朝皇陵里有萨满教的祭祀活动，杆顶上挂的疑似是日本的国旗。日本侵华期间，整个东陵都在日本人的控制下，当时成立了东陵学院，对中国搞奴化教育，悬挂日本国旗是有可能的，但仍需进一步考证。这是一张很有研究价值的珍贵老照片。

### 17. 慈禧陵被盗后的现场（图36—图38）

1928年6月，孙殿英率领的国民革命军第十二军驻扎在蓟县（现蓟州区）马伸桥一带，那里距清东陵只有十几公里。他对清东陵的丰富的葬宝早已垂涎三尺，正在寻找机会想染指其间。忽闻土匪出身的马福田带领一部分军队开进了马兰峪，大有盗陵之意。即将到嘴的肥肉岂容他人夺去？于是，孙殿英派兵打跑了马福田，随后率兵开进了东陵，以军事演习为名，戒严，封锁消息，从7月4日至7月10日，将随葬品最丰富、价值最高的裕陵地宫和慈禧陵地宫打开，盗走了全部随葬珍宝，制造了东陵第一起大盗案，这是中国文化史上的一场浩劫。

最初，这些盗陵匪兵找不到慈禧陵地宫的入口，到处乱挖。笔者曾认为他们将明楼周围地面的墁砖掀开是为了寻找地宫入口，后来经过分析觉得不对。之所以将明楼周围地面方砖挖了是为了盗取方砖下铺的锡片。匪徒为寻找地宫入口，曾在宝顶前挖坑，都未找到。最后他们在方

图36：慈禧陵明楼方城旧影（1929年）

城隧道券内北墙根下向下向北掏挖，才进入了地宫。匪徒们拆散了慈禧的外椁，将棺盖打开，将其尸体抬出棺外，扔到了椁盖上，将棺内随葬品全部盗走。

盗案发生后，同年8月，退位的宣统帝溥仪派几位皇室成员和朝廷遗臣带着相关人员70余人到东陵进行重殓。同时，当时的民国政府也派人来视察东陵被盗情况。

重殓过程是这样的：公历8月24日，慈禧陵盗口被拆通，地宫内无水。午后，载泽等7人来到慈禧陵，仆从们带着两个大黄包袱，内包黄缎被、殓服、藏香、冥纸等物。仆从们点燃手灯、洋灯前导，载泽等人换上夹棉衣，钻过金刚墙上昔日盗匪拆通的小方孔，进入地宫。地宫内寒气袭人，遍地乱扔着霉烂的被褥、衣服、棉花等物，散发着难闻的气味。金漆外椁被拆散，椁盖被扔在西北角地上。内棺在石床下侧立。西北角仰置的椁盖上盖着一块木板，揭开一看，原来是慈禧的尸体俯卧在那里，头北脚南，脸朝下，左手反搭在后背上，头发散而不乱，发根处扎着红头绳。上身衣服被扒光，袒裸着上体，肉皮贴在骨头上。尸体上有拳头大小的斑痕数点，似青似褐。由于地宫潮湿，天气又蒸热，暴尸四十多天，故而尸体发霉，长满了不到一寸的白毛。慈禧的下身穿着一条内裤，颜色已难以辨认。右脚上穿着白绫袜子，左脚赤着，袜子被扔在一旁。这时，和钧（陵上当差的人）带着十余名旗妇进入地宫，协助装殓。耆龄（溥仪派的重殓人员）命旗妇用一块黄绸子把慈禧尸体盖上。查看朱漆内棺，仍完整无损，即使重新制作，也不如它坚固完好，于是决定仍用原棺。众人动手，把侧立的内棺抬到石床上，摆正。旗妇们把棺的内外擦拭干净。然后，将黄缎褥铺在尸体下一侧，慢慢翻转尸体，使其正好仰卧在黄缎褥上。只见慈禧面色灰白，两眼深陷无珠，颧骨高隆，不异昔表。嘴唇有伤痕，想为匪徒们取珠所致。众人帮扶着，用如意板把慈禧尸体抬入棺内，如意板未撤出，仍垫在尸身下。他们在尸体上盖上一件黄缎被。把从地宫里拾到的慈禧生前掉的牙齿、剪下的

[清东陵篇] 第五章 咸丰皇帝的定陵及其后妃陵寝

㊲
㊳

图37：1928年，国民政府派人检查慈禧陵宝顶盗口
图38：椁盖上的慈禧遗体旧影

指甲用黄绸包好，放在被上。载泽把当年得到的慈禧的遗念袍子一件、宝蓝坎肩一件盖在被上，最后盖上棺盖，用漆封住棺口，并涂上金漆，尽量与棺上原来画的卍字纹饰保持一致。他们又把在地宫里拾到的14粒珍珠砸碎，放在棺侧，以示奉安之意。众人一直忙了5个小时才结束。

随同进入地宫看视的还有接收东陵林垦委员、文化维持会会员、东陵办事处官员以及一些军官：刘人瑞、谭肖岩、罗戢、哈汉仪、王占元、杜孝穆、齐尚贤、徐鸿宝、郝省吾等。

第二天午后，载泽等人再一次进入慈禧陵地宫，见棺口处漆饰已完工。他们又将慈禧的那件龙袍、香宝和10片香册分别用黄绸包好，放在册宝座上，随后众人退出地宫，掩闭上第二道石门。第一道石门因门轴微有损伤，未掩，将两扇门的下角分别用石块倚住。最后由工匠填砌地宫入口，墁筑地面，恢复如初。慈禧的重殓工作至此结束。

图39：开挖地宫旧影

图40：慈禧陵地宫金刚墙盗口旧影

## 18. 打开慈禧陵地宫、金刚墙上的盗洞（图39—图41）

经国家文物主管部门批准，清东陵文物保管所决定于1979年2月17日对慈禧陵地宫进行探视，笔者是这个探视小组的成员之一。入口选择在当年的盗口即位于方城隧道券北墙根下。这个盗口在1952年成立清东陵文物保管所后才填堵上。起走几块地面墁石以后，就贴着北墙根往下挖。刚挖下一米多深就发现了一根木桩，随后发现木桩北面有一道石墙。这道石墙用巨大的青白石垒砌而成，非常坚固。在墙的中间部位

图41：开始拆除慈禧陵地宫金刚墙（1979年）

发现了一个长约50厘米、宽约40厘米的方洞。很明显这是抽走或凿坏其中一块石块而形成的。当年孙殿英等盗陵匪徒就是从这个洞口钻进地宫的，无数价值连城的随葬珍宝也是从这个洞口盗出的。宣统帝派的皇室贵胄和朝廷旧臣们在重殓慈禧时也是从这个洞口爬进爬出的。这道石墙其实就是地宫隧道券的挡券墙，也就是俗称的金刚墙。慈禧陵地宫开放时，把这道石墙拆了。所以这张金刚墙及洞口的老照片就显得格外珍贵。

### 19. 地宫石门（图42）

档案记载，慈禧陵地宫是仿道光帝的慕陵地宫建的。慕陵地宫为四券二门，每扇石门上都雕刻一尊菩萨立像。通过实际考证，慈禧陵地宫为五券二门，比慕陵地宫多了一道闪当券。但石门上只有兽面衔环铺首，没有菩萨像雕刻。慈禧陵地宫的石门有两道。第一道石门有门楼。门楼的吻兽、大脊、瓦垄、椽飞、斗拱都是用青白石雕琢而成的。第二道石门虽然没有门楼，但上面的铜门槛上的四个铜门簪却独具特色。每个门簪的看面都是一幅精美的龙凤呈祥图案，龙凤下还雕有海水江崖。在铜过梁之上的月光石上雕刻的是双凤三龙，下雕海水江崖。这是整个地宫唯一的一处雕刻。

粗看这张地宫石门的老照片，照片上关闭的似乎是第一道石门。但稍一用心观察，就会发现第一道石门是开着的，我们看到的是第二道石门。慈禧陵地宫自1979年4月8日开放以来，为了保护石门，已在石门门扇下采取了加固措施，从此石门不再关闭，只能通过这张老照片看到石门关闭的样子了。

图42：关闭的慈禧陵地宫石门旧影

图43：慈禧陵地宫内东侧册宝座上的两个黄绸包分别包着香册和香宝（旧影）

## 20. 东册宝座上的香册香宝（图43—图45）

探视地宫的人员在地宫金券东南角的册宝座上发现了两个黄绸子包。一个包里是慈禧的香宝，用檀香木制，交龙钮。宝面为正方形，边长15.8厘米、通高13.5厘米，宝面上用满汉两种文字阳刻"孝钦慈禧端佑康颐昭豫庄诚寿恭钦献崇熙配天兴圣显皇后之宝"27个字。宝面微有残缺。钮与台相脱节。另一个包内是长为28.5厘米、厚为1厘米，但宽窄不一的10片木板。这是慈禧的香册，也是用檀香木制的，上面用满汉两种文字阴刻给慈禧上谥号时的册文。清制，帝后香册应为10整片。可是这10片木板只能拼接成6整片，说明已有4片丢失了。幸亏第一页还在，是一块整木板。一面是汉字"孝钦显皇后尊谥册文"，另一面为阴刻的二凤戏牡丹图案。这组香册、香宝虽然有些残缺不全，但却是目前我国唯一出土的清朝皇后的香册、香宝，具有很高的研究价值。

[清东陵篇] 第五章 咸丰皇帝的定陵及其后妃陵寝

④ 图44：慈禧陵地宫出土之香册
⑤ 图45：慈禧陵地宫出土之香宝

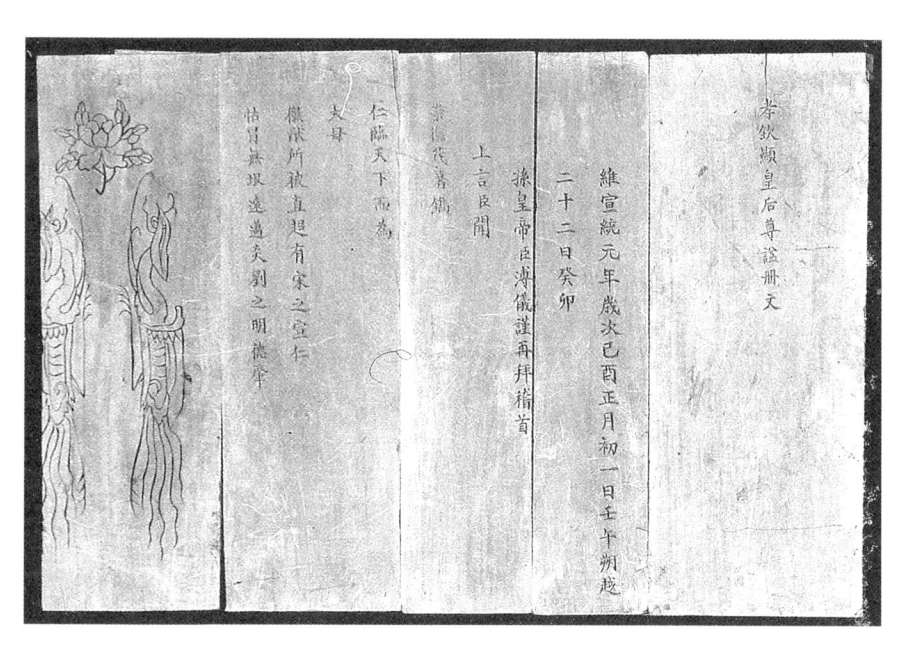

图46：慈禧地宫西侧的册宝座上放着一件龙袍（旧影）

## 21. 西册宝座上的龙袍（图46—图47）

在地宫内西南册宝座上放着一件叠着的龙袍。这件龙袍原来是穿在慈禧遗体的最外面，正式名称叫黄江绸绣五彩五蝠平金佛字女龙袍。在龙袍上不仅绣有十二章图案，而且还绣了大大小小的楷体"佛"字，这是极为少见的。故宫博物院一位资深的研究服饰的专家说，她研究清朝帝后服饰几十年，还从未见到过这种带"佛"字的龙袍。

1928年孙殿英盗陵时，这件佛字龙袍被携带出地宫。盗匪们抢夺了龙袍上的所有珍珠后，慌乱之中将之丢弃。后来，陵寝官员和钧用8块大洋从捡到它的村民手中买下，并将其献给了同年8月到东陵进行重殓的善后小组。

[清东陵篇] 第五章 咸丰皇帝的定陵及其后妃陵寝

图47：慈禧地宫出土的黄江绸绣五彩五蝠平金佛字女龙袍

图 48：慈禧陵地宫内的残破的慈禧椁盖（旧影）
图 49：慈禧陵地宫内的残破的慈禧外椁残片（旧影）

## 22. 外椁残片（图48—图49）

清朝皇家实行一棺一椁制，即内为棺外为椁。前面所说的漆饰都是指的外椁。帝后遗体殓入棺内以后，由喇嘛在椁的四面缮写藏文的四天王咒。外椁两侧顶部成坡状，两回头是垂直的。顶板向前伸出一块形似亚葫芦状的木板，因此称之为"葫芦材"。这次开启地宫，发现椁被拆散，椁盖仰置着，上面堆放着糟烂的丝织品。有的椁板立靠在墙壁上，有的椁板在地上乱放着。整个金券气味难闻。

## 23. 慈禧内棺老照片（图50—图53）

这些是迄今为止看到的最完整的慈禧内棺老照片。棺的前后回头（挡板）和两帮都是垂直的，顶部四面收缩成坡状。棺的内外满饰漆，在上面雕刻藏文经咒。皇帝棺盖上阳刻佛像九尊、正龙一条，下为海水江崖。

图50：慈禧内棺旧影（1）

图 51：慈禧内棺旧影（2）
图 52：慈禧棺内壁也满雕藏文（旧影）

[清东陵篇] 第五章 咸丰皇帝的定陵及其后妃陵寝

图53：地宫内的慈禧棺椁，是标准的旗材，头朝北

皇后棺盖上阴刻佛像九尊、凤一只，下有海水江崖。帝、后的棺椁与妃嫔的棺椁相比，只是名称、颜色、漆饰次数、纹饰的区别造型基本都是一样的。帝、后的棺椁称梓宫，漆饰49道漆，最外层为扫金。皇太子、皇贵妃的棺椁称金棺，彩画金龙，漆饰35道漆。贵妃、妃、嫔的棺椁也称金棺，漆15道漆，金黄色。再往下称彩棺，红色。探视地宫人员进入地宫的金券后，棺床上摆放着慈禧的内棺，盖着棺盖，通体红色，四面满雕藏文，阴刻填金，底纹为卍字不到头，非常完整。在灯光照射下，内棺上的金色藏文闪闪发光。不仅内棺外面雕刻藏文经咒，棺的内侧也同样阴雕藏文经咒。慈禧陵地宫开放前，修复了外椁，将内棺套上，从此再也难以看到慈禧内棺的样子了。

### 24. 部分出土的丝织品（图54—图58）

慈禧陵地宫里，除了出土了一件香宝、一份不完整的香册和一件黄江绸平金绣五彩五蝠佛字龙袍即俗称的带佛字龙袍外，还出土了一些丝织品，比如：陀罗尼经被、雪青缎平金绣团寿女夹袍、绿绉绸平金绣福字女夹衣、堆菱荷花褥子、绣花鞋一双、陀罗尼经缎、枕套等。这些被盗陵匪徒丢弃的"废物"，虽然不是什么价值连城的珍宝，但却有很重要的研究价值。尤其是那件陀罗尼经被是一件织工极高的艺术作品，堪为一级文物。

总之，这次对慈禧陵地宫的探视，所见与溥仪所派的重殓大臣的记载是完全一致的。

图54：雪青缎平金绣团寿女夹袍

[清东陵篇] 第五章　咸丰皇帝的定陵及其后妃陵寝

图 55：慈禧入葬时穿着的"福"字夹袄
图 56：慈禧遗体下铺的铺绒加金丝绣荷花褥

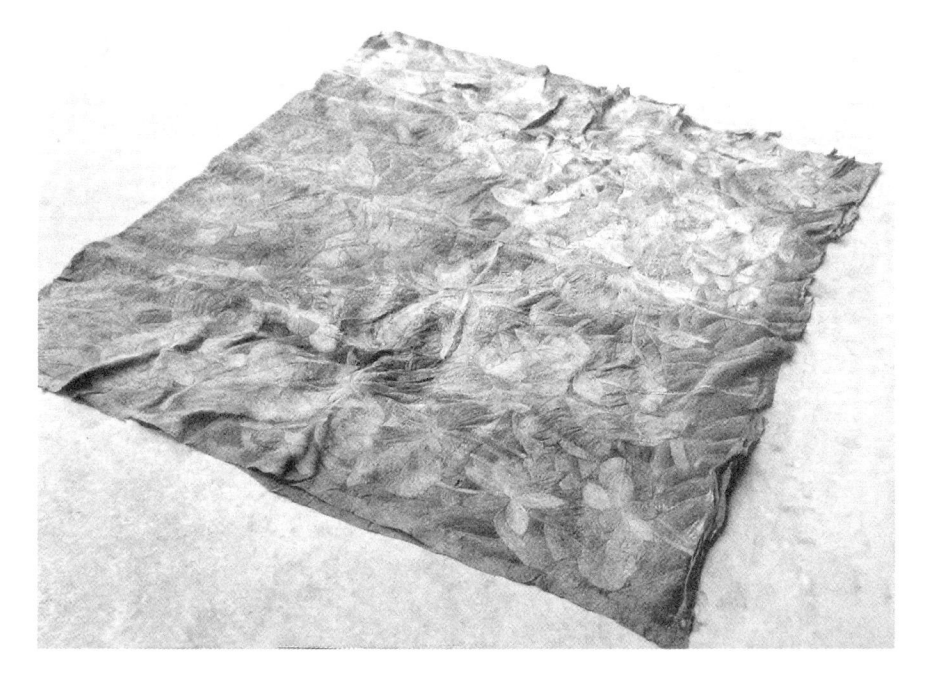

⑤⑤
⑤⑥

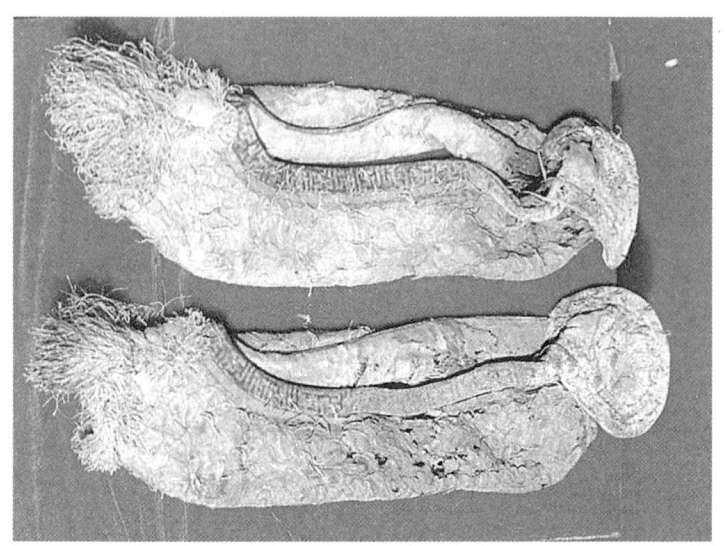

图 57：慈禧入葬时穿的鞋
图 58：慈禧棺内发现的陀罗尼经被

[清东陵篇]　第五章　咸丰皇帝的定陵及其后妃陵寝

图 59：第二次打开慈禧内棺。照片中人员由左至右为：国家文物局专家、王江、王民、高福柱、宁玉福、徐广源

图 60：打开内棺盖。照片中人员由左至右为：王江、王民、高福柱、宁玉福、徐广源、周大明

## 25. 清理慈禧内棺（图 59—图 66）

国家文物局和清东陵文物保管所组成了一个清理慈禧内棺小组，约10人，笔者是其中一员，负责整理遗体及棺内遗物。日期选定在1984年1月5日。当天，小组成员都身穿白大褂，口戴白口罩，手戴白手套，

图 61：打开棺盖后看到的情景（旧影）
图 62：揭开衾被后看到的情景（旧影）

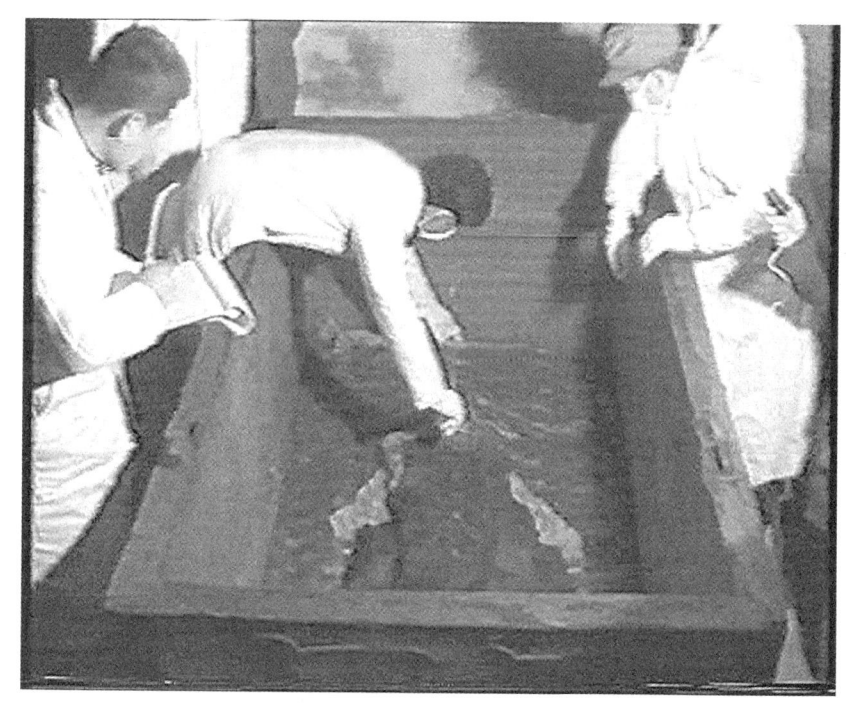

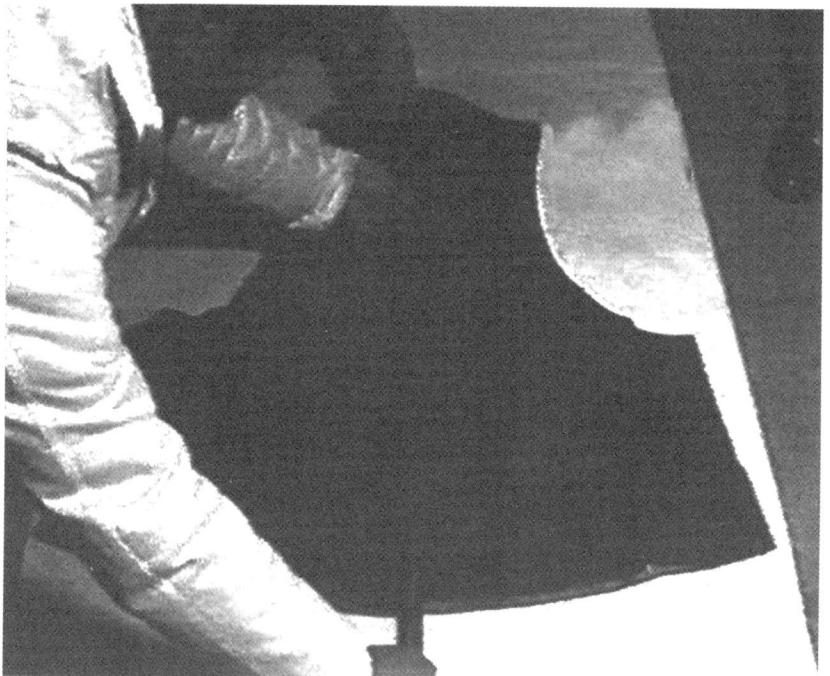

图63：笔者测量慈禧内棺
图64：笔者测量原盖在慈禧遗体上的蓝缎坎肩

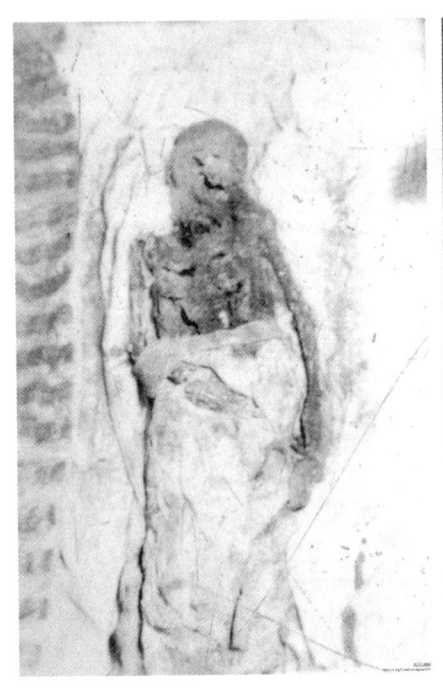

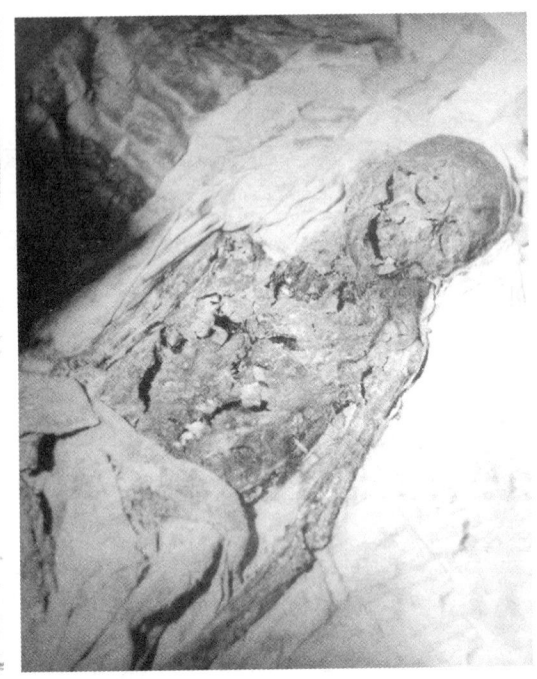

图65：慈禧遗体（1）
图66：慈禧遗体（2）

就像手术台上的医生一样，边清理边录像。当打开棺盖后，发现棺内被一床黄缎大被盖得严严实实。被上有一件黄缎袍，袍上有一件蓝缎坎肩。在黄缎被上还有一个小黄绸子包，里面包着慈禧的一颗牙齿、两截指甲。这些都与重殓大臣的记载吻合，表明重殓后没人动过。揭开被，下面就是慈禧的遗体，头朝北，脚朝南，仰身直卧，头发花白，散而不乱，一部分头发散于胸前，一部分头发垂于身体一侧。头微向左偏斜。双眼深陷成两个大洞。左手垂于身体左侧，右手搭在小腹上。上身裸露没穿衣服，胸部有许多裂口。下身穿着裤子。整个遗体是一具完整的干尸，身长为153厘米。将遗体抬出棺外后，往棺内喷撒药液，防腐防毒。然后按原样恢复如初。

### 26. 慈禧陵隆恩殿新旧演变过程（图67—图69）

到了20世纪70年代初，慈禧陵隆恩殿门窗隔扇、暖阁隔扇、神龛、佛楼全部无存。部分瓦件缺失。当时，故宫拨给清东陵文物保管所一部分文物，为了保存并展出这些文物，清东陵文物保管所决定恢复慈禧陵隆恩殿及东西配殿的门窗隔扇。由于一时没有发现慈禧陵的老照片，也没有找到慈禧陵的相关档案，于是根据殿内墙壁和横披窗的图案，打制了三殿的全部门窗隔扇。不久发现有错，便重新做了六角菱花隔扇，将卍字不到头的隔扇改安到了慈安陵三殿。这张安着卍字不到头隔扇的慈禧陵隆恩殿老照片已是极为少见的了。

图67：20世纪60年代初，修缮前的慈禧陵隆恩殿

图 68：安着卍字不到头门窗隔扇的慈禧陵隆恩殿
　　　（1964 年）
图 69：2017 年 9 月的慈禧陵隆恩殿

## 四、规制标准的定陵妃园寝

定陵妃园寝位于定陵东旁的顺水峪，内葬咸丰帝的15位妃嫔。始建于咸丰十一年二月十九日，竣工于同治四年。这是一座规制很标准的妃园寝。在营建时，为了解决经费紧缺的困难，使用了宝华峪妃园寝的一些旧料，共销算工料运价银641362两4钱1分9厘。定陵妃园寝于2017年开始进行修缮。

### 1. 定陵妃园寝西厢房（图1—图2）

20世纪60年代，定陵妃园寝的东西厢房都已十分残破。门窗隔扇全部无存，瓦件不全，当时国家财政很困难，拿不出更多的经费维修陵寝，能尽最大努力保证其不塌不漏就已经不错了。那些陵寝的警卫人员只能在残破的古建筑里采取一些简单的方法栖身，坚守岗位，坚持工作。

图1：20世纪60年代的定陵妃园寝西厢房

图2：定陵妃园寝西厢房（2005年）
图3：修缮前的定陵妃园寝东值班房旧影

## 2. 东值班房残破状况（图3）

两座值班房由于门窗无存，只得用木棍、木条钉上，权当窗户。檐部椽飞糟朽，瓦件不全。后来进行了简单维修，但未能按原样修缮。在2017年开始的全面修缮中，东值班房将恢复原样。

## 3. 焚帛炉（图4—图5）

妃园寝只建一座焚帛炉，亦称燎炉，位于前院的东侧。在中华人民共和国成立前，定陵妃园寝的燎炉遭遇了"破腹挖心"之灾。那些盗陵匪徒将炉内的所有铁构件全部盗走，而整个燎炉竟未坍倒，说明盗匪并未完全拆毁这座燎炉。正因为燎炉没有坍倒，才能在日后得以修复。

图4：20世纪60年代的定陵妃园寝燎炉

图5：定陵妃园寝燎炉（2005年9月）
图6：定陵妃园寝享殿修缮前后坡旧影

## 4. 享殿后坡（图6）

到了20世纪60年代，定陵妃园寝的享殿不仅门窗隔扇全部丢失，而且瓦件残缺严重，檐部椽飞严重糟朽，因为缺少筒瓦，所缺部分只能用捏梗的方法保持其不塌不漏。

## 5. 宝顶（图7）

定陵妃园寝最后一排有四座宝顶，分别葬庆妃、鑫常在、璃常在、坪常在。这一排的地宫都是砖池。几位墓主人都有故事。庆妃去世后，慈禧降旨按嫔礼治丧，至今不明其因。她的葬位有两种记载，《陵寝易知》记载她葬在最后排东数第一位，而清宫档案记载为东数第二位。到底葬在哪儿，还有待进一步考证。璃常在曾当过璃贵人，先后经过两次贬降，降为答应，后来又升为常在。坪常在曾被封为英嫔，经过三次贬降，降为答应，后来复升为常在。孝德皇后、云嫔以及这三位常在死后都曾停灵田村。在咸丰十年（1860年）八月，英法联军攻陷北京时，为了避免遭抢，将这五人的棺椁都临时埋在了田村的后院地下，到第二年的十月十二日才挖出来，这些经历在清朝后妃中都是罕见的。

定陵妃园寝修缮前，后院15座宝顶的外面灰皮全部脱落，月台条石移位，后院杂草丛生。

图7：定陵妃园寝最后一排宝顶（旧影）

82. - PÉKIN. - Tombeaux des Tung-Ling

清室同治皇帝之惠陵

图1：惠陵前景旧影（明信片）
图2：惠陵旧影

# 第六章　同治皇帝的惠陵及其妃园寝

## 一、铜梁铁柱的惠陵

同治帝的惠陵位于东陵境内的双山峪。同治帝生前未建陵寝，是在死后才相度陵址，营建陵寝的。惠陵于光绪元年（1875年）八月初三日午时动工，光绪四年（1878年）九月，全工告竣，用银 4359110 两 8 钱 9 分。与同治帝合葬的是原配皇后孝哲毅皇后。惠陵所用的木料是楠木，俗称铜铁操，质地十分坚硬，因此惠陵有"铜梁铁柱"之称。

### 1. 惠陵全景老照片（图1—图3）

从画面上看，前两张老照片当是清末民初拍的。尤其是第一张，地面上还没有长草，隆恩门东侧摆着弓箭架，后山上树木茂密。第三张约拍于 1928 年孙殿英制造了第一次东陵大盗案之后，山上的树被砍光，牌楼门的隔扇门无存。

惠陵于 1945 年 11 月 19 日被盗，至今尚未清理。

图3：1928年时的惠陵全景

## 2. 同治帝像（图4）

同治帝爱新觉罗·载淳，是咸丰帝的长子，生于咸丰六年三月二十三日（1856年4月27日）未时，生母是懿嫔即后来的慈禧皇太后。载淳6岁即位，由于年龄幼小，由慈安和慈禧两宫皇太后共同垂帘听政。同治十二年（1873年）正月二十六日亲政，同治十三年十二月初五日（1875年1月12日）酉时因患天花病死，年仅19岁，在位13年。光绪五年（1879年）三月二十六日卯时葬惠陵，同日入葬的还有孝哲皇后。他的庙号为"穆宗"，谥号全称为"继天开运受中居正保大定功圣智诚孝信敏恭宽明肃毅皇帝"。

图4：同治皇帝便装像

### 3. 孝哲皇后像（图5）

孝哲皇后，阿鲁特氏，蒙古正蓝旗人，是翰林院侍讲崇绮的女儿，咸丰四年（1854年）七月初一日生，比同治帝大两岁，同治十一年（1872年）九月十四日册立为皇后。据传说，在选立皇后时，慈禧意在凤秀之女富察氏，慈安意在崇绮之女阿鲁特氏。同治帝遵从了慈安的意向，选中了阿鲁特氏。因此，从立后那一天起，慈禧就不喜欢阿鲁特氏。后来又见载淳与皇后感情甚密，相敬如宾，而被封为慧妃的凤秀之女富察氏常被冷落，慈禧更加愤恼，经常干预帝后的私生活。

图5: 孝哲皇后朝服像

光绪元年（1875年）二月二十日，皇后阿鲁特氏死，年仅22岁。关于她的死因有多种说法。有的说同治帝死后，慈禧以同治帝之死责备于她，她悲愤交集，绝食而死；有的说她是被慈禧毒死的。还有的说，同治帝死后，光绪帝即位，两人是同辈，阿鲁特氏当不了皇太后，只能当皇嫂，在宫中没有她的位置，不如趁同治帝尚未入葬时死去，得以同葬惠陵。阿鲁特氏听了别人的劝说后，吞金而死。官书上却说她因"上年痛经大行皇帝龙驭上宾，毁伤过甚"而死。总之，阿鲁特氏之死有些蹊跷。

同治帝死后，阿鲁特氏被封为嘉顺皇后。阿鲁特氏死后，其梓宫随同治帝梓宫在隆福寺暂安，光绪五年（1879年）三月二十六日与同治帝同时入葬惠陵。她的谥号全称是"孝哲嘉顺淑慎贤明恭端宪天彰圣毅皇后"。

1945年11月19日惠陵被盗。被盗后发现同治帝的遗体已成了一把骨头，而孝哲皇后尸体没有腐烂，衣服被扒光，肚子被剖开，肠子淌了一地，据说盗陵匪徒为寻找她腹中的金子，剖腹撸肠所致。阿鲁特氏遭此荼毒实在可怜。

### 4. 五孔拱桥（图6—图7）

惠陵的水系是很完备的，外有马槽沟，内有玉带河。在陵最前面的马槽沟上，处于陵寝的中轴线上建有五孔拱桥。在五孔拱桥两侧各建一座五孔平桥。惠陵的五孔平桥的位置与以前定陵和以后的崇陵的不一样。定、崇二陵的五孔平桥是对称的，位于拱桥两旁，而惠陵的两座五孔平桥不是对称的，而是完全出于实际需要。东侧的五孔平桥位于惠陵的东南方向，是惠陵通往惠陵内务府营房和惠陵妃园寝内务府营房（当地称惠大圈和惠小圈）的必经之处。西侧的五孔平桥位于惠陵的西南侧，是谒陵人员展谒惠陵的必经之处。这样建，就可以少建两座桥。

图6当拍于清末民初，当时五孔拱桥还比较完整。图7那座东南方向的五孔平桥拍摄于20世纪60年代，有的栏板已丢失。

⑥
⑦

图6：惠陵五孔拱桥旧影
图7：惠陵东南五孔平桥旧影

## 5. 牌楼门（图8—图9）

惠陵是仿照咸丰帝的定陵而建的，最初的设计方案也有石像生五对，神路与首陵孝陵的神路相接。可是由于建陵经费紧张，被迫裁撤了这两项，致使惠陵成了清东陵五座皇帝陵中规制最低的一座。

从图8和图9可以明显看出，牌楼门原来每个门口都安有两扇门。

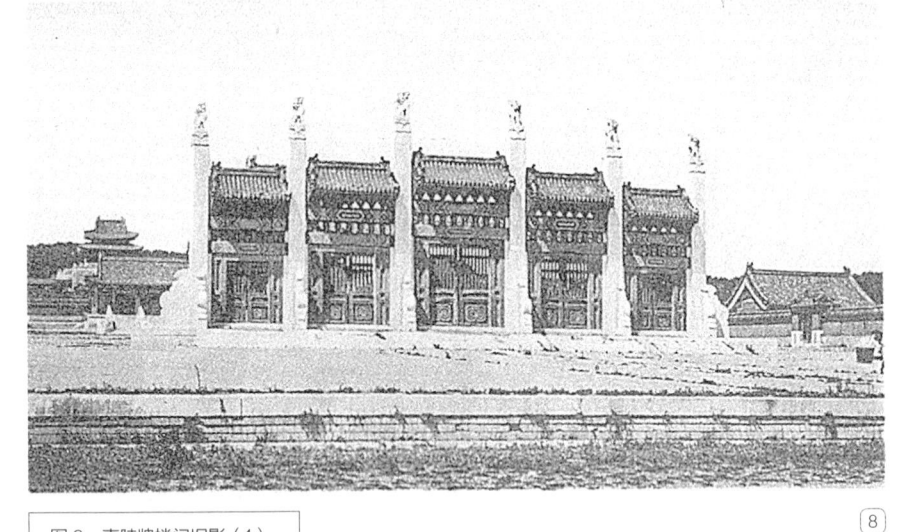

86. - PÉKIN. - Tombeaux des Tung-Ling

图8：惠陵牌楼门旧影（1）
图9：惠陵牌楼门旧影（2）

可是中华人民共和国成立后，虽修复了多座牌楼门，却未恢复槛框、门扇。如今想要了解这些建筑当年的样子，就只有借助于诸多珍贵的老照片。如果要将建筑恢复原状，更要靠这些老照片了。2018年崇陵牌楼门恢复了门扇，这是值得高兴的。

从第二张牌楼门老照片图9上，看不到隆恩殿，因为在光绪二十五年至光绪三十二年将原来隆恩殿拆除重建了一次，因此这张照片当在重建初期所拍。第一张牌楼门也是在清末民初所拍，因为山上的树木还未砍，牌楼门的门扇还都在。

虽然21世纪初对惠陵进行了全面修缮，但至今仍留有部分工程未完工，如哑巴院东转向磴道、三匾、牌楼门部分彩画、西燎炉等。

### 6. 惠陵西朝房老照片（图10）

到了1928年，惠陵东西朝房的门窗隔扇皆已无存，东朝房的柱子被砍，瓦件不全，檐部椽飞糟朽。到了20世纪90年代更为严重，于本世纪初进行了修复。

图10：惠陵西朝房修缮前旧影

图 11：惠陵燎炉旧影

### 7. 燎炉（图 11）

根据清朝陵制，帝后陵设燎炉两座，妃园寝只在陵的前院左侧设一座。燎炉是焚烧金银锞和五色纸的地方，为了防止失火，整个燎炉不用木料，外层完全用琉璃构件。炉体内壁及顶部完全用铁板构成。惠陵西燎炉尚在，但顶部无存。东燎炉已不复存在。从这张老照片上就可以清楚地看到炉体内的铁构件。

### 8. 东西配殿（图 12—图 13）

在中华人民共和国成立前，惠陵的东西配殿和其他陵寝一样，遭到了严重的破坏。所有门窗、隔扇全部丢失，槛墙被拆，瓦件残破不全，檐部椽飞糟朽。在 21 世纪初，重新打制了东西配殿的门窗隔扇，成砌了槛墙。

[清东陵篇] 第六章 同治皇帝的惠陵及其妃园寝

图 12：维修前的惠陵东配殿（旧影）
图 13：维修前的惠陵西配殿（旧影）

### 9. 惠陵隆恩殿修复前后（图14—图21）

惠陵隆恩殿在修复前，门窗隔扇、暖阁、神龛、佛楼、斗匾全部无存，许多柱子下部被砍坏，部分瓦件缺失。殿前的石栏杆构件部分损坏、缺失。在21世纪初的修缮中，重新打制了门窗隔扇、恢复了暖阁；但神龛、佛楼、斗匾和石栏杆却未恢复。

在惠陵隆恩殿曾发生过一起震惊全国的惨案。情况大概是这样的：1948年6月6日，正是当时的教师节。解放区冀东建国学院的600多名师生以及遵化县二三区和马兰峪特区的全体教师、冀东各县的教育科长、模范教师等会聚在惠陵隆恩殿，庆祝教师节。会议休息时间，突然飞来两架军用飞机，朝着隆恩殿及院内俯冲下来，连续扫射。正在院内休息的师生遭到突然袭击，马上就有多人躺在了血泊中。飞机扫射完之后就飞走了。事后经过清场，有22名同志牺牲，有28名同志受伤。

图14：惠陵隆恩殿外景旧影

[清东陵篇] 第六章 同治皇帝的惠陵及其妃园寝

图15：惠陵隆恩殿内的暖阁神龛都已无存，仅剩神龛下的石座（旧影）
图16：惠陵隆恩殿内横披窗被凿坏（旧影）
图17：惠陵隆恩殿内天花梁枋（旧影）
图18：惠陵隆恩殿内被破坏的柱子旧影（1）
图19：惠陵隆恩殿内被破坏的柱子旧影（2）

陵寝建筑也遭到了破坏。后来才知道，此举系潜伏在马兰峪、东陵一带的国民党军统特务张树庭密报的。这起惨案发生后，张树庭被抓获，于1950年12月7日被人民政府枪决，受到了应得的惩罚。

图 20：修缮后的惠陵隆恩殿内景（2011 年）
图 21：维修后的惠陵隆恩殿外景（2009 年）

图22：修缮前的惠陵琉璃影壁

### 10. 琉璃影壁（图22）

哑巴院内的琉璃影壁修缮前瓦垅松散，瓦件不全，灰皮脱落。在21世纪初，琉璃影壁也得到了修缮。

### 11. 残破的惠陵神厨库及井亭遗址（图23—图29）

惠陵神厨库的南北神库早年无存。神厨库和省牲亭损坏严重。井亭仅存遗址。2005年至2008年，国家拨款，由清东陵文物管理处组织施工，对惠陵进行了维修。省牲亭、神厨的门窗隔扇重新打制安装。凡已是遗址的都未恢复。

图23：惠陵神厨库门楼旧影

图 24：残破的惠陵省牲亭（旧影）
图 25：残破的惠陵神厨库（旧影）

[清东陵篇] 第六章 同治皇帝的惠陵及其妃园寝

图 26：惠陵神厨库内之南神库遗址
图 27：惠陵井亭遗址（1）
图 28：惠陵井亭遗址（2）
图 29：修复后的惠陵神厨库外景
　　　（2009 年）

图1: 21世纪初的惠陵妃园寝全景

## 二、葬皇贵妃最多的惠陵妃园寝

惠陵妃园寝位于惠陵西侧的西双山峪，光绪元年（1875年）八月初三日动工，光绪四年（1878年）九月，全工告竣，用银51万多两。园寝内葬同治帝的四位皇贵妃，即淑慎皇贵妃富察氏（慧妃）、献哲皇贵妃赫舍里氏（瑜妃）、恭肃皇贵妃阿鲁特氏（珣妃）、温惠皇贵妃西林觉罗氏（瑨妃），其中献哲皇贵妃和温惠皇贵妃于1935年入葬，不仅是清朝最后入葬的皇妃，也是中国封建王朝最后入葬的皇妃。

### 1. 鸟瞰图（图1）

惠陵妃园寝是一座标准规制的妃园寝，仿定陵妃园寝而建。初建时，慈禧出于对慧妃的偏爱，曾想在这座园寝内建方城明楼、带雉堞的宝城宝顶，还要设石五供，并用一道内屏墙将方城明楼和宝城宝顶及石五供围起来；同时要增建东西配殿，后来由于一些大臣的反对和建陵经费的短缺，未付诸实施，仍按定陵妃园寝规制建。

### 2. 一孔桥（图2）

惠陵妃园寝大门前的一孔桥每侧石栏杆有8个望柱，二十四气式柱头，7块栏板。桥孔上有吸水兽。在中华人民共和国成立前遭到了严重的破坏，一些栏板和望柱被凿坏。直至2019年7月仍在修复。

### 3. 东厢房遗址（图3）

到了1928年时，惠陵妃园寝的东西厢房、东西值班房就已无存，东厢房仅存两山墙和房后的两个烟筒。往东能看到惠陵隆恩殿、陵寝门和方城、明楼。如今惠陵妃园寝东西厢房仅存台基。

图2：维修前的惠陵妃园寝一孔石拱桥（旧影）
图3：惠陵妃园寝东厢房遗址及惠陵隆恩殿旧影

《昌瑞山万年统志》中的黄花山西麓的六王陵位置示意图

黄花山营图

# 第七章 清东陵的陪葬墓及府衙

在清东陵外围建有许多的陪葬墓，其中有皇太子园寝、王爷园寝、公主园寝、保姆园墓、大臣墓等。在陵园西侧的黄花山西麓并排建有六座园寝，分别是顺治帝的三个皇子和康熙帝的三个皇子，他们大都是清史中有名的人物。朱华山下建有端慧皇太子园寝和十二贝勒园寝。四座保姆园墓都建在陵园以东。这些陪葬墓是清东陵的重要组成部分。了解和研究这些陪葬墓，对于了解清史、了解清朝陵寝制度非常必要。

## 一、清朝第一座早殇皇子的园寝——荣亲王园寝

黄花山位于清东陵的西侧，南北走向，层峦飞翠，叠嶂腾辉，是清东陵的右弼。黄花山西麓并排建有六座王爷园寝，各依山势，东西排列。他们背靠高大雄峻的黄花山，前临蜿蜒曲折的河流，周围林木繁茂葱郁，山清水秀，风景宜人。在这里最早建的就是最东端的荣亲王园寝。尽管荣亲王只是一个活了104天、还没有起名的婴儿，但由于他的生母是一位非同寻常的人物，所以开创了清朝早殇皇子追封王爵的先例，也开创了为早殇皇子营建园寝的先例。荣亲王的生母就是顺治帝的宠妃董鄂妃，即孝献皇后。该园寝建于顺治十五年（1658年）。如今已成一片废墟。

### 1. 荣亲王园寝（图1）

自董鄂妃于顺治十三年（1656年）八月入宫后，备受顺治帝的宠爱，视为知己。第二年，即顺治十四年（1657年）十月初七日凌晨，

董鄂妃便生下了一个皇子，排行第四。爱妃生子，爱屋及乌，顺治帝把皇四子视如掌上明珠，称为"朕第一子"。未想到此子福薄命苦，只在世上活了104天，便于顺治十五年（1658年）正月二十四日寅时夭亡了。爱子的早殇，对于顺治帝和董鄂妃的精神打击都很重，但相比之下，对董鄂妃的打击尤重。顺治帝为了安慰爱妃，于是在顺治十五年（1658年）三月二十七日追封皇四子为和硕荣亲王。这是有清以来第一个被追赠的早殇皇子。同年四月，顺治帝派大臣带着风水官员到黄花山西麓为爱子相度兆域。顺治帝谕令不要将被圈占的范围内的寺庙、民坟迁出去。还一再叮嘱承修园寝的大臣，园寝"务从节省""但期坚固，足蔽风雨，不必华侈"，体现出顺治帝的爱民之意。该园寝只用了四个月就建成了。当地老百姓都称这座园寝为太子陵。荣亲王的宝顶既不是夯筑，也不是砖砌，而是用土堆的。荣亲王园寝是黄花山下六座王爷园寝中建得最早、规模最小、等级最低的园寝。

在建这座园寝时，顺治帝的孝陵还没有建，也就是说还没有清东陵。荣亲王园寝的营建，是顺治帝生前已选定昌瑞山下为陵址的有力佐证。

图1：荣亲王园寝旧影

## 2. 园寝大门（图2—图4）

荣亲王园寝坐北朝南。大门为单檐歇山顶，面阔三间，进深两间，覆以绿琉璃瓦。这座大门在20世纪60年代尚存，如今只能看到一片废墟了。

图2：荣亲王园寝大门旧影（1）
图3：荣亲王园寝大门旧影（2）

图4：荣亲王园寝大门北面旧影
图5：荣亲王园寝享堂旧影

### 3. 享堂（图5—图7）

荣亲王园寝的享堂为单檐歇山顶，面阔三间，进深三间，绿琉璃瓦顶，饰以旋子点金彩画。从老照片上可以看出原来有天花板，后来全部被拆走，连檩垫枋、檩垫板都未能幸免。到了20世纪70年代，整个园寝已不复存在了。

荣亲王园寝规制为后来的清朝王爷园寝奠定了基础。

图6：荣亲王园寝享堂背面（1966年）
图7：荣亲王园寝享堂梁架（1966年）

### 4. 圹志（图8—图9）

火化是满族人的旧俗。清朝入关初期仍保留这个习俗。顺治帝及他的孝康皇后、孝献皇后都是死后火化的。孝陵地宫里埋葬的是三个骨灰坛子。以此推之，死于顺治帝之前的荣亲王更应该是火化的。

圹志也称墓志，指放在墓穴里的刻有死者生平事迹文字的石刻。墓志分上下两层，上层称为"盖"，下层称为"底"，底上刻有墓志和铭，盖上刻有标题。墓志和墓志铭是有区别的。凡墓志铭，在简述了死者的生平之后，要用"铭"的文体来高度概括和评论死者的一生。墓志上的"铭"是带韵的，四个字一句。如果没有铭，应叫墓志。正如明清两朝皇帝的神功圣德碑文一样，先用散文的形式叙述先帝的一生，然后再用"颂"的文体高度叙述一遍一样，颂就是四个字一句，用韵。"铭"就是一种类似于"颂"的文体。荣亲王园寝早年被盗。发现地宫里有一盒圹志，上下两块。盖上用满汉两种文字阴刻。汉字为篆书，文字为"皇清和硕荣亲王圹志"。底上的志文是顺治帝亲自为爱子撰写的，也是满汉两种文字阴刻的，其内容如下：

制曰：和硕荣亲王，朕第一子也，生于顺治十四年十月初七日，卒于十五年正月二十四日，盖生数月云。爰稽典礼，追封和硕荣亲王。以八月二十七日，窆于黄花山。父子之恩、君臣之义备矣。

呜呼！朕乘乾御物，敕天之命，朝夕祗惧，思祖宗之付托，冀胤嗣之发祥。惟尔诞育，克应休祯，方思成立有期，讵意厥龄不永。兴言鞠育，深轸朕怀。为尔卜其兆域，爰设殿宇周垣，窀穸之文，式从古制；追封之典，载协舆情。特述生殁之日月，勒于贞珉，尔其永妥于是矣。

这盒圹志盖和底都是边长为70.5厘米、厚为19厘米的正方形青白石石板，对于研究清朝葬制价值很高，如今在天津市蓟州区独乐寺展览室内展出。

### 5. 荣亲王园寝遗址（图10）

荣亲王园寝早在20世纪70年代就已成了一片废墟，但园寝建筑的布局还能清楚地看出来。园寝后部的罗圈墙的墙基仍依稀可见。可是近年来，地宫遗址一再被掘，已使得遗址面目全非。

图8：荣亲王圹志（1）
图9：荣亲王圹志拓片（2）
图10：荣亲王园寝遗址（20世纪90年代摄）

## 二、康熙帝两立两废的皇太子允礽园寝

允礽的园寝叫理密亲王园寝，位于荣亲王园寝之西，裕宪亲王园寝之东。其园寝是六座王爷园寝中第四个建的。始建于雍正三年（1725年）七月，国家拨款，由当时看护陵寝的文华殿大学士萧永藻、都统卢洵和马兰镇总兵官范时绎负责监督营建。

允礽虽然是雍正帝的政敌，但他死后，雍正帝对他的丧事还很关照的，决定将他的园寝作为其父康熙帝的景陵陪葬墓建在黄花山下，经风水官选择，最初所选的地方位于荣亲王园寝和裕宪亲王园寝之间。萧永藻、卢洵和范时绎到现场一看，见所选的地方不仅地势低洼，容易发生水患，而且有许多沟坎，极不易施工。同时与荣亲王园寝和裕宪亲王园寝也不在一条线上，有碍观瞻。于是三人将上述情况上奏给雍正帝，建议移到后面的上坎，即今天的位置，得到了钦准。

理密亲王园寝规制是仿裕宪亲王园寝规制建的，建有御制碑及碑亭、茶饭房、值班房、大门、享堂、园寝门、宝顶等。如今已成一片废墟。

### 1. 允礽夫妇像（图1—图2）

允礽是康熙帝的皇二子，按实际出生顺序应排行为皇六子，小名保成，生于康熙十三年（1674年）五月初三日巳时，其生母为康熙帝的原配皇后孝诚皇后。孝诚皇后生允礽时难产，于当天下午申时就去世了。因此，后来康熙帝指责允礽生而克母。允礽在出生后的第二年，即康熙十四年十二月十三日（1676年1月27日）被立为皇太子，这是清王朝仿照以往历朝明立皇太子的做法，公开立的第一个皇太子。以后康熙帝外出时，多次让他监国（即留京代替皇帝处理国政）。他也多次陪皇父出巡。他自被立为皇太子之后，康熙帝竭尽全力培养教育他，使他在文化修养、满语、骑射等方面都十分优秀。皇太子就是未来的皇帝，所以在他的周围逐渐形成了一股势力，他被卷入了激烈复杂的皇权斗争的旋涡中，成了其他皇子攻击的目标。由于他具有得天独厚的优越的政治地

图1：允礽妃石氏像
图2：皇太子允礽像

位，也使他养成了骄纵恣意的性格。在康熙四十七年（1708年）九月初四日，康熙帝在出巡塞外途中，宣布了允礽的种种罪状，说他"不法祖德，不遵朕训""肆恶虐众，暴戾淫乱""不仁不义"，表示回京后要将其皇太子之位废掉，并下令将其拘捕。回京后，于九月十八日，康熙帝亲自撰写祭文，遣官告祭天地、太庙、社稷，正式将允礽的皇太子名分废掉，并将其幽禁于咸安宫（后来的寿安宫）。

后来，康熙帝发现允礽是被他的弟兄围攻陷害所致，是冤屈的，所以在第二年的三月初十日又恢复了他的皇太子之位。允礽被复立后，旧病复发，恶习不改。康熙帝见他实在难以成就，毅然决然，于康熙五十一年（1712年）十月初一日再次将他的皇太子之位废掉，圈禁于咸安宫。胤禛即位后，把他转移到郑家庄圈禁。雍正二年十二月十四日（1725年1月27日），允礽死于幽所，终年51岁。雍正帝追封他为理亲王，谥曰"密"。据考证，"密"有追补前过之意，故又称他为理密亲王。

允礽的妻子石氏很贤惠，约康熙五十七年（1718年）六月病逝。康熙帝称赞她说："二阿哥福晋秉资淑孝，赋性宽和，作配二阿哥以来，辛勤历有年所，今忽溘逝，凡在内知其懿范者，无不痛悼。"允礽有15名妻妾，有12个儿子，14个女儿。

## 2. 墓碑（图3—图8）

如今的黄花山下的六座王爷园寝仅存有四统碑，其中只有恂郡王允禵碑的碑身侧面各雕有一条升龙。所以许多人都认为黄花山下六座王爷园寝中，恂郡王允禵的碑侧雕刻龙是唯一的，也是等级最高的。自发现允礽的园寝的这两张碑的老照片之后，才知道允礽的碑身侧面也同样雕有升龙。以后笔者又多次到北京的许多清朝园寝、历代帝王庙、五塔寺、七王坟、九王坟等处进行考察，发现碑身侧面雕刻龙的很多。世人公认怡亲王允祥的园寝是清朝王爷园寝中等级最高的，可是怡亲王园寝的碑身侧面却没有雕刻龙，而北京瑞敏郡王奕志的碑身两侧却雕有升龙。以此来看，碑身侧面雕不雕龙并不是等级高低的标志。

图3：理密亲王允礽园寝石碑（1966年）

中华人民共和国成立前，理密亲王园寝被盗，地面建筑全部被拆毁。盗匪为了推倒御制碑，在碑的周围深挖，发现水盘下面竟有十几层砖，这也表明了当年工程的坚固。碑成了"孤岛"之后，盗匪推倒御制碑，砸碎碑身，将龟趺嘴部砸坏推倒。后来当地人将残损的龟趺埋起来。幸亏地面上还露着小部分龟身，才知道埋藏的位置。前几年龟趺又被挖了出来，已残破不堪。

图4：理密亲王允礽园寝碑侧面浮雕旧影
图5：理密亲王允礽园寝碑基被掘旧影

图6：理密亲王允礽园寝倾倒的龟趺旧影，站在龟趺上测量的是笔者
（1980年11月17日）
图7：理密亲王允礽园寝遗址之残员贝旧影
图8：理密亲王园寝残破的龟趺
（2011年7月13日）

[清东陵篇] 第七章 清东陵的陪葬墓及府衙

图9：理密亲王允礽园寝宝顶残况（20世纪60年代）

图10：理密亲王允礽园寝宝顶残况（20世纪70年代初）

图11：理密亲王允礽园寝遗址

### 3. 残宝顶（图9—图11）

档案上记载当年营建允礽的园寝时，是仿照西侧的裕宪亲王园寝建的。但实际上只是在规制上大体模仿，在一些具体做法上并不完全一样。比如御制碑，裕亲王的碑身侧面没有雕刻龙，而允礽的碑则雕了龙。裕亲王的宝顶的下部是石砌的须弥座并带石雕的瓦垅，而允礽的宝顶下部则是用砖砌的须弥座，不带瓦垅。宝顶顶部是砖砌的，造型比较和谐，没有明显的棱角。如今，这位废太子允礽的园寝，除了那只受了伤的龟趺躺在坑中仿佛发出痛苦的呻吟外，其他的均已消失在历史的烟尘中了。

这几张照片中的允礽的宝顶尽管十分残破，却给我们传递了几条重要信息：知道了允礽园寝的宝顶规制是什么样的；知道了早期亲王宝顶的下部有用砖砌须弥座的做法；宝顶的内部并非是填充的黄土，而是全部用砖灰砌。废太子允礽是雍正帝的政敌，雍正帝对他并没有赶尽杀绝，在允礽死后不仅封他以亲王，而且还给他营建了规制不低的园寝，立了墓碑，这表明雍正帝对允礽还是比较宽容大度的。

## 三、康熙帝的兄长裕亲王福全园寝

　　裕亲王福全是顺治帝的第二子，康熙帝之兄。顺治十年（1653年）七月十七日丑时生，生母为宁悫妃。康熙六年（1667年），15岁的福全被封为裕亲王，康熙二十九年（1690年）和康熙三十五年（1696年）先后两次率军征讨噶尔丹。康熙四十二年（1703年）六月二十六日病逝，终年51岁。福全死后谥曰"宪"。康熙帝为他相度了兆域，命御史罗占监造园寝。康熙四十四年（1705年）十二月十二日入葬时，康熙帝亲临园寝奠酒举哀。福全的园寝建有碑亭、厢房、值班房、大门、享堂、园寝门、宝顶、地宫，在六座王爷园寝中规模是较大的。

图1：裕亲王园寝享堂前的丹陛石
（1980年11月17日）

### 1. 丹陛石（图1）

裕亲王园寝的享堂虽然已经无存了，但享堂前的丹陛石当时还存在，在1980年11月17日，笔者与同事去考察时，让同事高福柱拍了下来。这块丹陛石长361.5厘米，宽162.5厘米，图案为二龙戏珠，雕刻得非常精美。遗憾的是过了几年以后再次去考察时，这块丹陛石竟不知去向了。幸亏我们已经拍了照并测量了尺寸，因此这张照片弥足珍贵。

图2：裕亲王园寝石碑旧影
（1980年11月17日）

图3：如今的裕亲王园寝御制碑
（2011年7月）

## 2. 御制碑（图2—图3）

如今，裕亲王园寝幸存下来的唯一地面建筑物就是御制碑。这统碑的碑身高449厘米，宽132厘米，进深57厘米。屃头（俗称碑头）为四交龙，碑额用满汉两种文字篆刻"御制碑文"4字。碑文也是用满汉两种文字镌刻，满文在碑的右面，汉字在碑的左面。碑文为康熙帝御制，共467个汉字，落款为康熙四十九年。在落款处钤盖了一方印"康熙御笔之宝"。在亲王园寝的碑上钤用"康熙御笔之宝"实为罕见。碑面四框为云龙戏珠。龟趺之下是水盘，水盘上浮雕海水江崖、鱼虾杂宝。可惜水盘已残缺不全。

1980年11月17日，笔者与同事到裕亲王园寝考察时，发现当地村民看护庄稼的瞭望台竟搭在了碑的顶部。笔者当日曾爬上龟趺辨认碑文，时任国家文物局工程师的张阿祥先生则站在一旁作记录。如今御制碑尚在。

图4：裕亲王宝顶的石构件

⑤

图5：裕亲王地宫石门楼的冰盘檐子石构件

### 3. 宝顶的石构件（图4）

裕亲王园寝的地面建筑早年被毁无存，地宫被盗。根据《大清会典事例》记载，该园寝建有御制碑、茶饭房、值班房、大门、享堂、园寝门等。

在宝顶的遗址上，散落着几块带瓦垅的石构件。当时笔者认为只有地宫的石门楼顶上才有瓦垅，可是这石构件的瓦垅檐部是弧形的，而地宫的门楼檐部是直的，所以又不像地宫石门楼上的构件。30多年来，这几块石构件到底是做什么用的，一直不得而知。2008年10月21日晚上，笔者突然从纯靖亲王园寝的一张老照片上得到了极大的启示。原来在这张老照片上，可见纯靖亲王的宝顶。他宝顶的下部是石须弥座。须弥座的顶部就是石雕的瓦垅。因为须弥座是圆形的，所以瓦垅的檐部也是弧形的。这座须弥座的瓦垅与裕亲王园寝遗址上的带瓦垅的石构件完全一样。因此笔者立时就明白了：原来裕亲王的宝顶与纯靖亲王的宝顶是一样的。纯靖亲王园寝的营建早于裕亲王园寝，以此推之，很可能裕亲王园寝是仿纯靖亲王园寝规制建的。30多年的疑问一下子就解开了。随着这一问题的解决，傅恒园寝的宝顶规制不久也迎刃而解。一张老照片解决了多年的疑问。

### 4. 地宫门楼的檐部石构件（图5）

在裕亲王园寝的废墟上发现了一件地宫石门楼的带瓦垅的石构件。只不过这石构件上的瓦垅那面朝下看不到，但部分猫头、滴子能看得很清楚，而且瓦垅之下既无椽飞，也没有斗栱，而是冰盘檐子。遗憾的是这个构件如今已找不到了。这张老照片成了永久的记忆。

### 5. 地宫盗口及石券（图6—图7）

黄花山下的六座王爷园寝虽然都已被盗，但幸存下来的却只有裕亲王福全的地宫。这是为什么呢？原来他的地宫为现在的农业和林业在作贡献呢。情况是这样的：裕亲王园寝位于山坡之上。在山坡上，村民种了许多的庄稼，栽了不少的果树。庄稼和果树是离不开水的，而山坡上没有水源，只能从山下取。这样一来，扬程太长，水上不去。为了解决这个问题，村民们灵机一动，想到了裕亲王的地宫。于是采取了分段倒坎的方法，先把水从山下抽到地宫里储存起来，然后再从地宫里抽水，地宫成了储水窖、中转站，因而才得以保存了下来。像这种情况不止裕亲王地宫一例，位于蓟州区果香峪的恒敬郡王永皓的地宫、北京西郊的安亲王岳乐的地宫都因为成了农民的储水窖才得以幸存下来。

裕亲王的地宫长期被当成水窖，地宫里究竟是什么样，很难知道。2010年2月19日，北京清陵爱好者张元哲、贾嘉等人在考察裕亲王园寝时，为了探知地宫内部情况，从盗口把照相机用绳子坠入地宫里，采用自拍的方法，拍到了地宫内部的情景，得知这座地宫是石券，金券为横券。图7这张照片就是他们此次拍摄成果中的一张，非常难得。

康熙年间是清王朝丧葬陵墓制度重要转型和改变的时期。在这一时期，丧葬制度由火化改为了土葬，从使用骨灰坛改用了木制的棺椁，地宫规制和规模也发生了重大变化。通过此次考察，我们对康熙朝后期和硕亲王的地宫规制有了初步了解，但对于裕宪亲王地宫的整体规制尚不清楚。

⑥
⑦

图 6：裕亲王地宫如今成了储水窖（2011 年）
图 7：裕亲王园寝地宫金券内景

## 四、英年早逝的纯靖亲王隆禧园寝

纯靖亲王园寝位于裕宪亲王园寝之西约 0.5 公里，建有宝顶、园寝门、享堂、大门、厢房、碑亭等，其规制与裕亲王园寝相同。纯靖亲王隆禧的园寝是黄花山下建的第二座园寝，其宝顶下部为带瓦垅的石须弥座，规制很高。

纯靖亲王隆禧是顺治帝的第七子，生于顺治十七年（1660 年）四月二十二日，顺治帝驾崩时，他刚八个多月。他的生母是庶妃钮氏。康熙十三年（1674 年）正月他被封为纯亲王，时年 15 岁。康熙十八年（1679 年）七月十五日，隆禧病重，康熙帝亲临其府第看望，并召御医诊治。中午回宫后，将隆禧病重的消息告诉给了太皇太后。下午康熙帝再次看望了隆禧。当天下午申时（15—17 时）隆禧病逝，年仅 20 岁。太皇太后得知噩耗，"惊恸"，欲亲临其丧，康熙帝劝阻说："太皇太后痛念王孙，洵属至情。但恐圣体万一劳顿，深为未便。"经过再三劝阻，太皇太后才答应不去了。康熙帝想第三次再去其府亲临其丧，太皇太后说："尔日亲万几，若再悲哀，则尔身益瘁，可勿往。"于是康熙帝就没有在当天去隆禧府第吊唁。康熙帝担心祖母过于悲痛，就留住在祖母宫中，陪伴祖母。康熙帝对于隆禧的英年早逝非常悲痛，辍朝三日。在七月十七日这天，康熙帝亲临纯亲王府，在隆禧灵前奠酒举哀。由国家拨款，命内务府在黄花山下为隆禧营建园寝，立碑，加祭一次。赠给他的谥号为"靖"，所以称为"纯靖亲王"。隆禧的嫡福晋是额驸尚之隆的女儿。在隆禧去世的时候，他的嫡福晋正怀着身孕，并于当年十一月二十八日生下了一个男孩儿，起名叫富尔祜伦。康熙十九年（1680 年）三月，康熙帝让刚刚四个月的富尔祜伦承袭了他父亲的纯亲王爵位。未想到富尔祜伦比他的父亲还短命，在差两天就到一周岁的时候，也成了历史上匆匆的过客。不知是因夫死子殇悲痛过度还是因病，隆禧的嫡福晋在此后不久也离开了人世。

康熙二十年（1681年）四月初二日酉时是隆禧夫妻入葬的日子。当时正赶上康熙帝展谒孝陵。在入葬前，康熙帝亲临纯亲王园寝奠酒，并准备参加隆禧的葬礼。康熙帝的五弟恭亲王常宁以隆禧的"王妃梓在旁，恐属不便"为由，劝阻康熙帝不宜参加葬礼。康熙帝听从了常宁的劝告，在入葬前离开了隆禧的园寝，但留下了内大臣和侍卫，让他们参加了隆禧的葬礼。

## 1. 墓碑（图1—图2）

康熙帝是非常重视与隆禧的兄弟情谊的。别看隆禧英年早逝，没有什么功绩，但还是为他立了规格很高的墓碑，建了碑亭。康熙帝满怀深情地撰写了碑文。他在碑文中十分动情地说："王乃皇考世祖章皇帝之子，朕之弟也。质成聪敏，性秉温恭。孝友克彰，谦仁遹懋。裕含章之雅范，弘乐善之休风……何期早婴危疾，遂致长逝幽冥。"碑文满汉合璧，共285个汉字，落款为"康熙二十一年二月二十一日立"。

图1：纯亲王园寝墓碑（1980年11月17日）
图2：纯亲王隆禧墓碑（21世纪初）

这统碑的碑身高443厘米，宽129厘米，进深56厘米。赑头（俗称碑头）为四交龙，碑额用满汉两种文字镌刻"敕建"二字。碑面四框为云龙戏珠。龟趺之下是水盘。水盘上浮雕海水江崖、鱼虾海螺等。水盘的四角的旋涡里分别雕刻鱼、龟、虾、蟹。隆禧的墓碑是目前黄花山六座园寝中保存最完整的。笔者曾立于龟趺上抄录碑文，时在1980年11月17日，距今将近四十年矣（图1）。

### 2. 丹陛石（图3）

纯亲王园寝的地面建筑在20世纪50年代尚存，但到了70年代基本被毁无存。唯享堂前的丹陛石幸存了下来。这块丹陛石长307.4厘米，宽169厘米，用汉白玉石雕成，图案为二龙戏珠，左升龙，右降龙，下面雕刻海水江崖，周边环以蔓草。它是清东陵所有陪葬墓中唯一幸存下来的丹陛石，之所以能够幸存下来，可能与风化比较严重，边棱残损有直接关系。

图3：纯亲王园寝享殿前丹陛石

图 4：纯亲王宝顶及园寝门残况（1966 年）

### 3. 宝顶（图 4—图 6）

"文化大革命"期间，这座园寝遭到了灭顶之灾。最后被拆的是宝顶。1966 年，当笔者的同事杜清林先生拍这张老照片时（图 5），宝顶基本尚存，但顶部已被破坏。这座宝顶规制是比较高的，下部是石制的须弥座，须弥座的顶部是石雕的瓦垅。就因为有了这张老照片，才解决了裕亲王宝顶和傅恒宝顶的规制问题。老照片在此时发挥了巨大作用。

图 5：纯亲王宝顶残况（1966 年）
图 6：纯亲王园寝地宫被盗后的残破情景（1980 年 11 月 17 日）

### 4. 地宫穴坑及遗址、柱础（图7—图8）

1980年11月17日，笔者去考察纯亲王园寝时，宝顶早已不见了踪影，看到的只是巨大的穴坑和散落在坑上坑下的各种石构件。从穴坑的痕迹上看，金券为横券，券石上为五伏四券砖。

如今，穴坑已填平，整个园寝除那统御制碑尚存外，已成一片废墟，散落的各石构件都已不知去向。只有几个柱础存在那里，成了当年园寝享堂位置的坐标。

图7：纯亲王园寝遗址上的柱础（2009年）
图8：纯亲王园寝遗址（2009年）

## 五、康熙帝的皇长子直郡王允禔园寝

直郡王园寝位于纯靖亲王园寝之西,恂郡王园寝之东,坐北朝南。

允禔是康熙帝的皇长子,乳名保清,生于康熙十一年(1672年)二月十四日午时,他的生母是惠妃。如果按实际出生顺序,他排行第五。因为他前面的四个兄长都早年夭亡,所以他才排为长子。

允禔聪明干练,文武双全,颇受康熙帝的器重,每次外出巡视,大多都让他随驾同行。康熙二十九年(1690年)和康熙三十五年(1696年),康熙帝两次亲征噶尔丹,他都跟随。他曾奉命到西岳华山祈过雨,奉命治理过永定河。康熙三十七年(1698年)三月初二日被册封为直郡王。在封建社会,立皇太子往往立嫡子、立长子。允禔对皇父不立他为皇太子很不满,但又不敢公开表示。他为了谋得皇位,结党营私,千方百计打击陷害皇太子允礽。他甚至向皇父公开表示:"如诛允礽,不必出皇父手。"因此康熙帝十分恼怒,对他进行了严厉的训斥,给了他"凶顽愚昧"的评价。康熙四十七年(1708年)十一月,他因咒魇皇太子允礽被削爵,拘禁高墙。雍正十二年(1734年)十一月初一日卯刻死于幽所,终年63岁。因为是以贝子之礼安葬的,所以他的园寝在这六座园寝中是规制最低的,用的是布瓦。由于文献缺少记载,地面建筑又全部无存,因此关于这座园寝的具体规制有待进一步考证。

允禔有妻妾11人,有儿子15个,女儿14个。

### 1. 园寝门老照片(图1—图2)

允禔虽然是雍正帝的政敌,被幽禁而死,但雍正对他还很给面子,以贝子之礼,作为皇陵的陪葬墓将他葬在了黄花山下。他的墓早年被盗,到了20世纪60年代中期,仅存有园寝门中门的两个门垛和一座宝顶。清朝帝后陵的陵寝门门垛上的中心花和岔角花都是琉璃的,图案大都是花卉。门垛上身都是糙砖灰砌。妃园寝的园寝门的门垛上未见到有中心花和岔角花的装饰。从老照片上我们发现,允禔园寝的园寝门的门

[清东陵篇] 第七章 清东陵的陪葬墓及府衙

图1：直郡王允禔园寝门砖雕旧影（1966年）

图2：直郡王允禔园寝遗址旧影

垛独具特色。门垛上身是用砍细澄浆砖干摆。中心花和岔角花都是砖雕的。中心花是一条飞腾的云龙，岔角花是一只狮子。这些雕刻很精美，极具立体感。这种装饰是很少见的。

2. 宝顶等（图3—图5）

1979年6月28日，笔者与两位同事骑着自行车去黄花山考察王爷园寝，看到了当时唯一幸存的直郡王允禔的宝顶。那时园寝门门垛已无存。这座宝顶是用三合土夯筑而成的，十分高大。宝顶下的月台已被拆毁。笔者三人在宝顶前合影一张。第二年11月17日，笔者又与同事高福柱、国家文物局工程师张阿祥等骑自行车再次考察黄花山下王爷园寝。

当来到直郡王园寝时，见有几十位村民正在大拆直郡王地宫，去年看到的那座大宝顶已不见了。地宫被挖成一个大坑，巨大的石券两头已拆通，石券顶尚在，就像一座拱券桥支着。我们见到这种情况后，立即返回清东陵文物保管所，张阿祥工程师向国家文物局汇报了这一严重情况。不久，清东陵文物保管所收到了蓟县文物部门发来的一份材料，上面讲的是如何处理拆毁直郡王园寝事件的情况。原来国家文物局接到张阿祥的报告后，

图3：1979年6月28日，笔者与同事考察直郡王园寝留影

图 4：1980 年 11 月 17 日，笔者（左 1）与同事再一次考察黄花山下王爷园寝

图 5：直郡王允禔园寝的地宫金券（1980 年 11 月 17 日）

立即给天津市文物部门打电话。天津又给蓟县打电话。当蓟县得知这一情况并派人赶到现场时，早已拆毁了。未想到在1979年6月28日拍的宝顶竟成了宝贵资料，因为只有从这张照片上才能看到昔日直郡王允禔园寝宝顶的样子。

### 3. 遗址（图6）

如今，允禔的园寝除了能看到部分夯土层和残存的残砖碎瓦之外，其他一切都已荡然无存。也许在不久的将来，当年声威显赫的康熙帝的皇长子直郡王的园寝会完全消失在人们的视线中。

图6：直郡王允禔园寝遗址（2006年）

## 六、被雍正帝囚禁过的皇十四子允禵园寝

恂郡王允禵的园寝位于黄花山下，在六座王爷园寝的最西端，虽然允禵死于乾隆年间，但他的园寝却建于雍正初年。在这座园寝内还埋葬着允禵的儿子弘明夫妇。这座园寝建有允禵的碑亭和他的儿子弘明的御制墓碑。建有大门、享堂、园寝门、宝顶等。

### 1. 允禵夫妇画像（图1—图2）

允禵是康熙帝的皇十四子，大排行为二十三子，是雍正帝的同母弟。他的生母是孝恭皇后，他生于康熙二十七年（1688年）正月初九日酉时。康熙四十八年（1709年）三月初十日封为固山贝子，同年十月二十一日行册封礼。康熙五十七年（1717年）十月，授他为抚远大将军，征策旺阿喇布坦，驻师西宁。康熙六十年十一月入觐。明年四月还镇。十一月，雍正帝登极，召还。雍正元年（1723年）五月晋郡王。雍正二年七月遣守景陵，欲其"痛涤前非"。雍正三年（1725年）十二月，被宗人府劾奏，降为贝子。雍正四年（1726年）五月，自景陵撤还，削爵，拘禁于寿皇殿旁。六月，廷臣议其罪十四款，诏令宣示天下。乾隆帝即位后，于雍正十三年（1735年）十一月将他释放。乾隆二年（1737年）四月十九日授以公爵空衔。乾隆十二年（1747年）六月初四日封为和硕贝勒。乾隆十三年（1748年）正月初七日晋恂郡王，乾隆二十年（1755年）正月初六日酉时卒，终年68岁，谥曰"勤"。有妻妾5人、子4人、女7人。

允禵的嫡福晋完颜氏是侍郎罗察的女儿，死于雍正二年（1724年），当时雍正帝命将其福晋葬在黄花山下。因为将来允禵是要与其福晋合葬的，这就意味着将来允禵也要葬在黄花山下。可是允禵当时并不情愿葬在那里，所以他对雍正帝的安排很不满意。后来经廉亲王允禩解劝，允禵才被迫同意了。

[清东陵篇] 第七章 清东陵的陪葬墓及府衙

图1：恂郡王允禵像

形色天性流行
古今身体髮膚
罔敢弗钦稳合
矩度律中元音
浑然道貌不愧
影余然无显非
隐无残非深人
弟见气宇清和
曰式如玉式如
金而不知默与
天道者缁腔子
恻隐之心

图2：恂郡王允禵与嫡福晋像

### 2. 弘明夫妇像（图3—图4）

允禵的第二子多罗恭勤贝勒弘明，康熙四十四年（1705年）四月初三日寅时生，生母完颜氏，是允禵的嫡福晋。弘明于乾隆三十二年（1767年）正月初六日申时薨逝，享年63岁，谥恭勤。嫡夫人完颜氏是布政使罗延泰之女；继夫人马佳氏是马惟耀之女；侧夫人王氏是王四之女。弘明有5子，其中长子辅国将军永忠，次子固山贝子永硕，三子奉国将军永恬。

### 3. 残碑亭（图5—图9）

黄花山下的六座王爷园寝，只有允禵的园寝碑亭留下了旧影，使

[清东陵篇] 第七章 清东陵的陪葬墓及府衙 445

③ ④

图3：弘明妻完颜氏像
图4：允祕的儿子弘明像

我们今天还能看到其昔日的风采。从这几幅允祕园寝碑亭的老照片上，虽然不能鉴定出是否是单檐和重檐，可是却能知道这座碑亭的券门设有券脸石，而且券脸石上雕刻着精美的云龙戏珠图案。顺治帝孝陵和康熙帝景陵的神道碑亭，其券门连券脸石都没有。在清朝帝、后陵中，是没有在碑亭券脸石上雕刻云龙戏珠图案的。如今这座墓碑的碑亭已不复存在，雕有云龙的券脸石构件在十几年前还散落在墓碑的旁边，有的被砌到了民宅建筑中，如今这些石构件都已不见了踪影。

图 5：恂郡王园寝的碑和券门旧影
图 6：恂郡王园寝碑亭侧立面旧影
（1966 年）

[清东陵篇] 第七章 清东陵的陪葬墓及府衙

图7：残存的恂郡王园寝碑亭券门（旧影）
图8：恂郡王园寝碑旁的券脸石构件（2006年）
图9：民建中的恂郡王园寝碑亭的券脸石（2008年）

## 4. 考察墓碑（图10—图11）

允䄉死后，乾隆帝为自己的这位叔父撰写碑文，共159个字。允䄉的碑位于园寝的中轴线上。碑文落款是"乾隆二十年七月初八日"。屃头为四交龙。碑额镌刻"敕建"二字。无论碑文还是碑额，都用满汉两种文字镌刻。汉字在左，满文在右（指碑的左右）。碑身的侧面各雕刻一条升龙。碑的前后两面周边雕刻五爪云龙戏珠。水盘四角雕刻鱼、龟、虾、蟹。其他部位雕刻海水江崖和海螺、海马等。

1980年11月，笔者与同事到允䄉园寝考察，抄录了全部碑文，测量了尺寸。这次考察发现，当地的村民在龟趺之前建起了一个猪圈，龟头伸进了猪圈棚子。让驮碑的神兽与猪为伍，实在是一个意想不到的惊人之举。

图10：笔者在考察恂郡王园寝墓碑
（1980年11月17日）
图11：笔者与同事考察恂郡王墓碑

### 5. 允祕和弘明碑（图12）

弘明的墓碑位于其父碑的左（东）侧，体量小于其父的碑。除碑身侧面没有雕龙外，其余均与其父的碑相同。碑文为乾隆帝御制，落款为"乾隆三十二年二月二十四日"。弘明碑没有水盘。

据居住在允祕园寝旁边的刘福信老人讲，允祕的碑亭是单檐的。而弘明的墓碑没有碑亭，但在墓碑的台基周围安设了石栏杆，在台基的南面设踏跺一座。我们在刘福信老人家院子里果真找到了石栏板、石望柱。柱头是二十四气式（也有称桃式的）的。墓碑周围安设石栏杆的做法在清东陵属首次发现。

### 6. 宝顶遗址（图13）

如今允祕园寝地面建筑仅存两统石碑。在大门和享堂的位置上建起了民房。在允祕的宝顶遗址上堆起了一个小土丘，这是应允祕后人的请求，由园寝附近的村民堆起来的。允祕后人曾几次来祭祀他们的祖先。坟周围的几株古松给这座园寝遗址增加了几分庄严肃穆的气氛。

图12：恂郡王允祕墓碑（远处的碑）和多罗贝勒弘明墓碑
图13：恂郡王园寝宝顶遗址（2009年）

图1：俯视端悯固伦公主园寝

## 七、清东陵唯一的公主园寝——端悯固伦公主园寝

清东陵唯一的公主园寝位于清东陵陵园东旁的许家峪村之西，内葬道光帝的两个女儿和两个皇子。因这座园寝是为道光帝的皇长女端悯固伦公主建的，其他三人一个是她的妹妹，另两个是她的弟弟，所以这座园寝正式名称叫端悯固伦公主园寝。该园寝始建于道光三年（1823年），承修官员为东陵郎中庆玉。

### 1. 俯视公主园寝（图1）

端悯固伦公主园寝坐北朝南，背靠青山，地势平坦，林木葱郁，环境优美。原建有东西厢房各三间、东西值班房各二间，皆为布瓦。大门一座，享堂一座，面阔三间带前廊。享堂两侧的面阔红墙上各有一个随墙门，是园寝门。后院靠前有四座宝顶，东西一字排列。从大门两侧伸出的红墙将享堂和宝顶围起来。院墙平面为前方后圆。

## 2. 厢房（图2）

从这张老照片得知，这座公主园寝的东西厢房为面阔三间，这与清宫档案《录副奏折》的记载是吻合的。照片上厢房后檐墙上的标语"大跃进万岁"表明，这座西厢房起码在1958年时还存在。笔者儿时曾亲眼见到过此厢房，如今已不复存在了。

## 3. 大门（图3—图4）

这座公主园寝的大门为面阔三间，进深两间，单檐硬山顶，用绿琉璃瓦盖顶。到了20世纪80年代，北坡已完全坍塌无存，剩下的南坡也残破严重。在20世纪90年代末才得以修复。

图2：端悯固伦公主园寝西厢房旧影
图3：修复前的端悯固伦公主园寝大门旧影
图4：修复后的端悯固伦公主园寝大门（2011年）

图 5：端悯固伦公主园寝享堂残破严重
图 6：端悯固伦公主园寝享堂后坡行将坍塌
图 7：如今的端悯固伦公主园寝享堂（2005 年 11 月）

## 4. 享堂（图 5—图 7）

享堂单檐硬山顶，面阔三间，进深两间带前廊，绿琉璃瓦顶，内设神龛。享堂前有月台。这座享堂原来有后门，后来砌上了。20 世纪 80 年代，由于年久失修，享堂残破严重，尤其是北坡瓦件无存，木构件完全裸露在外，琉璃瓦件残缺严重。在 20 世纪 90 年代末，重新打制了门窗隔扇，恢复了原貌。

### 5. 宝顶（图8—图9）

这座园寝内共葬了道光帝的两个女儿和两个皇子。

（1）端悯固伦公主

皇长女，嘉庆十八年（1813年）七月初三日酉时生，生母为潜邸继福晋即后来的孝慎皇后。嘉庆二十四年（1819年）十月二十日酉时殇，虚岁7岁，初追封她为郡主。嘉庆二十五年（1820年）九月二十五日，道光帝追赠她为端悯固伦公主。道光七年（1827年）九月二十四日辰时葬入公主园寝。其宝顶位于中轴线上，西数第二位，为园寝的最尊贵之位。其宝顶在这座园寝的四座宝顶中也是最大的。

（2）二公主

道光帝的皇二女，道光五年（1825年）正月十三日子时生，其生母为祥妃，当年七月十四日卯时殇，只活了六个月，没有封号。道光七年（1827年）九月二十四日辰时入葬，其宝顶在西数第一位。

（3）皇二子

道光帝的第二子，名奕纲，道光六年（1826年）十月二十三日亥时生，其生母为静嫔即后来的孝静皇后。道光七年（1827年）二月初八日未时殇，只活了三个半月。道光七年（1827年）九月二十四日辰时入葬，其宝顶在东数第二位。咸丰帝即位后，于道光三十年（1850年）正月二十日追赠为顺和郡王。

（4）皇三子

道光帝的第三子，名奕继，道光九年（1829年）十一月初七日午时生，其生母为静妃即后来的孝静皇后。道光九年十二月二十八日戌时殇，只活了51天。道光十一年（1831年）十一月十二日辰时入葬，其宝顶位于东数第一位。咸丰帝即位后，于道光三十年（1850年）正月二十日追赠为慧质郡王。

这四座宝顶东西一字排开，只有端悯固伦公主为拱券式地宫，地宫是砖券还是石券，尚有待考证，只知其门管扇是铜铸的。其宝顶前有一条高台甬路，直通到享堂后檐墙下。这种做法极为少见。这四座宝顶均建在长方形的月台上，宝顶皆用砖砌，不是夯筑。

至20世纪80年代末，四座宝顶残破严重，不仅外层的灰皮全部脱落，多有闪裂，而且皇二子和皇三子的宝顶已坍一半。月台也多有损坏。到20世纪90年代末才修复一新。

图8：修复前的端悯固伦公主园寝内的残破宝顶（旧影）
图9：端悯固伦公主园寝修复后的宝顶（20世纪末）

## 八、乾隆朝的大学士傅恒园寝和福康安园寝

傅恒园寝坐落在今天津市蓟州区马伸桥镇穆马庄，在隆福寺南约2.5公里，清东陵的西南。傅恒园寝的东旁是傅恒的第三个儿子福康安的园寝。因为这父子二人都是清朝大名鼎鼎的人物，所以这两座园寝规模宏大，规制很高。

1959年，蓟县修建于桥水库（现在改名叫翠屏湖）时，因穆马庄正处于库区之内，为保证村民安全，将全村迁移到马伸桥镇东北方向的傅恒园寝所在之地，也就是说穆马庄完全建在了傅恒园寝之上。据当地老人讲，迁村时园寝的大部分建筑还都在，是将园寝拆除后才将穆马庄建在那里的。

傅恒的园寝从南到北依次是这样的：三孔平桥一座、石牌楼一座、石像生一组、重檐碑亭一座、马槽沟一道，上建三孔桥一座。东西厢房、东西值房、大门、享堂、园寝门、宝顶，环以虎皮石的围墙。如今三孔平桥及马槽沟还在。

### 1. 傅恒像（图1）

傅恒，是清朝的一位大名鼎鼎的人物，是著名的大臣。乾隆帝的原配皇后孝贤皇后是他的亲姐姐，乾隆帝是他的亲姐夫。但他并没有依恃这种特殊关系而飞扬跋扈，欺压群臣，擅柄朝政。与其他外戚不同，傅恒没有在京城坐享富贵，而是选择了尽忠尽职，报效沙场，建功立业，为皇帝分忧，为国出力的道路。这也就无怪乎乾隆帝对他格处倚重和信任。纵观清王朝二百多年无数满大臣，功绩鲜有出其右者。傅恒的名字无疑在清史中写下了重重的一笔。

傅恒，字春和，富察氏，满洲镶黄旗，既是满族八大姓之一，又是上三旗的首旗。他的曾祖哈什屯是顺治朝的内大臣，祖父米思翰为康熙朝户部尚书，曾力主平三藩，受到康熙帝的赏识。他的父亲李荣保官至察哈尔总管。傅恒是李荣保的第十个儿子。傅恒从乾隆五年（1740年）被授为蓝翎侍卫之后便平步青云，累进总管内务府大臣、户部右侍郎、

军机处行走、内大臣、户部尚书、会典馆总裁、领侍卫内大臣、保和殿大学士、首席军机大臣、一等忠勇公。清朝不设丞相，大学士兼首席军机大臣被认为是当时真正的丞相。傅恒任首席军机大臣达23年之久，相当于乾隆帝在位时间的三分之一。这在乾隆朝是没有第二个人的。他领兵平过大金川。乾隆三十四年（1769年）征缅甸时染上了病，于第二年三月班师回到京师，当年七月病逝。乾隆帝亲临其府奠酒，谥"文忠"。嘉庆元年（1796年）赠郡王衔，配享太庙。

图1：傅恒像

## 2. 福康安像（图 2）

福康安，字瑶林，号敬斋，清朝著名将领，满洲镶黄旗人，富察氏，保和殿大学士傅恒的第三子。乾隆三十二年（1767年）由闲散云骑尉授三等侍卫，乾隆三十四年（1769年）擢二等侍卫，乾隆三十五年（1770年）升头等侍卫。乾隆三十六年（1771年）授户部右侍郎，镶蓝旗蒙古副都统。乾隆三十七年（1772年）调任镶黄旗满洲副都统。从征金川，授领队大臣。乾隆四十年（1775年）四月授内大臣。五月赏嘉勇巴图鲁号。乾隆四十一年（1776年）正月金川平，封为三等嘉勇男，图像紫光阁。转户部左侍郎。四月擢镶白旗蒙古都统。七月赏戴双眼花翎。九月调正白旗满洲都统。十月赐紫禁城骑马。乾隆四十二

图2：福康安像

年（1777年）授吉林将军。乾隆四十三年（1778年）调任盛京将军。乾隆四十五年（1780年）授云贵总督。乾隆四十六年（1781年）八月调任四川总督兼署成都将军。乾隆四十七年（1782年）八月擢御前大臣加太子太保。乾隆四十八年（1783年）四月来京署工部尚书。五月授总管銮仪卫大臣、阅兵大臣、总管健锐营事务。乾隆四十九年（1784年）闰三月擢兵部尚书、总管内务府大臣。同年四月甘肃田五等回民起义，命福康安为钦差大臣前往征剿。五月授参赞大臣同将军阿桂会剿，是月授陕甘总督。七月起义被平定，晋封嘉勇侯。乾隆五十年（1785年）七月转户部尚书。五十一年（1786年）转吏部尚书、协办大学士。乾隆五十二年（1787年）台湾林爽文起事，七月命福康安剿灭。台湾平，福康安以功封一等嘉勇公，赏红宝石帽顶、四团龙补服。乾隆五十三年（1788年）十一月调任闽浙总督。乾隆五十四年（1789年）正月调两广总督。乾隆五十五年（1790年）十一月廓尔喀入侵西藏，命福康安为将军前往征讨，功成，图像紫光阁，赏一等轻车都尉。乾隆五十八年（1793年）正月奏内藏善后十八事，同年六月加封嘉勇忠锐公，授武英殿大学士。八月调四川总督。乾隆五十九年（1794年）七月调云贵总督。乾隆六十年（1795年）二月贵州苗民起义，命福康安剿之。五月调任闽浙总督。八月晋封贝子衔。嘉庆元年（1796年）五月十八日染病死于军中，追赠郡王衔，谥"文襄"，配享太庙，入祀昭忠祠、贤良祠。

### 3. 牌坊（图3）

傅恒园寝的石牌坊为四柱三间火焰式牌坊。每根石柱的顶部是一只石狮，东二柱上的狮朝西，西二柱上的狮朝东。每间的上层石额枋上都有一个火焰宝珠。每根石柱的前后各有一个戗鼓石，最外侧的两根石柱的外侧又增加一块戗鼓石。牌坊的台基前后为石礓䃰。牌坊前是一对巨大的石狮。黄花山下的六座王爷园寝没有一座建石牌坊的，可见傅恒园寝规制之高。

[清东陵篇] 第七章 清东陵的陪葬墓及府衙

图3: 大学士傅恒园寝石牌坊旧影
图4: 大学士傅恒园寝的华表和石像生旧影

### 4. 石像生（图4）

《大清会典》规定，民公侯伯和一二品官墓前的石像生设石人一对、石马一对、石虎一对、石羊一对、望柱一对，共五对。据穆马庄的穆万林老人讲，傅恒园寝的石像生规模很大，数量很多，有石人三对、石马三对、石骆驼一对、石象一对、石狮一对，达九对之多，远远超过了国家的规定。

从这张老照片上可知，石像生的南端有华表一对，北端是重檐歇山顶的碑亭一座。我们知道，一般和硕亲王的碑亭都是单檐的，重檐的很少。堂堂的光绪帝之父醇亲王奕譞的园寝碑亭也是单檐歇山顶的，可见傅恒园寝规制之高。

### 5. 石构件（图5—图7）

2004年，笔者去考察时，发现在穆马庄的大街小巷散落着许多园寝上的石构件。这些石构件的雕刻之精美，用料之名贵，完全可与皇陵媲美，从中也可以透视到园寝规制。前文在介绍裕宪亲王园寝和纯靖亲王园寝时，曾谈到过因纯亲王宝顶的老照片破解了裕亲王宝顶的规制。正因为有了这个经验，所以2004年笔者在考察傅恒园寝时，看到了这个石构件，马上就知道了傅恒园寝宝顶的规制与裕亲王、纯亲王的宝顶是一样的。大学士、一等公傅恒的地位与和硕亲王还相差很大距离，但傅恒的宝顶竟与亲王宝顶的规格相同，可见他的园寝规制极高，从而也看出了他在乾隆帝心目中的地位。

笔者在穆马庄的街头巷尾以及建筑物上看到几件雕刻藏文的石构件，结合之前穆马庄穆万林老人的介绍，得知这些是地宫里的构件。

迄今为止，确切知道皇陵地宫里有佛像、经文雕刻的只有孝圣皇后的泰东陵地宫、乾隆帝的裕陵地宫、嘉庆帝的昌陵地宫。在所有妃园寝和亲王、郡王地宫中只发现和硕和嘉公主园寝地宫也刻有藏文经文。穆万林老人是瓦匠出身，他参与了穆马庄的搬迁和拆除傅恒父子园寝的工作，曾进入过傅恒地宫。据他回忆，在傅恒地宫中不仅刻有藏文，而且

[清东陵篇]　第七章　清东陵的陪葬墓及府衙

还雕有佛像。笔者在 2004 年去考察时，只发现了许多从地宫里拆出来的雕有藏文的石构件，却未发现带佛像的石构件。这些藏文的雕刻水平与乾隆帝裕陵地宫的相差无几。再一次表明了傅恒园寝的高规制。

约在 2006 年，蓟县（今天津市蓟州区）文物保管所在傅恒地宫遗址处做了个保护标志，以让后人知晓。

图 5：傅恒园寝宝顶石构件
图 6：傅恒园寝地宫内带藏文雕刻的石构件
图 7：傅恒墓遗址（2012 年）

### 6. 福康安地宫穴坑（图8—图9）

福康安园寝在傅恒园寝的东旁，据当地老人讲，其园寝规制与其父的一样。笔者去考察时，福康安的地宫已变成了一个大垃圾坑，从坑边上还能看到厚厚的夯土。九泉之下的福康安无论如何也不会想到自己的墓穴会落得这个结局。

后来当地文保部门为防止文物被盗卖流失，将散落在穆马庄大街小巷的所有园寝的石构件全部收集保护了起来。将福康安穴坑用土填平，形成一个方池子，周围安设了水泥栏杆，立了一块刻有"福康安墓遗址"的标志牌。

图8：福康安墓穴遗址（2004年）
图9：埋藏石构件的方池

## 九、神秘的苏麻喇姑园寝

苏麻喇姑园寝位于南新城东城墙外，坐北朝南，建有厢房、值班房、大门、享堂、宝顶二座，环以红墙，其规模与妃园寝相近。大门、享堂为绿琉璃瓦顶。这座园寝始建于雍正三年（1725年）年初。

### 1. 苏麻喇姑像（图1）

电视剧《康熙王朝》里的苏麻喇姑年轻美丽，聪明伶俐，是孝庄皇后的贴身侍女，她深受康熙帝的喜爱，康熙帝曾一度想纳她为妃，但没有成功。历史上真的有苏麻喇姑这个人吗？答案是肯定的。

苏麻喇姑，原名叫苏墨儿，进入清宫后改称苏麻喇姑或苏妈拉玛妈妈。

苏麻喇姑生于蒙古科尔沁大草原。天命十年（1625年）二月，她作为年仅13岁的科尔沁贝勒寨桑二小姐本布泰即后来的孝庄皇后的陪嫁侍女，来到后金的都城沈阳。后来随本布泰入关，住进了北京的紫禁城。

苏麻喇姑不仅是孝庄皇后的贴身侍女，也是孝庄皇后的心腹和知音。她虽然是蒙古族，却能讲一口流利的满语，还能写一手漂亮的满文。孝庄皇后曾让她教授康熙帝学习满语、满文，她是康熙帝第一任满文老师。由于苏麻喇姑心灵手巧，她所做的衣服既合身又好看，人人称赞，朝廷曾让她参与过满族衣冠饰样的制定工作。所以，她虽然是奴仆身份，但在宫中的地位却很高，康熙帝的皇子们称她为祖母。苏麻喇姑深受宫中上下的敬重，但她很有自知之明，对与自己年龄相仿的老主人孝庄皇后始终敬重有加、毕恭毕敬、小心周到地侍奉；对比自己小约40岁的康熙帝则奉若神明。苏麻喇姑在晚年还担负起了抚养康熙帝皇十二子允祹的重担，充分表明康熙帝对她的信任。允祹在苏麻喇姑的精心抚养下，健康成长，后来成了颇有才干和头脑的皇子。允祹在乾隆年间被封为履亲王，授为议政大臣，乾隆二十二年（1757年）去世，终年79岁。

他是康熙帝众皇子中寿数最高的,这与苏麻喇姑良好的培养教育有直接的关系。

据说苏麻喇姑终身未嫁,始终过着独身生活,陪伴在老主人的身旁。孝庄皇后死后,她又在皇宫度过了 18 个春秋。苏麻喇姑笃信佛教,吃斋念佛是她晚年生活的主要内容。

图1:苏麻喇姑画像

康熙四十四年（1705年）八月，苏麻喇姑得了病，"腹痛痢血，食不下咽"。正在塞外巡视的康熙帝闻知苏麻喇姑有病的消息后，非常着急，想了许多方法为她治病。康熙四十四年九月初七日（公元1705年10月24日），苏麻喇姑走完了她不平凡的人生之路，与世长辞，享年90多岁。

## 2. 苏麻喇姑园寝与南新城的位置图（图2）

康熙帝对于苏麻喇姑的病逝非常悲痛，命以嫔礼治丧，将她的灵柩停放在暂安奉殿内，让她在九泉之下依然陪伴在老主人孝庄皇后的身旁。

雍正三年（1725年）二月，雍正帝决定将暂安奉殿改建为昭西陵。这样苏麻喇姑的灵柩不便仍在暂安奉殿停放。苏麻喇姑既不是皇帝的妃

图2：由清朝看护东陵的官员编写的《昌瑞山万年统志》上所绘制的南新城与东侧的苏麻喇姑园寝示意图

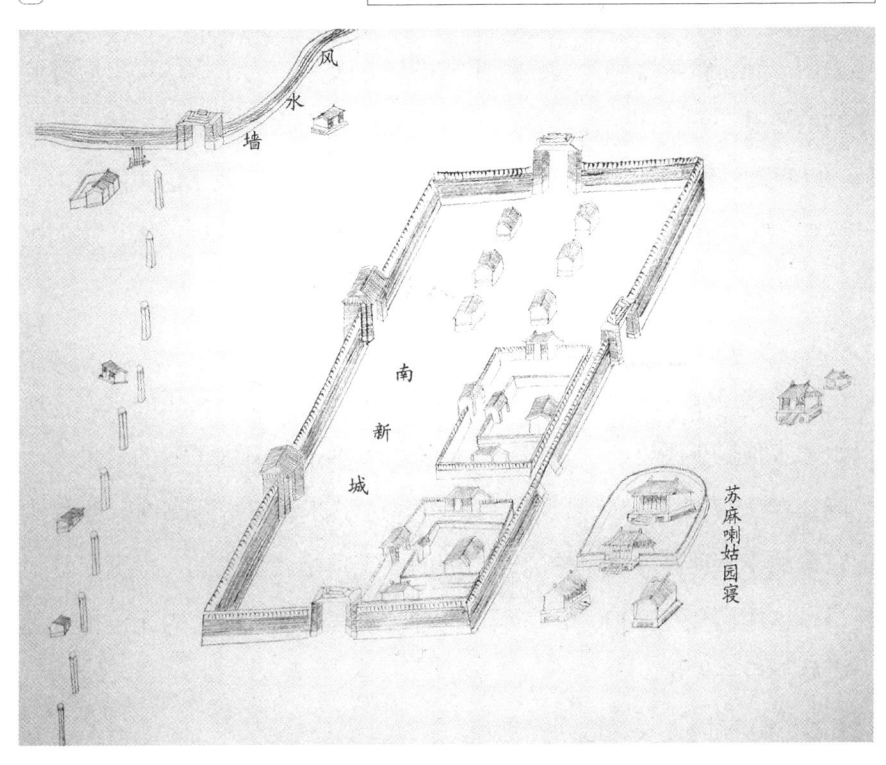

图3：图中左侧小的是苏麻喇姑宝顶，右侧大的是老贵人宝顶

嫔，也不是皇室成员，所以她既不能葬在昭西陵之内，也不能葬在陵园之内。苏麻喇姑死时，雍正帝已经28岁了。他深深了解并目睹过苏麻喇姑与孝庄皇后、康熙帝的非同寻常的关系，所以对苏麻喇姑也是非常尊重的。雍正帝考虑到她与孝庄皇后的密切关系，为了仰体皇父对苏麻喇姑的敬意，就在距昭西陵最近的南新城的东面为苏麻喇姑营建了一座园寝。雍正三年（1725年）八月初七日，将苏麻喇姑葬入了这座园寝内。苏麻喇姑园寝虽然在清东陵的陵园之外，但距昭西陵只有三里，她们主仆二人在另一个世界仍相依在一起，也应该含笑于九泉。

### 3. 二宝顶（图3）

因为这座园寝是为苏麻喇姑建的，她是这座园寝的真正的主人，所以她的宝顶位于园寝的中轴线上。后来，乾隆帝又将雍正帝的老贵人于乾隆二年（1737年）二月二十六日也葬进了苏麻喇姑园寝内。照片中的左旁的小宝顶是苏麻喇姑的，右旁的大宝顶是老贵人的。根据当地村民讲，这座园寝在1900年被拆毁，随后地宫被盗，地宫内无棺椁，苏麻喇姑死后系火化。

如今这座园寝仅剩这两座宝顶。

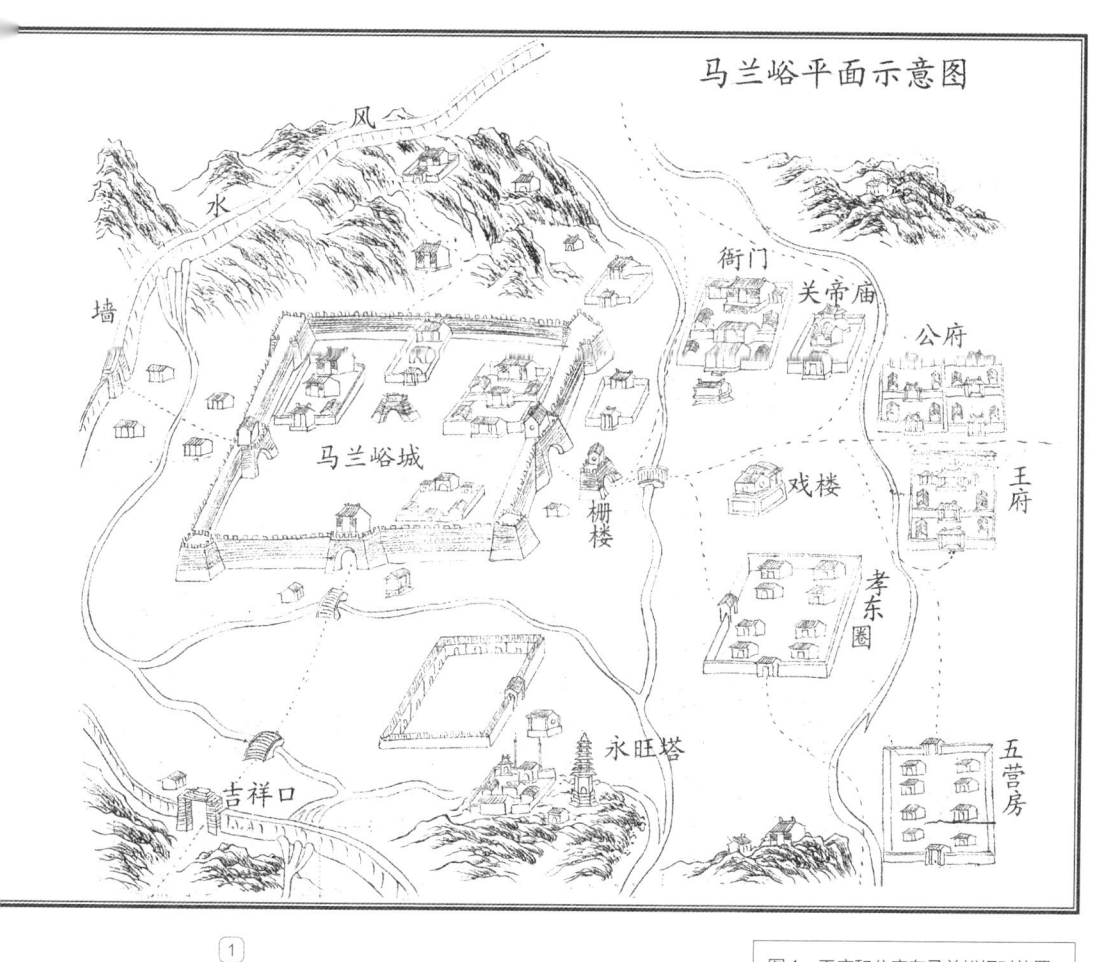

图1：王府和公府在马兰峪相对位置

## 十、清皇陵守护大臣的王府和公府

自清朝在马兰峪西的昌瑞山下营建皇陵后，皇陵的许多机构都设在了马兰峪，使马兰峪更加繁荣昌盛，闻名遐迩。康熙、雍正、乾隆三帝都曾驻跸过马兰峪。东陵守护大臣的设立最早起源于雍正元年（1723年）四月派康熙帝的皇十四子允禵"瞻仰景陵，痛涤前非"。

东陵守护大臣的府第设在马兰峪，规模宏大，气派豪华。现在东府的主要建筑还在，西府已无存。

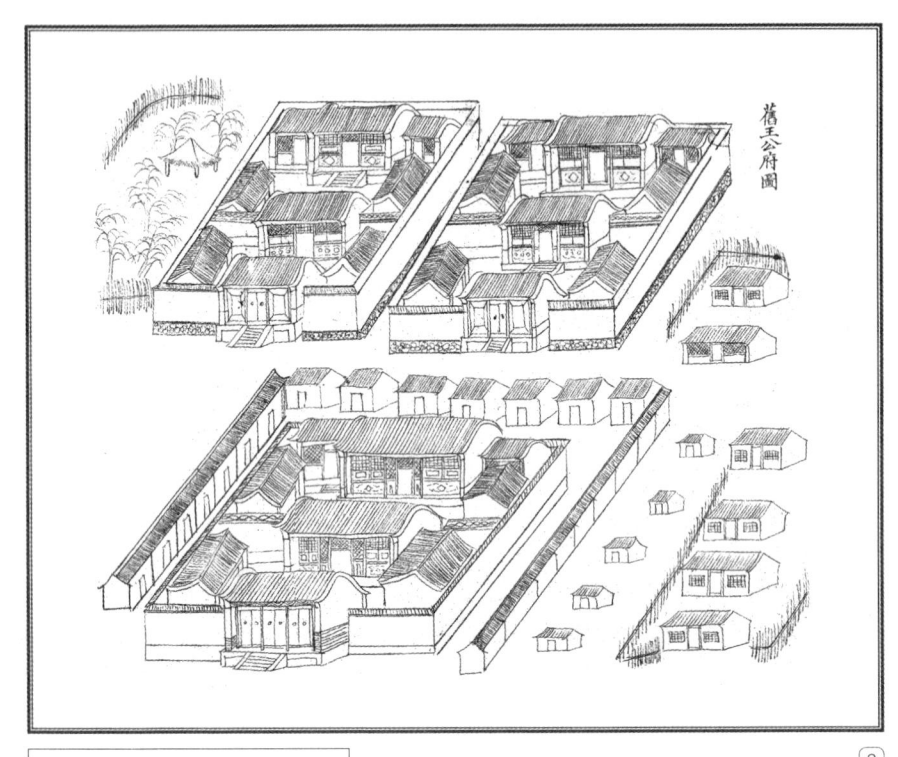

图2：载在《昌瑞山万年统志》一书上的原王府和公府示意图

## 1. 原王府、公府（图1—图2）

康熙帝于雍正元年（1723年）九月初一日葬入景陵地宫。雍正二年（1724年）七月初十日，雍正帝再一次谕总理事务王大臣："皇考陵寝关系重大，若照定例，祇派总管等守护，朕衷实切不安。朕意于朕兄弟内酌令一人，封以王爵，子侄内二人封以公爵，用代朕躬居守山陵。从前已经降旨，该部现在营造房屋，随酌令郡王允裪代朕前往居住。"

此后，由国家拨款，在马兰峪的马兰河以东建了两座公府、一座王府。王府在前，两座公府在后并排。工程由马兰镇总兵官范时绎和总管郎泰监造。从《昌瑞山万年统志》一书上的马兰峪平面示意图可以看出这三座府第的位置。清人所绘的这一座王府和两座公府看起来很简陋，实际上豪华多了。据记载，王府有房屋130间，每座公府有房40间。

后来康熙帝的皇十五子愉郡王允禑、皇二十三子郡王衔诚贝勒允祁都曾被派到这里守护过皇陵，居住在这座王府内。

**2. 东府平面示意图及现存东府大堂（图3—图4）**

凡被派去看守皇陵的王公大臣，或是年老多病，或犯过错误失宠，或是政治上失意，所以他们的心情一般都是郁闷不乐的。他们名为长期驻守，实际上都无久住的打算，并不长期住在那里，而是间或回京逗留多日，加之"遇缺不补"，所以年长日久，王府、公府失于修葺，多半倾圮，难以居住。后来在马兰峪横街南头兴建了一座府第，称东府。在马兰峪西街路北兴建了一座府第，称西府。这两座府第，气派豪华，府内轩堂大厦，鳞次栉比，并建有花园，原来的王府、公府则日渐荒凉败落而不复存在。

自允禑、允祁以后则很少有宗室王爵来东陵，一般都是贝勒、贝子、公，最高为贝勒。据统计，从1833年（道光十三年）到1912年（民国

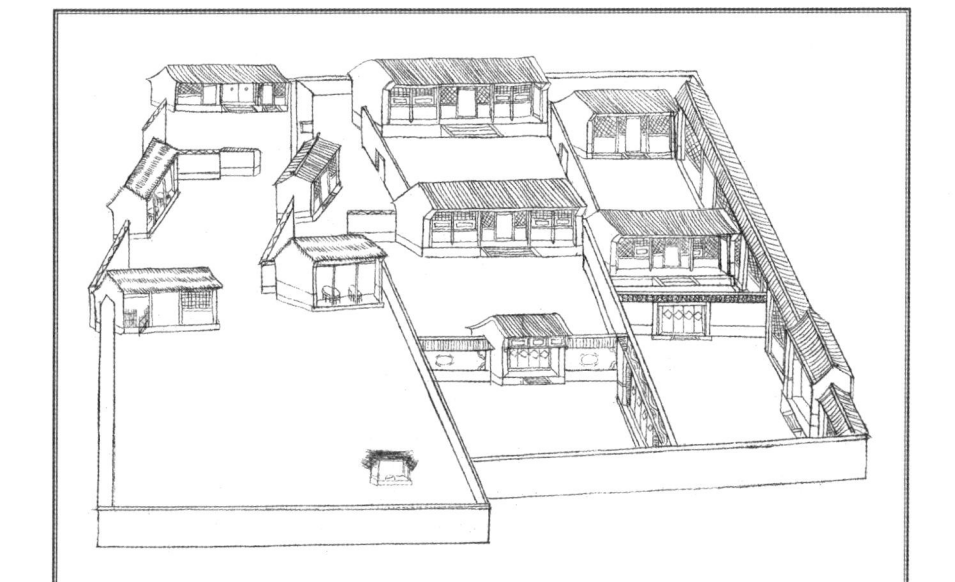

图3：载在《昌瑞山万年统志》一书上的东府示意图

元年）这79年之中，居住在东府的东陵守护大臣共38任，除七任是贝子外，其余31任均为公；居住西府的37任，其中四任是贝勒、五任是贝子、28任是镇国公或辅国公。王府、公府初建时，专为看护景陵，后来逐渐变成了东陵的最高权力机关。东、西府建成后，其办事机构称"东陵承办事务衙门"，由东、西府守护大臣及马兰镇总兵官主持，下设主事、笔帖式等办事司员，专门办理东陵与朝廷之间的往来文牍。

东府在马兰峪南横街路西，大门朝东开。中华人民共和国成立前后成了马兰峪的小学校，到了20世纪70年代改为马兰峪民族医院。20世纪90年代医院迁走后，那里留下了原医院的部分科室和医院的家属院。2010年后，东府开始闲置起来。如今东府现存原建筑五座，即大堂一座，面阔五间。后堂一座，面阔五间。南院正房五间、东西耳房各一间、东西厢房各三间。这些建筑由于年久失修，残破很严重。

图4：载在《昌瑞山万年统志》一书上的西府示意图

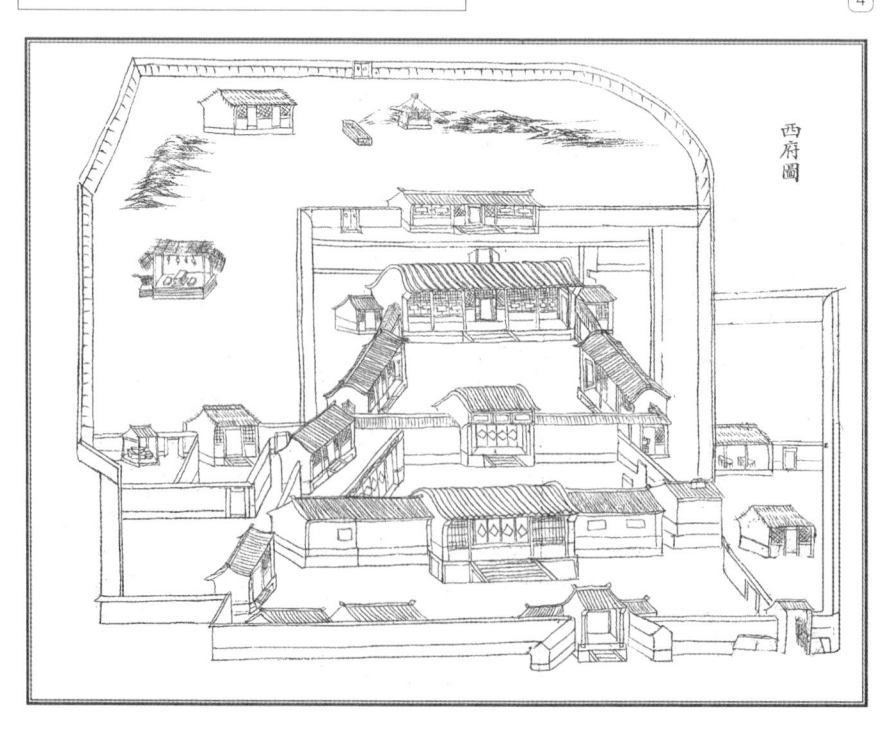

### 3. 西府老照片（图 5—图 6）

西府在马兰峪老城外西关路北，大门朝南开。西府的规模比东府略大，其后为北山的山坡脚，利用山势，建有花园，楼台亭阁，十分讲究。从这张老照片上（图 6）能看到西府的总体建筑布局和后花园，到 20 世纪 50 年代初还存在。西府在 20 世纪 30 年代左右曾是伪兴隆办事处的办公机构。20 世纪 50 年代初曾当过小学校。到了 20 世纪 60 年代，西府已无存。

图 5：现存的东府大堂
图 6：20 世纪 40 年代时的西府

## 十一、负责保卫东陵的马兰镇绿营的总兵署

清东陵陵园总面积约有 2500 平方公里，如果全靠八旗兵保护，显然兵力是不够的。于是朝廷决定，八旗兵直接进驻各陵，负责每座陵寝的安全，而没有陵寝建筑的辽阔后龙和五百多里的陵园边界的安全保卫则由当时国家的另一种军队——绿营来负责。绿营是由汉人组成的，其中下级军官也是汉人。

东陵建立初期即康熙年间，只有孝陵、孝东陵，后来增加了仁孝皇后陵寝（康熙帝入葬前，因先葬入了仁孝皇后即后来的孝诚皇后，所以称仁孝皇后陵），由于当时陵寝比较少，陵园面积也比较小，所以在几十年中，整个陵园的地面和边界的安全只设绿营军队的一个协（协是绿营军队的一个建制。绿营分镇、协、营、汛，镇的长官为总兵。镇下分若干协，协的长官为副将、参将。协下设营，营的长官为游击、都司和守备。营下设汛，汛的长官为千总、把总和外委千总、把总）负责。驻守在马兰关的协的最高长官是副将，指挥机关设在马兰关。马兰关紧靠万里长城。那段长城有一个口子，称正关城口，所以有时也称马兰口，是一个重要隘口，具有极重要的军事战略意义。正关城口南侧东西两旁在明朝时就建有东城和西城，百姓居于两城之内。自康熙二年昌瑞山下划为皇家陵园之后，将百姓迁出，东、西城内开始驻扎绿营兵。

康熙帝、孝恭仁皇后和敬敏皇贵妃于雍正元年（1723 年）九月初一日葬入景陵地宫。为了加强皇陵的保卫力量，雍正帝于雍正元年二月十八日将马兰关的绿营协升为镇，将马兰关的第 17 任副将范时绎升为马兰镇的第一任总兵官。因为这镇军队驻扎在马兰关，以地名命镇名，所以称马兰镇，这就是马兰镇的由来。这里的"镇"与现在的乡镇的"镇"是两回事。这里的"镇"是绿营军队的一个建制单位，相当于现在的军分区。雍正朝的马兰镇总兵和康熙年的副将大都是汉人，从乾隆年开始，马兰镇总兵大都由满人充任。

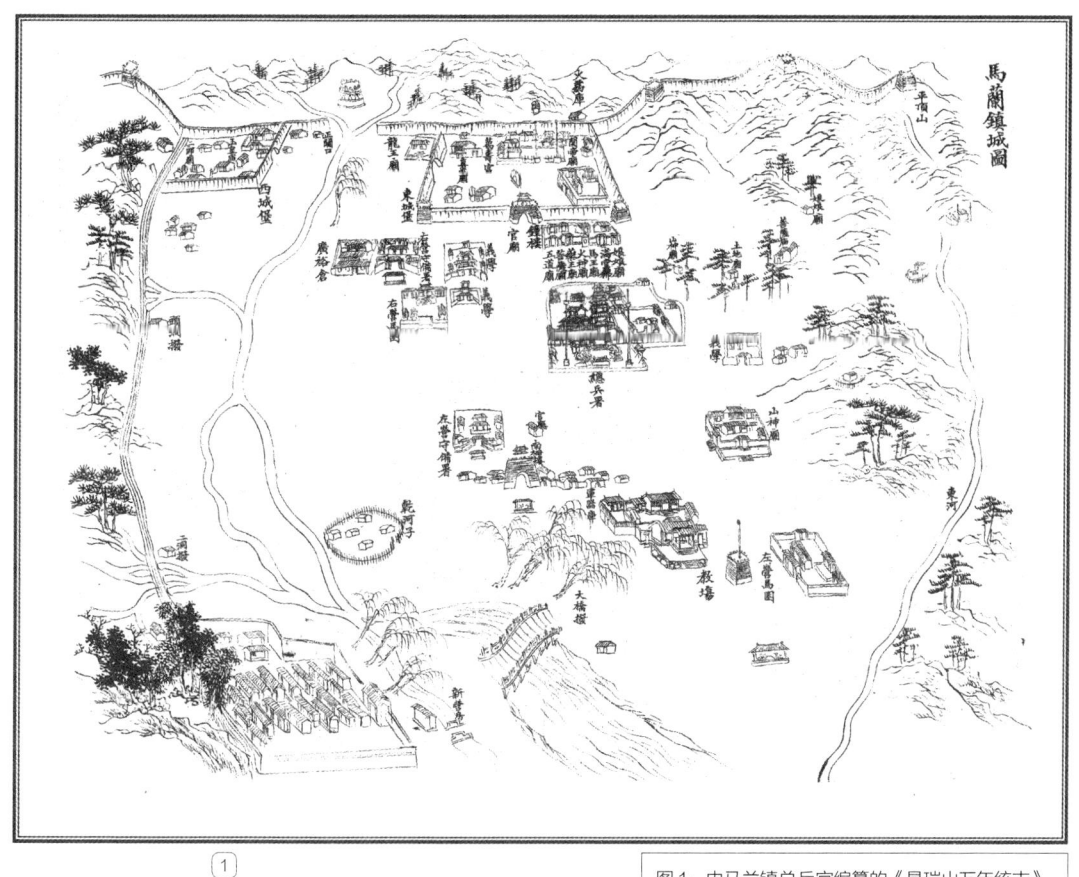

图1：由马兰镇总兵官编纂的《昌瑞山万年统志》上的马兰镇城示意图

## 1. 马兰关平面示意图（图1）

马兰关的东城和西城的北墙是万里长城。西城的西墙是东陵的风水墙。马兰镇绿营的最高军事指挥机关——总兵署设在马兰关东城以南，同时相关的一系列军事机构如教场、演武厅、左右营守备署、军器库、火药库、粮仓、马圈等也都设在了马兰关。另外，马兰关还设置了义学、万寿宫、官厅、钟楼、栅楼等配套机构。马兰关的各种庙宇也应运而生，遍布大街小巷，香火很盛。从此马兰关名声大振，闻名遐迩。

## 2. "马兰镇"匾（图2）

这块"马兰镇"匾原来镶嵌在马兰关南栅楼（单檐）南侧的城墙上，匾面的左旁还有竖写的满文。今天这块匾能够重见天日，与笔者有直接关系。

图2："马兰镇"匾

②

马兰关只有一条贯通南北的大街，是马兰关唯一一条大街，其余都是小胡同。南栅楼位于这条大街的最南端，凡出入马兰关，必须要穿过这个栅楼，这个栅楼在砖砌的城台上建单檐歇山顶的城楼。城门洞低矮窄小，过一辆普通的载货汽车都困难，在各种汽车成了农村主要交通工具的20世纪70年代，这座栅楼已成了马兰关交通的最大障碍。在这种情况下，大约在1979年，当地人将这座栅楼拆除了。这座栅楼最少也有250年的历史了，当时也有人提议将这个栅楼当作街心公园建筑，道路由这个栅楼左右绕行，既解决了交通不便的问题，还保留了历史文物。可惜当时没有这笔搬迁的经费。这个栅楼被拆毁后，门洞上镶嵌的那块石匾也就不知了去向。

2013年2月初，清陵爱好者石海滨在遵化城某院子里发现了许多石构件，在一堆垛着的条石中，看到一块条石上刻着"马兰镇"三个字。他立刻把这一重大发现告诉了笔者，笔者非常兴奋。在2013年3月笔者在参加遵化政协六届二次全会时，把这件事告诉了政协的孙荣先主席，引起了他的高度重视，随后孙主席把这件事告诉了马兰峪镇政府。镇政府得知这个消息后，经过履行正式手续，终于将这块匾拉回了马兰峪，很好地保护了起来，将来准备陈列到博物馆里。约从2015年起，这块"马兰镇"匾不知何故到了官房村一户人家了。

3. 总兵署及二堂（图3—图4）

马兰镇绿营兵的最高指挥机关是马兰镇总兵官办事的衙门——总兵署。总兵署位于马兰关东城南门外偏左，坐北朝南，规模很大，房屋众多。分中、东、西三路。以中路为主，布局是这样的：大门五间，门前有石狮一对、旗杆两根，击鼓楼分列门前左右。大门对面有一座巨大的照壁，据当地老百姓讲，照壁上画海水江崖，海水之上画着一轮喷薄而出的红日。大门东有瓦正房五间，东为号房，西为旗牌房。大门西有瓦正房六间，东为官房，西为军牢房。大门内仪门一座，东西角门各一。进仪门，为一个院落，东厢房三间，为银库。西厢房三间，为伴当房。正面大堂五间，西耳房两间，为巡捕官厅。后屏门一，东西厢房各三间，均为郭什哈班房。迎面二堂五间，后宅门一座，东西厢房各三间，正面三堂五间。后屏门一，西厢房三间，四堂五间。此为中路。

又大门内西屏门一座，为科房院，正房五间，为办事之所。西厢房二间，后卷房五间。二堂之西为西书房五间。三堂之西为内书房六间。

图3: 由马兰镇总兵官编纂的《昌瑞山万年统志》上载的马兰镇总兵署示意图

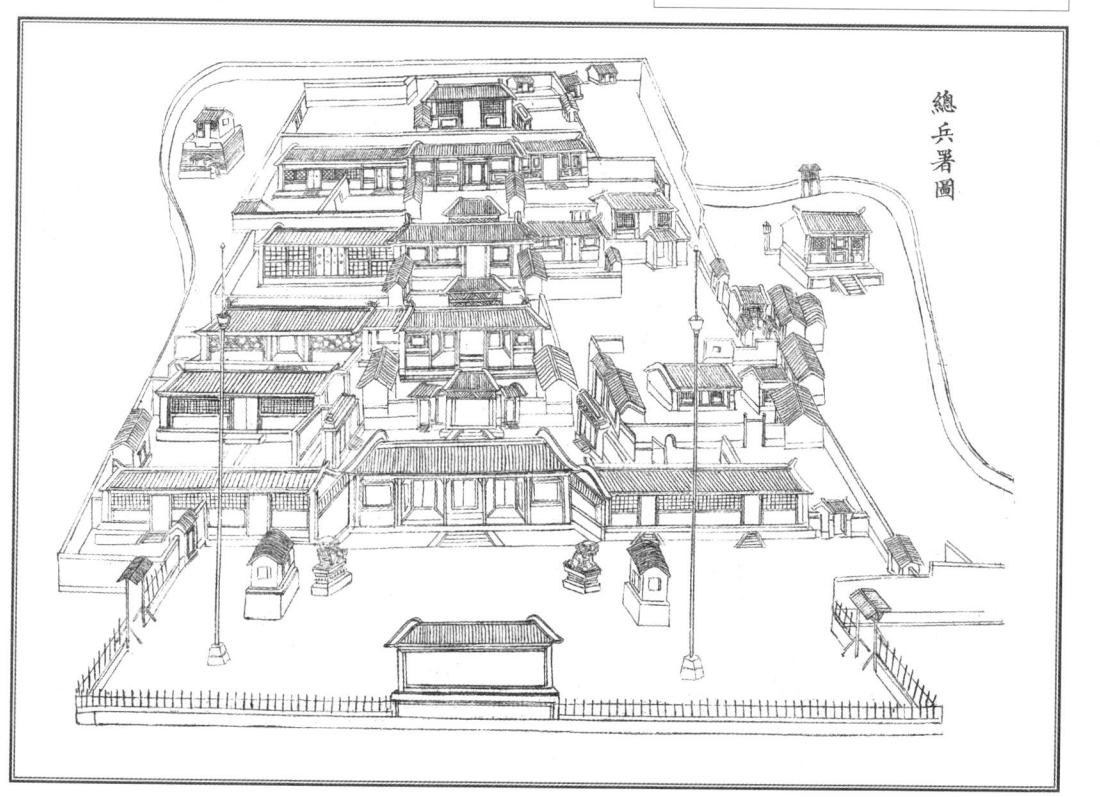

图4：马兰镇总兵署二堂旧影（2005年）

署之西北隅有生观楼一座。此为西路。

又大门内东屏门一座，二堂之东为茶房三间。三堂之东为内厨房三间。东为大厨房三间。东北隅更房两间，稍南为土地神祠一座。又南为马圈，内马棚三间，车棚三间，西厢房三间，耳房一间。东北隅为马王庙一座。南为马圈一座。马圈东为箭亭。院内正房三间，西座房三间，抱厦一间，为看箭之所。南养鸡草房三间。

以上共计瓦房一百二十余间，围墙二百余丈。

20世纪50年代末，马兰关二村大队部就设在昔日的总兵署。那时总兵署只剩下少部分房子。到21世纪初二堂还在。在2006年11月，因不慎失火，唯一幸存下来的二堂被烧毁。马兰镇总兵衙门二堂的照片是笔者在2005年9月4日拍摄的，留下了永久的历史记录，弥足珍贵。

### 4. 官房（图5—图6）

康熙元年（1662年）九月，在孝陵开工之前，清廷在马兰关设副将1员、把总2员、兵600名。随着陵园范围的不断扩大，陵寝的逐步增多，保卫任务的日益繁重，马兰镇绿营的兵力也日益增加。马兰关东、西城已容纳不下这么多官兵居住，所以后来就在马兰关教场西南，通往马兰峪的大道西侧，在东陵风水墙外新建了一座绿营兵营。因为这座营房是国家拨款建的，所以当地人称为官房，此名称沿用至今。

这座新的绿营营房坐西朝东，以西为正，所有房子都是面朝东的西厢房。周围环绕用城砖砌的大墙，围墙平面基本上是长方形，只是东北角有一个向里凹进的直角弯。经笔者实地测量，官房东西宽（南墙）207.6米、南北长（西墙）285.5米。东北角凹进部分，南北墙31.8米、东西墙47.47米。墙高2.7米。墙顶为蓑衣顶式。官房东墙正中有大门一座，单檐硬山顶，面阔一间。大门内外各有砖砌影壁一座。近年大门已被改成了单檐歇山顶。那张东大门的照片记录了改制前的单檐硬山顶大门原样，现在已成了珍贵的资料。

也许有人要问：这座兵营的围墙为什么不砌成一个长方形的，偏偏东北角要凹进去呢？这里面有一个有趣的故事。马兰镇总兵官手下有一个叫徐永兴的千总，是马兰关人，据说他武艺高强，曾和一位北京的王爷搭勾（手指勾手指），未分胜负，他双脚下踩的金砖都碎了，那个王爷很佩服他的武功，与他八拜为交，结成金兰之好。因他势大财大武艺又高，无人敢惹，即使武二品的马兰镇总兵官大人也要让他三分，因此人们给他起了一个绰号"徐二老虎"。这座官房由他负责监造，于是他借这个机会，利用手中的权力，把官房内的所有房子都建成了西厢房。俗话说"有钱不盖东西厢，冬不暖夏不凉"。他为什么要这样做呢？这不是犯傻吗？原来这里面有他的不可告人的目的。他们家的祖坟在官房东面的山脚下，把官房的房子盖

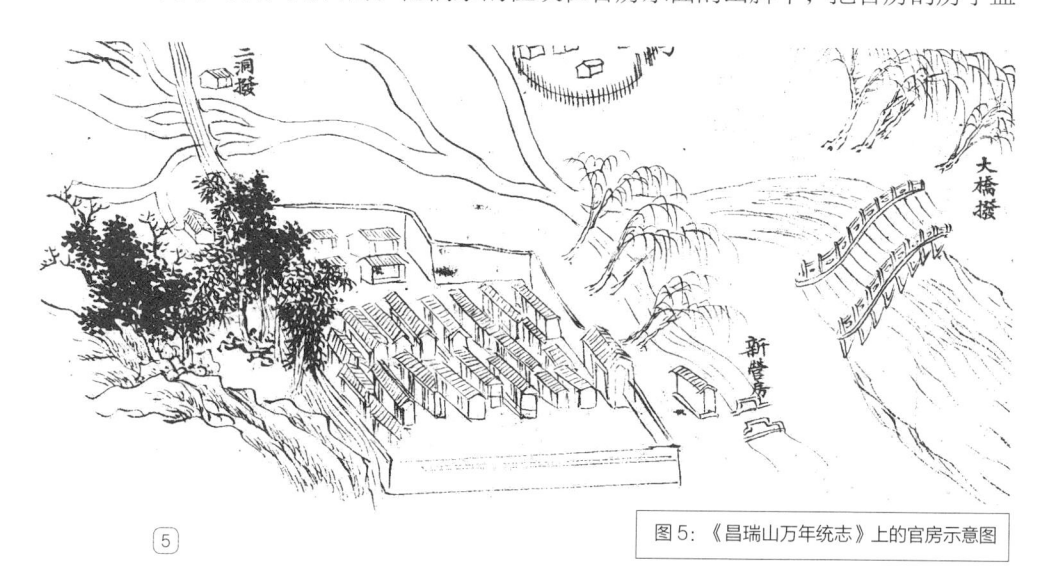

图5：《昌瑞山万年统志》上的官房示意图

图6：马兰镇官房东大门旧影

成西厢房，每天家家户户白天都要摆饭桌吃饭，等于给他们家的祖坟上坟摆供品；晚上家家户户都要点灯，等于给他们家祖坟照明。于是他家的祖坟就有了"日受千桌供，夜朝万点灯"的好风水，从此他们家会更加兴旺。

　　徐二老虎虽然不伤害百姓，但在官场上总免不了要得罪人，所以他有许多冤家对头。一些与他有仇恨的人处心积虑总想打击报复他。他们暗地找到了一位很有名气的风水先生，求他想个办法治治徐二老虎，并给以重金。风水先生听了他们介绍的徐二老虎有关情况以后，稍加思索，便计上心来。他认为破坏徐家坟地的风水才是最好的方法。官房北边有一条河，河水由北向南，快到官房时折向东流，而拐弯处正对着官房东北墙角。于是风水先生亲自登门拜访，面见徐二老虎，对他说：皇陵宝地，均为龙脉，龙行于水，而你是虎，虎必生风，两者相克，犯了大忌。一旦先帝大怒，定会以水冲毁官房东北墙角，后果不堪设想。徐二老虎非常迷信，急忙向这位风水先生请教驱凶避灾之策。风水先生告诉他只要把东北的墙角让出来，形成一个拐弯，水就不会冲官房了。徐二老虎信以为真，立即找来工匠按风水先生的指教，将东北角的围墙拆了，让进去一块，又重新砌好。官房缺了东北角以后，围墙变成了一把刀形，那"刀刃"正对着东山坡的徐二老虎家坟地，时刻在砍着他家的祖坟。这样就破了徐二老虎家坟地的风水。从此人们便将这个官房称为"刀把官房"了。

说来也巧，自从破了他家祖坟的风水之后，徐二老虎果真来了厄运。他因贪污军饷，被人告发，被捕入狱。他的对头又以关心为由，劝他的妻子去监狱探视。他的妻子于是就带着许多好吃的，还有日常生活必需品前去探监。徐二老虎一看他的妻子来探监，一下子就傻眼了，知道中了仇人之计，自己凶多吉少。因为当时国家规定，在没有正式判刑之前家属是不许探监的，如果去探监就会加重犯人的罪行。据说徐二老虎后来就死在了监狱。

虽然这故事带有迷信色彩，可能有夸大、虚构的成分，但官房内的房子都是西厢房确实是真的，不仅《昌瑞山万年统志》一书上画的是西厢房，而且笔者曾亲眼看到过。这些西厢房到1978年还存在一部分。如今那个"刀把"完整无缺。"刀把"的形成未必是出于欲破徐家的坟地风水的目的，为了防止北面来的河水冲毁围墙倒是有极大的可能。徐二老虎也确有其人，在《清实录》中多次被提到。如今当地还有许多他的后代，老徐家在官房村是一个大户，一提起徐二老虎来，差不多老幼皆知。

### 5. 教场与令台（图7）

为了训练军队，在总兵署南约一公里的地方开设了一个教军场，简称教场。教场南面有一座大影壁，北面有一座演武厅。前几年，当地村民发现了一块"令台"匾，长方体，地方青石，长73.6厘米，宽38.6厘米，厚16.5厘米。正中阴刻"令台"二字，楷体，从右往左写。台字是繁体字。令台的左侧竖写小字：镇守马兰口总兵官布兰泰、标下中军游击纪录七次鄂海、左营中军守备纪录一次荣士杰、右营守备纪录二次王千兴。右侧还有两营千总的姓名。落款"乾隆八年八月穀旦"。原纂的《昌瑞山万年统志》就是由布兰泰主持编纂的。这件"令台"匾很有价值。

⑦

图7：马兰镇教军场的"令台"匾

图1：马兰峪二郎神庙旧影

# 第八章  与清东陵有关的部分庙宇

因为马兰峪毗连皇陵,许多庙宇的建立和存在都与皇陵有关系。比如虫王庙、树神庙、火神庙、双关老爷庙等,下面就根据仅存的几张老照片介绍几座马兰峪与皇陵有关系的庙宇。

## 一、陵园内唯一的庙宇——二郎神庙

### 二郎神庙老照片(图1)

在封建社会,皇家陵园之内是不允许有庙宇存在的。康熙帝即位以后,立即为他的皇父顺治帝营建陵寝。顺治帝生前已将他的陵址确定在遵化的昌瑞山(当时叫丰台岭)下,未来得及建陵,他就驾崩了。康熙帝在为他的父亲建陵之前,先划定陵园范围,下令陵园范围之内的所有村庄、庙宇、民坟限定期限,全部迁出。皇帝是天之骄子,金口玉言,哪个敢说个不字!当地百姓纷纷迁出了陵园,唯独有一座小庙没有迁出去,一直到清朝灭亡,它也在皇陵之内。这座小庙供的是哪位神仙佛祖?大清皇帝为什么能容忍这个小庙抗令不遵,留在陵园200多年?原来这座小庙供奉的是曾擒住过大闹天宫的孙悟空的二郎神。此庙起码在明朝就有了,庙很小,二郎神在诸神中也不是头等神仙,为什么他的庙就可以不迁出呢?在东陵地区广泛流传着一个美丽神奇的传说。

本来二郎神庙也在搬迁之列。拆迁之时,人们把二郎神的塑像从旧庙搬到新庙安奉好,可是,到了第二天发现二郎神的塑像又回到了旧庙原处。一连搬了几次都是这样。负责搬迁的官员感到非常奇怪但又无可奈何，只好将此事上奏朝廷。康熙帝对此也是迷惑不解，急忙召集文武百官询问原因，众大臣一个个面面相觑，也是茫然无措。康熙皇帝只好拂袖退朝，回到寝宫，百思不得其解，闷卧龙床，困意渐来。忽见一员神将，顶盔贯甲，手持三尖两刃刀，长着三只眼，脚踏祥云，降落面前，对皇帝说："吾乃二郎神也。我的庙前有大小猴山各一座，下面圈押着无数猴精，它们都是孙悟空的后代。为了镇住这群猴精，防止它们犯上作乱，扰乱天下，特将我的庙宇建在猴山后面的山岗之上，昼夜监视它们。今昌瑞山被划为大清陵园，猴山正在陵园之内。我为了使你大清陵园永保安稳肃静，才不肯迁出陵区。事已点透，望陛下三思而行。"二郎神言罢要走，康熙皇帝上前挽留，一脚踏空，猛然惊醒，原是一梦。回思梦中情景，才悟出了二郎神像搬不走的原因。于是，康熙帝为了答谢二郎神的保佑，发出圣旨，不仅不再搬庙，还拨银扩建庙宇，重塑神像。

经实地访查，二郎神庙前确有大小猴山各一座，二郎神庙也确实是陵园内唯一的庙宇，清宫档案上也有明确记载。至于神像为何搬不走，二郎神来托梦之事固不可信，但庙的存在，与庙前的猴山不能说没有关系。因为，每当人们一提起猴来，自然会联想到神通广大、法力无边、上蹿下跳、须臾不能安静的孙悟空来。而二郎神则是降服孙悟空、震慑猴精的天神。陵园内的猴山搬不走，猴山之名孺妇皆知，为了图个吉利，使陵园安静，让二郎庙留在陵园之内，永镇猴山，也是可行的。

二郎神庙到20世纪50年代初还存在。此庙坐北朝南，有庙门一座。庙门两侧墙上的字据马兰峪吴兰池老师说是"敬惜字纸，阖会公立"。门前有旗杆一对。庙内东、西配殿各三间，大殿五间，大殿内正中供奉二郎神，左（东）供奉关羽，右（西）供奉吕洞宾。笔者儿时经常到庙内玩。20世纪50年代末，此庙被毁。但庙内外十几株陵园内古松尚存。如今在大殿后仅存一株古松。

为增加旅游景点，1993年在原址稍靠后的位置重建二郎神庙，增其旧制。1993年12月20日举行落成庆典大会并向游人开放。

## 二、规制奇特的三皇庙

### 1. 三皇庙老照片（图1—图4）

三皇庙位于马兰峪南的堂子山上，始建年代已不可考，据碑文记载，堂子山上原有药王庙一座，规制简陋。明万历年间重修，增其旧制，庙貌庄严。康熙三十八年（1699年）药王庙毁于火灾。不久，当地民众捐资重建。因该庙毗邻皇陵风水墙，为壮观瞻，这次重建进一步扩大规模，增祀三皇，遂改名三皇庙。重建工程于康熙四十一年（1702年）竣工。时至光绪初年，已历170余年，因风雨摧残，年久失修，该庙多有残破。光绪五年（1879年）八月，恰值定东陵全工告竣，官民得暇，于是当地官商百姓再度捐资，重修庙宇，再塑金身。这次重修，钦准菩提殿改用黄色琉璃瓦，自此，三皇庙成了马兰峪地区等级最高的庙宇。

根据实际考证，三皇庙规制如下：坐南朝北，主体建筑位于山顶之上，北坡半山腰有戏楼一座（戏楼坐北朝南），与庙门相对。戏楼前有层层看台。山门前有旗杆两根。庙门三座，中门高大，单檐歇山顶，拱券式门洞。两旁门低矮，为单檐硬山顶。进庙门，左右为钟鼓楼，西为钟楼，东为鼓楼。笔者曾在这座庙改建的小学就读过两年。那时虽然钟鼓楼已经拆了，但巨大的钟还在原地扣着，其高度约有1.3米，笔者下课时经常围着大钟玩，留下了深刻的印象。有东配殿。西配殿的位置是禅房多间。大殿为单檐硬山顶，布筒瓦，面阔三间，进深三间，内供三皇。大殿前是月台，上有一对巨大的圆形香炉石座，但香炉已不知了去向。院子里有两棵古柏，高十余米，树龄已有数百年，枝叶繁茂，郁郁葱葱，使三皇庙更显得庄严肃穆。三皇殿后面有瓦房五间，前廊一步，是待客之处。西院正殿叫菩提殿，坐南朝北，单檐硬山顶，黄琉璃瓦盖顶，面阔三间。据说此殿长年窗帘垂挂，外人严禁入内，极为神秘。菩提殿北有瓦房三间，坐北朝南，是全庙唯一的正房，此房是方丈的住所。此院西穿过一个圆月亮门，再穿过一个

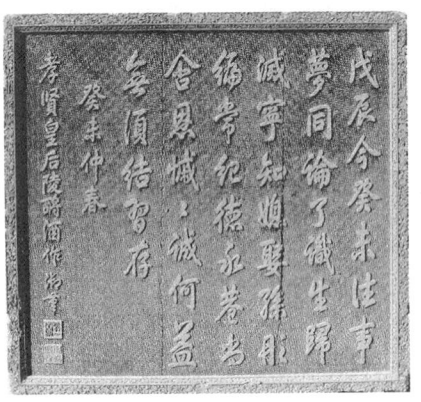

图1：马兰峪三皇庙旧影（1929年）
图2：1928年险被宋汝梅盗走的乾隆御题雕漆挂屏（1）
图3：1928年险被宋汝梅盗走的乾隆御题雕漆挂屏（2）

图4：国民政府派来负责调查东陵盗案的刘人瑞

小门，是一个小院，当时都叫西小院，有瓦房三间，坐西朝东。此院有巨大的藤萝一棵，盘绕在一株很粗的榆树上，枝蔓交错，登着藤萝可上树顶。在西小院北面还有一个小院，有房两座，因已拆毁，规制不详。

这座庙有三个特色：其一，一般庙都是坐北朝南，而这座庙却坐南朝北。其二，一般的庙宇都按中国古建筑的基本规律，中轴对称，而这座庙却没有明显的这一规律。其三，这座庙融释教与民间诸神于一体。所以此庙文化内涵十分丰富。

此庙在20世纪50年代曾是马兰峪完全小学的分校。60年代曾是马兰峪四中的宿舍，当时戏楼、钟鼓楼就已毁坏无存，其他建筑也残破严重。在二十世纪八九十年代又是河北地质八队的实验室和库房。1994年此庙归清东陵文物管理处管理。从1997年开始修缮，复建了山门、围墙，增建了牌坊、拱桥和山门，将三皇殿改为了黄琉璃瓦顶。

此庙香火旺盛，香客不断。在清朝，许多朝廷大员、皇亲国戚也频频出入其间，正因如此，在1928年孙殿英制造的东陵第一次大盗案发生后，三皇庙的和尚也卷入了其中。情况是这样的：

1928年孙殿英制造的东陵第一次大盗案发生后，国民政府派刘人瑞等四位委员到东陵接收。他们到东陵后，发现有一位自称是南京派来的叫宋汝梅的接收委员已先期到达东陵，住在了马兰峪的塔山三皇庙里。宋汝梅从位于马兰峪的孝陵金银器皿库中取走了大号铜佛六尊、中号铜佛九尊、小号铜佛九尊、供花三盆、铜铃一件、铜塔顶带链一件，另外还有小铜匾和铜对联。库中有乾隆帝御制的雕漆挂屏十件，宋汝梅想分成五组，用毯被包裹运走，但被守库人拦阻，未能运出。后来宋汝梅又将铜佛、供花、铜铃等物藏在马兰峪塔山上的三皇庙内。不久，宋汝梅知道事情败露，便逃走了。刘人瑞等马上派当地警长等到三皇庙宋汝梅的住处去搜查。该庙和尚知道已不能隐瞒，遂将物品交出。经与宋汝梅写的条子一对，相差很多。经严加追问，和尚又交出小铜佛一尊，并说其他物品由宋带走，详情可问宋的副官王光耀便知。当问该副官时，该副官闪烁其词。于是将和尚海永、行绵和副官一并羁押在警察局。因为这两个和尚与当地商民的关系很好，很快由地方联庄会长保出。当天晚上，又从和尚的床单里找到铜塔顶带链一条、供花三件、铜佛两尊。据和尚交代，小铜匾和铜对联确实由宋汝梅带走。后来又在民房找到两尊铜佛。至此，铜佛全部追回。两天后，宋汝梅被警方由蓟县追回，很快返回北平。小铜匾和铜对联从宋的行李中搜出。宋汝梅想要运走的那十块雕漆挂屏，如今有五块保存在清东陵文物管理处。笔者当过20多年的清东陵文物管理处的文物库房保管员，对那五块挂屏很熟悉，每块挂屏上都是一首乾隆帝悼念孝贤皇后的诗，做工极为精美，件件都是上等级文物。另外五块挂屏不知流落何方。

图1这张老照片是在孙殿英盗陵一年后的1929年7月3日拍的。

## 2. 永旺塔老照片（图5—图6）

永旺塔位于堂子山上东北角，距三皇庙约百米左右。因该塔高耸于马兰峪的堂子山之巅，数里远就能看见，所以成了马兰峪标志性建筑。永旺塔是三皇庙的组成部分，介绍三皇庙，必然要介绍永旺塔。

永旺塔始建于明万历十年（1582年），距今已有430多年的历史了。它是马兰峪现存古建筑中历史最悠久的。1976年唐山大地震将塔刹（尖）向东震歪，因内部有一根很粗的铁棍穿着，所以塔刹未掉下来。塔刹是用砖层层灰砌而成的，1998年维修时才将塔刹修好。永旺塔高约17米，分7层，属于密檐式实心风水塔。全塔分塔刹、塔身、塔座三部分，塔为八棱，檐部每棱角处都悬挂一个四棱形铁风铎。塔身通体砖砌，每层檐下都有砖斗栱相托。最下一层檐下塔身每拐角处都嵌有一个小砖塔。塔身上下有许多精美的雕砖图案。塔身中部南北各有一个佛

【清东陵篇】 第八章 与清东陵有关的部分庙宇

图5：永旺塔旧影
图6：民国初年永旺塔

⑤
⑥

龛。塔身南面正中嵌有一块长方形石匾，长 64 厘米，宽 50 厘米。匾正中横排有"永旺塔"三个大字，为楷书双钩。三字的东侧有两竖行字"钦差总理练兵事务兼镇守蓟州永平山海关等处地方总兵官少保兼太子太保中军都督府左都督定远戚继光"。三字的西侧也有两竖行字，其中一行是"钦差分守蓟州马兰谷等处地方参将都指挥同知关中王添寿"，另一行是落款"时万历十年仲秋吉日立"。很少人知道匾上两旁还有这些小字。在 1987 年 5 月 2 日下午，笔者同北京的朋友张大宇前往考察，用望远镜才得以发现。在遵化马兰峪一带盛传此塔为戚继光所建。因戚继光长期镇守这一带，所以大家都深信不疑。通过匾上两旁的小字和《遵化通志》上的记载得知，营建此塔得到了戚继光的批准，由王添寿组织兴建，于万历十年七月二十五日正式动工营建，仅用了三个月时间就建成了。《遵化通志》上记载是镇守蓟州马兰峪等处地方的参将王通，而匾上则是王添寿，职务一样，都在马兰峪任过职。而建塔日期与匾上落款又都是万历十年秋。所以王添寿和王通到底是一个人还是两个人还有待进一步考证。

为什么说永旺塔是风水塔呢？《遵化通志》记载，马兰峪地势如船，但这条船没有桅杆，不能行驶。风水家建议在堂子山上建一塔，作为这条船的桅杆。这一说法不知有何根据。1998 年 5 月 10 日，笔者利用维修永旺塔已搭上脚手架子的机会（尚没有放上脚手板），攀登上去，笔者看到在永旺塔匾的上方、最下层檐的下方有块小的紫色长方条石嵌入塔身，上面有字，于是将字抄录，并用铅笔拓了下来，量了尺寸。这块嵌石上阴刻的文字是这样写的："……马兰营堂子山舟形也，上建永旺塔以当帆樯，始堪重载，康熙甲子仲夏众大护法捐俸重修，巍焕一新，万姓咸沾惠泽……"这表明《遵化通志》的记载还是有根据的。

1980 年 8 月 30 日，永旺塔被公布为河北省重点文物保护单位。1998 年，清东陵文物管理处对永旺塔进行了全面修缮，补齐了 56 个风铎，再现了它昔日的雄姿。

〔清东陵篇〕 第八章 与清东陵有关的部分庙宇 489

图1: 马兰峪后山鲁班庙全景旧影
图2: 马兰峪后山鲁班庙前景旧影(康亚如摄影)

## 三、因陵而建的鲁班庙

### 1. 鲁班庙（图1—图2）

鲁班庙位于马兰峪后山南坡上。为什么要建这座庙，与东陵大有关系。相传同治四年（1865年），咸丰帝的定陵全工告竣。不用说皇陵，就是老百姓盖房，房建成后都要剩下许多建筑材料，更何况皇陵。定陵带工的工头向各木厂（相当于现在的建筑集团）倡议，利用建陵剩料给老祖师爷鲁班建一座庙。他的这一倡议受到了热烈的欢迎。于是选址在马兰峪后山（其实就是马兰峪北山，当地人称其为后山）。整座庙宇建在南山坡之上，层层升高，很有气势。庙的最前面是一座大戏楼。拾级而上，庙门前有两根近似圆柱体的大旗杆，这旗杆不是木质的，而是石质的，越往上越细。这在庙宇中极为少见。山门一座，面阔一间，单檐硬山顶。前后门为拱券门，左右各有一座角门，皆带门楼。大约前后有四层殿，不仅供奉鲁班，还供奉鼋神等。整座庙宇的各建筑都是布筒瓦卷棚硬山顶。各殿前都有很高的垂带踏跺，每院都立有数统方趺石碑，其中有重修碑记。最后一层大殿内供六尊菩萨像。鲁班庙在"文革"前夕被拆，"文革"开始后彻底遭到了灭顶之灾，偌大的一座鲁班庙已变成了一片废墟。

### 2. 鲁班庙大戏楼（图3—图4）

大戏楼是鲁班庙重要组成部分，位于庙前。此戏楼是马兰峪三大戏楼中规模最大、规制最高的一座。后台部分是单檐悬山顶，前台是抱厦性质的单檐卷棚顶。从后院进入后台。这座戏楼与马兰峪其他两座戏楼（东关老爷庙戏楼和塔山三皇庙戏楼）相比有两处不同：一是前台只有两根木柱，而另两座戏楼都是四根柱（东关老爷庙戏楼是四根八棱石柱，塔山戏楼是四根木柱），两根柱不容易遮挡观众视线；二是前台台面正中有一个长方形池子。每当演戏前，在池子里放几口空大缸，池口有二道台，将32块木板铺在池口二道台上，这样木板与台面正好是平的。

这种做法既能保证演武戏时翻跟头安全，也能使唱腔更加洪亮。后山鲁班庙戏楼是笔者儿时经常去玩的地方，台面有长方形池子也是笔者亲眼所见。

从这张老照片（图3）上所标明的日期得知，时至1965年8月23日，后山鲁班庙戏楼及鲁班庙还没有拆。

图3．马兰峪后山戏楼旧影
（1965年8月23日）
图4：后山鲁班庙戏楼旧影

图5：存放在鲁班庙后殿的道光帝
宝华峪地宫石门菩萨像（旧影）

## 3. 六尊菩萨像（图5—图6）

在鲁班庙最后一层大殿内的东西山墙各供奉石雕的三尊菩萨立像，笔者每次到鲁班庙必去欣赏这六尊石像。此处为什么要供奉六尊菩萨像？别的庙凡是殿内所供奉的菩萨像，不是铜的，就是泥的，要不就是木质的，很少有石头雕刻的。笔者到了清东陵文物保管所工作后，从老职工那里知道了原因，带着这个问题又走访了马兰峪的几位老人，得到了证实。原来这六尊菩萨像是东陵宝华峪道光帝陵地宫的六个门扇。宝华峪地宫是九券四门，应该有八个门扇，根据档案记载，另外那两个门扇用到了咸丰帝的定陵地宫里。可能是因为在拆卸时，这六个门扇有所磕损，不能继续使用，出于对菩萨的尊重，不便将石门毁掉掩埋，才移供到鲁班庙供奉。

从图5这张老照片上看，当时的工匠并不是简单地将六扇石门直接立于殿内，而是经过了一番处理：将每扇石门门轴、衔环铺首及周围的蔓草切除，让人看不出来是石门，各菩萨像之间的缝用石灰抹上，三像为一组。十几年前，笔者在马兰峪四村横街子一户人家门口看到了一个长条石，上面有花纹雕刻，走近细看，正是宝华峪陵寝地宫石门被切下来的门轴边。近几年这石门边已不见了踪影。

鲁班庙建在咸丰帝的定陵完工之后，无论从时间上讲，还是从事情的情理上讲，将建定陵所剩宝华峪地宫六扇石门供奉于鲁班庙后殿都是顺理成章的。

图6：宝华峪地宫石门边

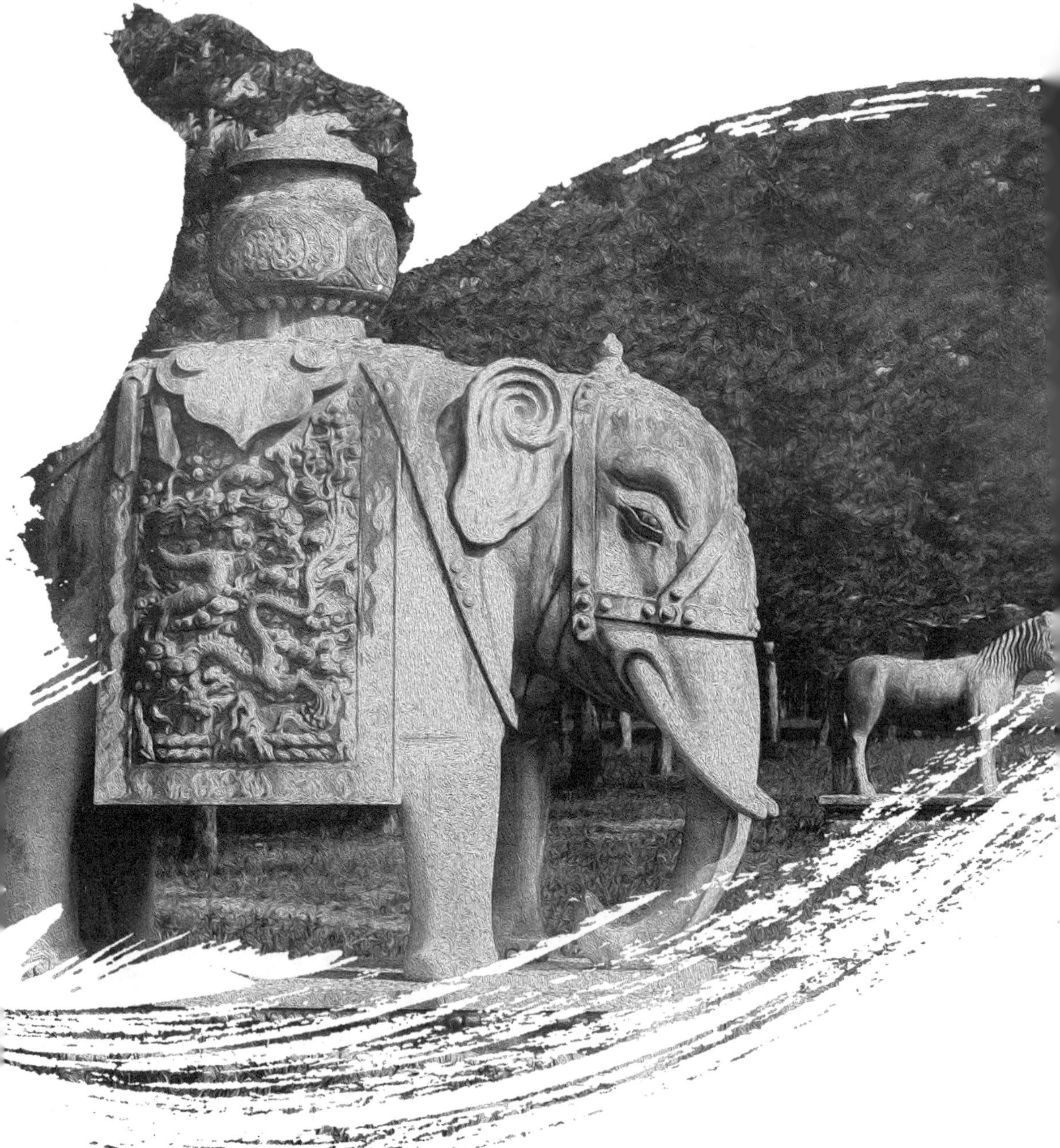

# 清西陵篇

　　清西陵位于今河北省易县永宁山下,是清王朝在关内开辟的第二个皇家陵园,始建于雍正八年(1730年),最后建的光绪帝的崇陵到1914年年底才完工,历时185年。清西陵建有皇帝陵4座、皇后陵3座、妃园寝3座、亲王园寝2座、阿哥园寝1座、公主园寝1座,埋葬皇帝4位、皇后9位、妃嫔57位、亲王2位、皇子皇孙6位、公主2位,共80人。在陵园外还建有许多的陪葬墓。

　　清西陵环境优美,至今还保留着一万多株清朝时的古松。陵寝的门窗隔扇、暖阁、神龛大部分都保留了下来。清西陵被盗的陵寝相对清东陵来说较少。其行宫和永福寺都保留得比较完整,与清东陵可以做到优势互补。

图1：乾隆朝绘制的《泰陵图》

# 第一章　雍正皇帝的泰陵及其后妃陵寝

## 一、清西陵的首陵——泰陵

泰陵是雍正帝的陵寝。雍正帝认为遵化昌瑞山下没有使他感到满意的地方作为他的万年吉地，于是扩大范围，选中了遵化城东北的九凤朝阳山，后来发现这个地方"规模虽大但形局未全，穴中之土又带砂石"，遂又放弃。最后由怡亲王允祥和福建总督高其倬选中了今河北易县的泰宁山（后改名永宁山）下的太平峪，认为这个地方"龙穴砂水无美不收，形势理气诸吉咸备"，是一个非常完美的万年吉地。泰陵始建于雍正八年（1730年）八月十九日，雍正帝驾崩时尚未完工。乾隆帝即位后继续施工，于乾隆元年（1736年）九月十六日建成，用银约240万两。

泰陵是清西陵的首陵，不仅建得最早，而且规模最大，体系最完备。泰陵坐北朝南，从南到北主要建筑有：五孔拱桥、三座石牌坊、大红门、具服殿、圣德神功碑亭、七孔拱桥、石像生、龙凤门、三孔拱桥、三路三孔拱桥、神道碑亭、东西朝房、东西值班房、隆恩门、东西燎炉、东西配殿、隆恩殿、陵寝门、二柱门、石五供、方城明楼、哑巴院、宝城宝顶。陵前左侧建神厨库，库南建井亭。

### 1. 泰陵图（图1）

这张图是乾隆年由清廷画家绘制的泰陵图。图中清楚地表明了泰东陵、泰陵妃园寝、泰陵内务府营房与泰陵的相对位置关系。图中已有石像生，表明此图当绘于乾隆十三年之后。从图可知弓箭架分别摆放在隆恩门外两侧。吉祥缸前院摆四个，后院摆两个。这种图不是实测图，只能供欣赏和供奉之用。

## 2. 雍正帝读书像（图2）

雍正帝，爱新觉罗·胤禛，清朝入关后第三帝，康熙帝第四子，康熙十七年十月三十日寅时（1678年12月13日早4时许）生，生母是乌雅氏，即后来的孝恭皇后。康熙三十七年（1698年）三月初二日被册封为多罗贝勒。康熙四十八年（1709年）十月二十一日被册封为和硕雍亲王。康熙六十一年十一月二十一日即皇帝位于太和殿，时年45岁。

雍正帝勤于政事，办事认真。他大刀阔斧地改革弊政，雷厉风行地整顿吏治，毫不手软地惩治贪官，锲而不舍地追查亏空。兴利除弊，裕国安民，采取了一系列优惠政策发展经济。他首创了军机处，推行改土归流政策，实行摊丁入亩政策。他注重地方志书的编写，加强档案的管理和保护，他创立了收缴朱批奏折的制度、奏折录副制度等，从而保留了大量珍贵清宫档案，为后来的清史研究提供了宝贵资料。他首创了秘密立储制度，使后来的皇权交替在平稳中进行。他创立了供奉帝后圣容制度，在养心殿东佛堂供奉皇考、皇妣神牌的制度。他创建了昭忠祠、贤良祠，对笼络臣工、安抚士心起到了不可替代的作用。他对清朝的陵寝制度也发挥了重要作用，他开创了西陵，营建了孝庄皇后的昭西陵，开创了帝陵三匾二碑汉字由嗣皇帝书写并钤用"尊亲之宝"的制度，开创了功德碑立双碑的制度、护陵绿营改协为镇制度、陵寝派守护大臣的制度等。他生活俭朴，不嗜优游声色。他倡导开源节流，不大兴土木。雍正十三年八月二十三日子时（1735年10月8日半夜），雍正帝在圆明园与世长辞，终年58岁，在位13年。八月二十四日申时（下午3—5时）大殓，梓宫停放在乾清宫正中。八月二十七日颁大行皇帝遗诏。九月十一日奉移梓宫于雍和宫永佑殿安放。十一月十二日行上谥礼，恭上庙号曰"世宗"，谥号为"敬天昌运建中表正文武英明宽仁信毅大孝至诚宪皇帝"。乾隆元年（1736年）十月十一日，奉移梓宫往易州泰陵，将梓宫停放于隆恩殿正中。乾隆二年（1737年）三月初二日辰时，梓宫葬入泰陵地宫，随同一起入葬的还有孝敬皇后、敦肃皇贵妃。三月

② 

图2：雍正帝读书像

初五日，神牌升祔太庙、奉先殿。嘉庆四年（1799年）五月十一日加上谥号"睿圣"二字。最后庙号、谥号全称是"世宗敬天昌运建中表正文武英明宽仁信毅睿圣大孝至诚宪皇帝"，简称"世宗宪皇帝"。

当然，雍正帝也有许多的过错，如苛刻残忍，大兴文字狱等。

### 3. 孝敬皇后像（图3）

孝敬皇后，满族，那拉氏，内大臣管步军统领事、赠承恩公费扬古之女，生年待考，生辰为农历五月十三日。康熙二十八年或二十九年，康熙帝将刚十几岁的那拉氏指配给胤禛为嫡福晋。康熙三十六年（1697年）三月二十六日子时生皇长子弘晖。雍正元年十二月二十二日（1724年1月17日）册立为皇后。那拉氏出身于名门望族，受过正统的封建礼教的教育，知书达礼。她被立为

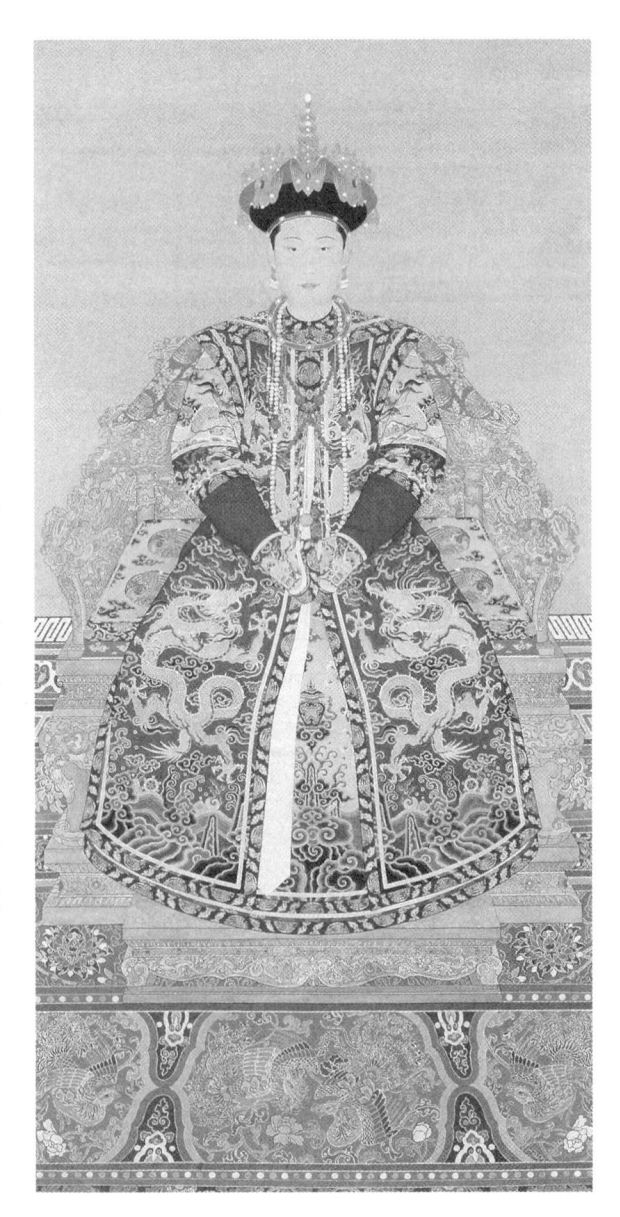

图3: 孝敬宪皇后朝服像

皇后以后，责无旁贷地担起了主持后宫的重担。她以贤淑的美德和得当稳妥的方法，把后宫管理得井井有条，为胤禛免除了后顾之忧，使他得以全力以赴、专心致志地处理国家政务。那拉氏称得上是一位贤内助。

雍正九年（1731年）九月二十九日未时，那拉氏病逝于畅春园。从九月三十日起，雍正帝辍朝五日，成服缟素。在京诸王以下及文武各官和公主、王妃以下及旗下二品命妇以下俱齐集畅春园举哀，持服27日。因当时紫禁城宫殿正在修缮，皇后梓宫停放在畅春园的九经三事殿内。

雍正帝对皇后的病逝是十分悲痛的，十月初四日，他发出一道上谕，对皇后进行了全面总结和高度评价："皇后那拉氏作配朕躬，经四十载，奉侍皇祖妣孝惠皇后、皇考圣祖仁皇帝、皇妣孝恭仁皇后，克尽孝忱，深蒙慈爱。服膺朕训，历久而敬德弥纯；懋著坤仪，正位而小心益至。居身节俭，待下宽仁。慈惠播于宫闱，柔顺发于诚悃。昔年藩邸，内政聿修；九载中宫，德辉愈耀。兹于雍正九年九月二十九日崩逝，惓惟壸职，襄赞多年。追念遗徽，良深痛悼。"

雍正九年十月初七日，皇后梓宫从九经三事殿奉移到京西的田村殡宫暂安。十二月初十日行册谥礼，上大行皇后为"孝敬皇后"。

雍正十三年（1735年）十一月二十一日，乾隆帝给孝敬皇后谥号增加十个字，并系世宗谥，称"孝敬恭和懿顺昭惠天翊圣宪皇后"。乾隆二年（1737年）二月二十二日，孝敬皇后梓宫奉移易县泰陵，敦肃皇贵妃年氏的金棺也随同奉移，乾隆帝亲自沿途护送。因为泰陵隆恩殿内停放着雍正帝的梓宫，为表示恭敬之意，卑不动尊，所以将孝敬皇后梓宫停放在隆恩殿西旁临时搭起的芦殿内。乾隆二年三月初二日辰时，孝敬皇后梓宫随雍正帝梓宫入葬泰陵地宫，敦肃皇贵妃金棺也随同入葬。同年三月初五日，孝敬皇后神牌随雍正帝神牌升祔太庙。嘉庆四年（1799年）五月十一日，加上谥号"庄肃"二字，嘉庆二十五年十二月十一日（1821年1月14日），道光帝又加上"安康"二字，最后谥号全称为"孝敬恭和懿顺昭惠庄肃安康佐天翊圣宪皇后"，简称"孝敬宪皇后"或"孝敬皇后"。

图4：泰陵正面的石牌坊旧影

## 4. 石牌坊（图4—图7）

牌坊也叫牌楼，是建筑群的附属建筑，通常建在建筑群的导入部分。它不仅可以使参观者在刚进入建筑群时就获得对建筑艺术美感的一个高潮体验，而且也把整个建筑群烘托得更加庄严、崇高和神圣。明十三陵、清东陵和清西陵大红门前的五间六柱十一楼的石牌坊所起到的这种作用尤为显著。

清西陵和明十三陵及清东陵相比，最大的不同之处就是其大红门外有三座石牌坊，而明十三陵和清东陵则只有一座石牌坊。这三处石牌坊都是五间六柱十一楼，完全用巨石构筑而成，规模之大、等级之高，在国内实属罕见。

清西陵的三座石牌坊，正面（南面）一座，北面东西两侧各一座，规制及大小完全一样。这种设计，在中国的陵寝史上是不多见的。

清东陵的石牌坊是仿照明十三陵的石牌坊建的，规制、尺寸、雕刻图案等与其基本上一致。而清西陵的石牌坊与清东陵的石牌坊相比，表面上看一样，但仔细观察，有以下5点不同：

（1）夹杆石上的图案不一样。清东陵夹杆石上有双狮戏球，而西陵的则没有，却增加了麒麟。

（2）清东陵石牌坊的主楼为七踩斗栱，夹楼和边楼为五踩斗栱，夹楼和边楼有跑兽，而西陵主楼为五踩斗栱，夹楼和边楼为一斗二升麻叶头，无跑兽。

（3）夹杆石顶部的卧兽不一样。清东陵的只有中间的两柱是卧麒麟，另外四柱的夹杆石的顶部都是卧狮，而清西陵的六根柱子的前后夹杆石顶部全是卧麒麟。

（4）清东陵石牌坊的额枋上雕刻的是旋子彩画图案，额枋之间的花板上雕刻的是叠落云头，而清西陵石牌坊的额枋上雕刻着龙、凤、花卉等图案。花板上也刻的是龙凤图案。

（5）清东陵支撑额枋的是石柱上半球状的雕有云朵的凸出物，相当于雀替，而清西陵石牌坊支托额枋的是与石柱连在一起的石门框。相比之下，清西陵的做法更坚固耐久一些。

据南海胤子著的《盗陵案》记载，清西陵的三座石牌坊是蒙古各部王公为表示对雍正帝的忠心和拥戴，特地集资恭建的，这种说法还有待文献的支持。

清西陵为什么不效仿明十三陵和清东陵建一座石牌坊，而要建三座呢？是否与雍正帝的潜邸雍和宫前面有三座牌坊有关系呢？现在还有待考证。

从老照片上发现，正面石牌坊东次间额枋下有一道木质的横过梁，过梁下支着五根木柱。这是怎么回事？原来在同治四年（1865年），人们发现这件额枋有裂缝，如果额枋伤断，整个石牌坊都有坍倒的危险。为了确保安全，于是用一横梁五立柱将有裂缝的石额枋支顶上，用银756两。直到现在还支着两根木柱。

图5：泰陵南、西二石牌坊旧影
图6：泰陵西石牌坊与石麒麟旧影

图 7：泰陵东石牌坊夹杆石上的雕刻

图8：泰陵东、西二石牌坊旧影
图9：泰陵南、东二石牌坊旧影

### 5. 东西二石牌坊（图8）

为了加强防守，严紧门户，无论是清东陵还是清西陵，在大红门前面两侧都建有值班房，供护陵官兵驻守。清东陵大红门的两座值班房是东西相对的，也就是说是东西厢房。清西陵的大红门是仿照清东陵的大红门建的，按说其值班房也应效仿清东陵的而建。可是我们从这张老照片上看，清西陵的值班房却是面朝南的正房。如果没有这张老照片作证明，谁也不会相信这一点，看来老照片最有说服力。

### 6. 东南二石牌坊（图9）

这张老照片最宝贵之处就是那个抽旱烟人所坐的两个石构件以及旁边的两个石构件。在清朝陵寝的档案里，凡带有门钉的实榻大门，每个门扇下都有一个断面像丁字铁似的石构件，用来倚门，防止门扇因风吹自动关门或晃动。现在故宫的许多门口仍然用着这种倚门石。通过这张老照片表明大红门也设有这种倚门用的石构件。

### 7. 大红门前麒麟（图10）

清西陵与明十三陵和清东陵的另一个不同之处就是在大红门前设一对石麒麟，而明十三陵和清东陵则没有。《大清会典》是经过皇帝钦定的，是清朝最完备的行政法典，具有最高的权威性。令人不敢相信的是在《大清会典》里居然把清西陵大红门前的一对石麒麟说成是一对石狮子。也有一些著述中说是獬豸。獬豸是中国古代传说中的一种神兽，类似麒麟，全身长着浓密黝黑的毛，双目明亮有神，最大的特点是头顶上长一只角，俗称独角兽。獬豸与麒麟的主要区别，一是前者无鳞，后者有鳞，二是前者为独角，而后者为双角。清西陵大红门前是一对石麒麟，当确凿无疑。

### 8. 红门遥祭（图11）

大红门是皇陵的正门。无论皇室宗亲、朝廷大臣，还是蒙古王、贝勒、贝子、公、扎萨克额驸等，凡是路过皇陵的，都要到陵寝礼部投送职名，由礼部值班官员带领到大红门外，朝向各陵行三跪九叩头礼，但

图10：泰陵大红门前石麒麟（旧影）

〔清西陵篇〕 第一章 雍正皇帝的泰陵及其后妃陵寝

图11: 红门遥祭（旧影）

不举哀。皇帝、皇后的梓宫奉移山陵，抬到大红门外时，要停下来，由护送梓宫的皇帝或最高王公代表死者遥向各帝后陵行礼。从这张照片上也能看出西陵大红门前的班房为正房。

### 9. 泰陵圣德神功碑亭及七孔桥（图12—图13）

泰陵圣德神功碑亭是西陵建的第一座圣德神功碑亭，于乾隆二年（1737年）九月初七日立碑，乾隆六年（1741年）七月初二日合龙。兴工前估算工料银131500余两。泰陵仿景陵之制，功德碑立双碑，东碑为满文，西碑为汉字。汉字由果亲王允礼所书。水盘雕有鱼、龟、虾、蟹。每个券洞内有四扇六抹头隔扇门和一槽月牙窗。泰陵圣德神功碑亭与孝陵、景陵的相比，最大的不同之处是泰陵的圣德神功碑亭四个拱券门都有券脸石，上面雕刻简单的纹饰。这是鉴别东西陵圣德神功碑亭的最简单的方法。四根华表建在海墁之上。圣德神功碑亭之北就是七孔拱桥。

泰陵和顺治帝的孝陵一样也建有一座七孔拱桥，位置在圣德神功碑亭以北。泰陵的七孔拱桥小于孝陵的七孔拱桥。孝陵七孔拱桥长 109.5 米，每侧石栏杆有望柱 64 根，有栏板 63 块。而泰陵，每侧只有 48 根望柱，有栏板 47 块。但是泰陵七孔拱桥也有两点是孝陵七孔拱桥所不能比的，一是泰陵七孔拱桥每个拱形桥孔上方都安有吸水兽，而孝陵没有；泰陵七孔拱桥的桥洞是石券，而孝陵的是砖券。两座七孔桥的位置也不一样。孝陵七孔桥在石像生、龙凤门以北，而泰陵的七孔拱桥在石像生以南。

图 12：泰陵七孔拱桥和圣德神功碑亭旧影（1）

图13: 泰陵七孔拱桥旧影（2）

### 10. 石像生（图 14—图 17）

泰陵石像生位于七孔拱桥以北的神路两侧，有文士、武士、立马、立象、立狮共五对，石狮南是一对望柱。

在泰陵营建之前的雍正七年十二月初二日（1730年1月20日），雍正帝谕大学士、九卿等：泰陵"一应所需工料等项俱著动用内库银两办理，规模制度务从俭朴。其石像等件需用石工浩繁，颇劳人力，不必建设"。所以在初建泰陵时，并没有设置石像生。

为什么后来又补建了石像生呢？是什么时候补建的？雍正十三年（1735年）九月二十一日，已经即位但尚未改元的乾隆帝接到了监察御史玛起元的一道奏折，他在奏折中说："窃奴才自雍正三年办理万年吉地事务以来，遍查陵寝档案，凡一应典礼悉遵旧章。向定万年吉地规制，奉旨不必建造石像生，钦遵在案。伏思大行皇帝所以不用石像生者，必以景陵未经设立，不忍增加，此诚我大行皇帝仁孝之至意也。但石像生虽非风水所关，实系典制所载，万年缔造。有此更可以永肃观瞻。且景陵旁附孝陵，同一大红门，并未分两处围墙，是以圣祖仁皇帝不肯设立者，亦出于孝思之深心。后世子孙欲竭追慕之诚，凡于典礼所载无不曲尽，方觉毫无遗憾。今奴才愚见，请于景陵前应照典制敬为添设。而现今万年吉地亦另为敬谨建立，以补从前所未备，如此始于典制无缺。"

按玛起元的说法，泰陵之所以不设石像生，并不是照雍正帝所说的因为"石工浩繁，颇劳人力"，而是因为景陵没有设石像生，雍正帝不忍心给自己的陵设石像生。玛起元认为陵寝设石像生"实系典制所载，万年缔造。有此更可以永肃观瞻"。所以在乾隆帝即位刚28天的时候，就迫不及待地上书皇帝，要求给康熙帝的景陵和雍正帝的泰陵补建石像生。乾隆帝认为玛起元的建议有一定的道理，于是批道："所奏是。总理事务王大臣议奏。"总理事务王大臣庄亲王允禄，果亲王允礼，大学士鄂尔泰、张廷玉奉命后，便向当年相度泰陵陵址的大臣高其倬和随同相度设计的堪舆家、时任户部员外郎的洪文澜询问当年泰陵不建石像生

〔清西陵篇〕 第一章 雍正皇帝的泰陵及其后妃陵寝 513

⑭
⑮

图14：泰陵西侧石象生旧影
图15：泰陵石像生的东侧石象旧影

的原因。他们是这样回答的："泰陵甬道系随山川之形势盘旋修理。如设立石像生，不能依其丈尺，整齐安供。而甬路盘旋之处，必有向背参差之所，则于风水地形不宜安设。是泰陵未议设石像生者，实由风水攸关，非典礼所未备。"

看来泰陵未设石像生的真实原因，既不是雍正帝所说的出于节省，也不是玛起元所说的出于孝心而不忍增加，而是因为泰陵的地势环境不适合设石像生。

总理事务王大臣将高其倬和洪文澜的话如实上奏。乾隆帝对此并不认可。他说，既然"因甬道前地势盘旋，难于安设，或将大红门、龙凤门展拓向外，俾地势宽敞，位置攸宜"。于是乾隆帝命总理事务王大臣会同和亲王弘昼带领洪文澜等到泰陵实地敬谨相度，妥协定议具奏。这些人到泰陵实地进行了勘查后向皇帝回奏道："大红门正在龙蟠虎踞之间，护北面随龙生旺之气，纳南面特朝环抱之水，前朝后拱，天心十道，实天造地设门户，不便展拓向外。况石像生之设，古制未详，无大关典礼之处，似可毋庸添设。"大臣的回奏有理有据、无懈可击，乾隆帝只得作罢。对于这件事，乾隆帝仍不死心，耿耿于怀，几年后还是给泰陵补建了石像生。据天津大学建筑学院王其亨教授考证，泰陵石像生是乾隆十二年（1747年）补建的。

推测景陵石像生的补建日期大约在给泰陵补建石像生的前后。给景、泰二陵补建的石像生都是五对。在给景、泰二陵补建石像生之际，正是营建乾隆帝的裕陵之时。因此，有的专家认为，乾隆帝所以迫切为祖、父陵补建石像生，是因为想给自己的陵设石像生。景、泰二陵设了石像生之后，自己的陵再设石像生就心安理得了。这种说法有一定的道理。但笔者认为补建石像生主要还是出于乾隆帝对祖、父的崇敬和完善陵寝制度的考量。

[清西陵篇] 第一章 雍正皇帝的泰陵及其后妃陵寝　515

16　17

图16：泰陵石像生西侧文臣旧影
图17：泰陵石像生西侧武士旧影

## 11. 泰陵正面远前景（图18—图20）

从泰陵龙凤门往北，神路开始回归到陵寝的中轴线上来。笔直的神路在两侧茂密浓郁的松林的夹护下，不仅使得神路更加神秘幽邃，而且对于远处的泰陵陵宫形成了一个景框，从而更加突显了泰陵的前景。从这个画面中我们可以清楚地看到泰陵的中轴线正对着远处的永宁山双峰所形成的一个凹处，这正与风水理论中所说的"单峰对中，双峰对凹"相符。

从龙凤门往北行，随着地势的逐渐升高，在人们的视线中，两侧松林所形成的远处夹景画面在竖向上逐渐下降，在横向上不断地扩大。当行到距神道碑亭250米时，整个泰陵的陵宫建筑完全展现在眼前，中轴线上的神道碑亭、隆恩门、隆恩殿、明楼出现了重叠。这时已处于神路坡的最高点。再往前行，地势渐低，视线中的泰陵各建筑在竖向上开始慢慢上升。在这段距离中可以说是步移景换，步行其间，简直是艺术的享受。泰陵神路的建设充分体现了古代建筑设计师和劳动者们高超的智慧和精湛的技艺。

图18：泰陵神路旧影

[清西陵篇] 第一章 雍正皇帝的泰陵及其后妃陵寝

图 19：泰陵正前景旧影
图 20：泰陵三路三孔拱桥及神道碑亭旧影

图 21：泰陵前景旧影（1）
图 22：泰陵前景旧影（2）

图23：泰陵前景旧影（3）

## 12. 泰陵前景（图21—图23）

泰陵的规制虽说是仿景陵，但实际做法和布局却有许多变化和不同。仅从布局上讲，景陵的神道碑亭和东西朝房都在马槽沟之南，而泰陵的神道碑亭和东西朝房则都建在马槽沟之北；景陵的神厨库不仅建在马槽沟以南，而且远离东朝房，建在了石像生之东，而泰陵的神厨库却建在了马槽沟以北、东朝房的后面偏南。这些变化都是根据具体地理环境而定的，并无特殊意义。总体来讲，泰陵的建筑布局更接近孝陵。但泰陵的三路三孔拱桥两侧没有平桥，而孝陵三路三孔拱桥的东侧有一座五孔平桥和一座一孔便桥，这一点泰陵与孝陵迥异而与景陵相同，因为景陵三路三孔拱桥以西有两座小便桥。应该说泰陵是参照了孝、景二陵而建的。

由这三张老照片可见，当时的泰陵满地荒草，比较荒凉，推测拍摄日期当在清朝灭亡之后、民国初期。它们提供了两个重要信息：（1）清西陵的皇帝陵和皇后陵，除崇陵外，东朝房后都设有晾奶房（也有叫晾奶亭的），但实物早已不存在了。通过老照片，我们可以看到晾奶房的大体模样，从实地考察，仍能看到相关建筑痕迹。（2）泰陵东西值班房的后院曾建有面朝南北的两座小房。这两点都是清西陵所独有的。

图24：泰陵三路三孔拱桥旧影

### 13. 三路三孔拱桥（图24）

在三路三孔拱桥的规制上，泰陵有两点比孝、景二陵有了明显的进步：一是孝、景二陵的桥栏杆的望柱头都是二十四气式的，而泰陵则改为了云龙云凤柱头；二是孝、景二陵的桥孔上方都没有吸水兽，而泰陵则增加了吸水兽。泰陵的这两个变化都成了后世清陵效法的模式，成了定制。

### 14. 神道碑亭（图25）

泰陵的神道碑亭在总体规制上与以前建的孝陵和景陵的神道碑亭是一样的。但细加比较，有四点变化：（1）孝、景二陵的神道碑亭的四个券门上无券脸石，而泰陵增加了券脸石，这不仅使建筑更加坚固，同时也使建筑更加美观。神道碑亭增加券脸石始自泰陵，并成为定制。（2）孝、景二陵的神道碑亭下檐都是单层额枋，而泰陵的神道碑亭则为上下两层额枋，也成了定制。（3）孝、景二陵的神道碑亭檐墙面阔都是973厘米，门洞面阔为290厘米，而泰陵的神道碑亭的檐墙面阔943厘米，门洞面阔193厘米，明显比孝、景二陵的体量小了很多。（4）孝、景二陵的神道碑亭的每个门洞内安隔扇门四扇，而泰陵则为两扇。后来的昌陵神道碑亭效法泰陵的，每个门洞也都安了两扇。昌陵神道碑亭与泰陵的完全一样。但裕陵、慕陵及以后诸陵的神道碑亭的门洞都恢复了四扇隔扇门。泰陵神道碑上用满、蒙、汉三种文字镌刻"世宗敬天昌运建中表正文武英明宽仁信毅大孝至诚宪皇帝之陵"27个汉字，是乾隆帝亲笔书写。"陵"字的下面钤盖（实际是镌刻）"乾隆尊亲之宝"方形宝文。神道碑上的汉字由嗣皇帝亲笔书写并钤用"尊亲之宝"的做法为

图25：泰陵神道碑亭旧影

雍正帝所首创，并用之于景陵。这一做法得到了乾隆帝的继承并运用于雍正帝的泰陵。后来建的昌陵、慕陵、定陵、崇陵以及普祥峪定东陵（慈安陵）和菩陀峪定东陵（慈禧陵）都沿此制。我们可以设想，如果泰陵的神道碑上的汉字不是由乾隆帝书写，而是找一位当时著名的书法家书写，碑上也不用"乾隆尊亲之宝"，那么这个做法就很可能不会成为定制。所以说这一做法能够延续下去，并成为定制，乾隆帝的认可并推行是关键。泰陵神道碑亭在清陵神道碑亭发展史上具有承前启后的作用。

**15. 隆恩殿旧影**（图26—图30）

从顺治帝的孝陵，到嘉庆帝的昌陵，隆恩殿的规制基本一样，都是重檐歇山顶，面阔五间。前建月台，青白石栏杆将隆恩殿和月台环绕起来。按定制，皇帝陵的隆恩殿前的月台上陈设铜鼎式炉一对、铜鹤一对、铜鹿一对。现在清东陵各帝陵的炉、鹿都不是原物，只有一只鹤是原来的。铜鹿是故宫博物院拨给的。清西陵的鹤、鹿都不存在了，可喜的是，泰陵、昌西陵还存有几个铜炉，但没有一个完整的，多少都有点残缺。这几张泰陵隆恩殿老照片向我们展示了完整的鼎式炉、铜鹤、铜鹿的样子。紫禁城的太和殿是全国等级最高、体量最大的殿宇，但殿前月台上陈放的铜炉，无论从等级上还是体量上，都远逊于陵寝隆恩殿前的铜炉。十分难得的是，老照片给我们提供了非常清晰的铜鹿的样子。在清东陵的裕陵和慈禧陵的隆恩殿前现在都设有铜鹿，全身光滑无纹饰，没有长鹿角。其实这两只铜鹿并非陵上原物，是故宫博物院拨给的。但陈设日子长了，会让人误以为是陵寝的原物，给后世以错误的信息。通过这张老照片（图30）使我们了解到，泰陵原来陈设的鹿是梅花鹿，而且长着一对长长的分叉的犄角。

另外值得一提的是，泰陵以前的所有清朝皇帝陵的隆恩殿前的御路石上都没有蜥蜴的雕刻。泰陵是第一个在御路石上雕刻蜥蜴的皇帝陵，且雕刻了三只。以后的昌陵、慕陵、定陵、惠陵都雕刻了蜥蜴。皇后陵御路石上最早雕刻蜥蜴的是昭西陵。

〔清西陵篇〕 第一章 雍正皇帝的泰陵及其后妃陵寝

图 26：泰陵隆恩殿旧影（1）
图 27：泰陵隆恩殿旧影（2）

图 28：泰陵隆恩殿前的石栏杆（旧影）
图 29：泰陵隆恩殿前的一对铜鼎式炉（旧影）
图 30：泰陵隆恩殿前左侧的铜鹿（旧影）

图31：泰陵陵寝门旧影

### 16. 陵寝门（图 31）

从这张泰陵陵寝门的老照片上看，陵寝门三个门的门扇上，铜门钉很齐全，建筑也很完整。中门门垛上琉璃的中心花和岔角花，花朵也很齐全。泰陵和景陵一样，陵寝门前没有玉带河。这一做法直接影响了昌陵。

### 17. 二柱门（图 32）

清朝皇帝陵设置二柱门仿照的是明陵制度。顺治帝的孝陵和康熙帝的景陵都设置了二柱门。后来也给沈阳弩尔哈齐的福陵和皇太极的昭陵补建了二柱门。按说雍正帝的泰陵设二柱门顺理成章，天经地义。可是谁也不会想到，在泰陵的最初方案中却没有设置二柱门。现在的泰陵二柱门是在雍正帝生前补建的还是乾隆帝即位后补建的，有待进一步考证。从这张老照片得知，二柱门也是有隔扇门的。而现在维修二柱门却都不安门扇，未能做到真正的恢复原状。

表面上看，泰陵二柱门与福、昭、孝、景诸陵的二柱门是一样的，但细加观察就会发现还是有区别的。以前四陵的二柱门柱顶的天盘只是一个方形须弥座，没有搭袱子，而泰陵二柱门柱子上的天盘增加了搭袱子，袱子的四角还分别坠着一个古钱，使得天盘更加美观。后来，裕陵的二柱门在泰陵的基础上，不仅搭袱子，坠古钱，而且天盘须弥座的上枭和下枭雕刻了仰伏莲花瓣，从而使二柱门更加秀美。

一座陵寝从最初设计，到最后建成，在这数年间，营建项目、建筑规制、所用材料、施工方法会不断发生变化，这都是非常正常的。泰陵二柱门就属于这种情况。

图32: 泰陵的二柱门及方城明楼旧影

[清西陵篇]　第一章　雍正皇帝的泰陵及其后妃陵寝

图 33：泰陵方城明楼和石五供旧影

## 18. 泰陵方城明楼、石五供（图 33）

陵寝建方城明楼，为明太祖朱元璋首创，清陵沿袭之。顺治帝的孝陵和康熙帝的景陵，方城、明楼的做法基本是一样的。方城的隧道券两壁下碱为澄浆砖干摆，有腰线石。地面铺墁金砖。雍正帝的泰陵有了改进，将隧道券内两壁下碱以及方城北面的下碱均做成石须弥座，这样不仅使方城四面做法做到了统一，而且也使建筑更加坚固。同时将隧道券内的地面由铺墁金砖改用青白石条石铺墁。隧道券也比孝、景二陵宽了许多。

方城前设石五供。泰陵石五供的五件器物的器身上都没有任何纹饰的雕刻，从裕陵开始器身上开始有了兽面纹雕刻。泰陵石五供的瓶花与其他陵石五供的瓶花不同。其他陵的瓶花是圆柱形的，或上宽下窄的长条形。唯独泰陵的瓶花近似于球状。这也是鉴定泰陵石五供的一个重要标志。

细看这张老照片，泰陵明楼正脊上的剑把没有了，吻链也无存，且有的跑兽不齐全。可能是因盗墓贼偷盗吻链时将剑把弄坏。由此分析此照片当在民国初年所拍。

### 19. 日军在西陵（图34—图37）

在抗日战争时期，一部分侵华日军流窜到清西陵，给文物建筑造成了一定的损害。这些是日本侵略军在泰陵时的几张老照片。

图34：侵华日军窜到泰陵龙凤门北的三孔拱桥（旧影）

图 35：侵华日军流窜到泰陵三路三孔拱桥（旧影）
图 36：侵华日军流窜到泰陵隆恩门（旧影）
图 37：侵华日军在泰陵隆恩殿前（旧影）

## 二、颇有创新的泰东陵

泰东陵是乾隆帝的生母孝圣皇后的陵寝,位于泰陵东北方向的东正峪,始建于乾隆二年(1737年),大约完工于乾隆八年(1743年)。泰东陵是清王朝七座皇后陵中规制最标准的,也是清西陵三座皇后陵中规模最大的。营建泰东陵时,在不影响总体规制的前提下,有了几项创新,对后世清陵影响很大。

### 1. 孝圣皇后像(图1)

孝圣皇后,钮祜禄氏,满洲镶黄旗,她是四品典仪追封一等承恩公凌柱之女,生于康熙三十一年十一月二十五日(1693年1月1日),比雍正帝小14岁。康熙四十三年(1704年),年仅13岁的钮祜禄氏被选中秀女,被康熙帝赐给了皇四子胤禛为格格。康熙五十年(1711年)八月十三日子时,20岁的钮祜禄氏为胤禛生下了第四子弘历。弘历深受康熙帝的喜爱,并被接到宫中抚养,去热河时也奉命陪驾在康熙帝身边。康熙六十一年(1722年)夏秋之季,康熙帝正在避暑山庄,一天应胤禛之请,带着弘历到胤禛的驻地狮子园。胤禛和其嫡妃那拉氏(孝敬皇后)拜见皇父。康熙帝指着身边的弘历对那拉氏说:"将他的生母召来。"钮祜禄氏随即应召而到。康熙帝见了钮祜禄氏后,连声说"有福之人"。康熙帝为什么要见弘历的生母呢?几十年后乾隆帝是这样解释的:"今仰窥皇祖恩意,似已知予异日可以付托,因欲豫观圣母福相也。"

胤禛登极以后,于雍正元年(1723年)二月十四日谕礼部,封格格钮祜禄氏为熹妃,连升数级。同年十二月二十二日,以礼部左侍郎登德为正使、内阁学士塞楞额为副使,持节赍册、印,为钮祜禄氏举行了册封礼。雍正八年(1730年)钮祜禄氏又被晋封为熹贵妃。雍正十三年(1735年)八月二十三日,雍正帝崩逝的当天,弘历就晋尊生母熹贵妃为皇太后,同年十二月十三日上徽号"崇庆"二字。乾隆二年十二月十一日(1738年1月30日)因册立富察氏为皇后(孝贤皇后),

[清西陵篇] 第一章 雍正皇帝的泰陵及其后妃陵寝

图1: 六旬的孝圣宪皇后朝服像

加上皇太后徽号"慈宣"二字。乾隆十四年（1749年）四月初八日因册封那拉氏为摄六宫事的皇贵妃，加上皇太后徽号"康惠"二字。乾隆十五年（1750年）八月初三日，因册立摄六宫事的皇贵妃那拉氏为皇后，加上皇太后徽号"敦和"二字。乾隆十六年十一月二十二日（1752年1月8日），以皇太后六十大寿，加上徽号"裕寿"二字。乾隆二十年（1755年）六月初七日以准噶尔叛乱被平定，加上皇太后徽号"纯禧"二字。乾隆二十六年（1761年）十一月二十日，以皇太后七十大寿，加上徽号"恭懿"二字，乾隆三十六年（1771年）十一月二十日以皇太后八十大寿，加上徽号"安祺"二字。乾隆四十一年（1776年）五月初一日以金川被平定，加皇太后徽号"宁豫"二字，至此徽号全称为"崇庆慈宣康惠敦和裕寿纯禧恭懿安祺宁豫皇太后"。

乾隆帝事母至孝，以天下养。关于这方面，《啸亭杂录》有如下记述："纯皇侍奉孝圣宪皇后极为孝养，每巡幸木兰、江浙等处，必首奉慈舆，朝夕侍养。后天性慈善，屡劝上减刑罢兵，以免苍生屠戮。上无不顺从，以承欢爱。后喜居畅春园。上于冬季入宫之后，迟数日必往问安视膳，以尽子职。"

乾隆帝六次南巡，前四次都奉皇太后而行（后两次皇太后已死）。六次巡幸五台山，前三次都奉皇太后而行（后三次是在皇太后崩后举行的）。五次东巡中，除最后一次是在皇太后崩后举行的外，前四次皆奉皇太后而行。四诣盛京祭祖，前两次是在皇太后生前举行，皆奉皇太后而行。在皇太后生前，乾隆帝去避暑山庄30次，每次都奉皇太后而行。乾隆帝奉皇太后举行了他唯一的一次巡幸嵩洛。乾隆帝还多次奉皇太后展谒东西陵，巡幸天津。在有清一代的11位皇太后中，出巡范围之广、次数之多、时间之长，孝圣皇后名列首位，即使是当了57年皇太后的孝惠皇后也不能与她相比。

每次皇太后圣诞之日，乾隆帝都要隆重庆祝。特别是皇太后六十大寿、七十大寿、八十大寿，更是举国庆祝，其规模之大，耗银之巨，场面之隆重，花样之繁多，堪为清朝祝寿庆典之最。

乾隆四十二年（1777年）正月十四日，住在圆明园长春仙馆的皇太后病了，乾隆帝立刻赶到圆明园看望。从正月十四日到正月二十二日，乾隆帝天天到长春仙馆看望皇太后。从正月二十二日起皇太后的病势转重，这一天，乾隆帝探望了两次。这天夜里，病情更加沉重。从二十三日子时进入弥留状态，乾隆帝守护在病床旁。丑时，皇太后溘然长逝，享年86岁。她在乾隆盛世当了41年皇太后，享尽了荣华富贵，享年之高，在清朝皇太后中名列第一位，在中国封建历史上也是少见的。

随后，皇太后遗体很快被运回紫禁城，二十三日辰时到达慈宁宫。梓宫停放在慈宁宫正中。乾隆帝亲自为母亲定谥号为"孝圣宪皇后"。正月二十九日皇太后梓宫奉移畅春园九经三事殿正中安放，三月十六日在九经三事殿举行大行皇太后上谥礼，所上谥号是"孝圣慈宣康惠敦和敬天光圣宪皇后"。四月十四日卯时，孝圣皇后梓宫奉移西陵的泰东陵，乾隆帝亲自护送，四月二十五日辰时，孝圣皇后梓宫葬入泰东陵地宫。

嘉庆四年（1799年）五月十一日，嘉庆帝加上谥号"诚徽"二字，嘉庆二十五年十二月十一日（1821年1月14日），道光帝加上"仁穆"二字，最后谥号为"孝圣慈宣康惠敦和诚徽仁穆敬天光圣宪皇后"。

**2. 三孔拱桥老照片（图2）**

皇后陵前建一座三孔拱桥为孝东陵所首创，并为后世皇后陵立下了制度。泰东陵虽然是清朝建的第三座皇后陵，但皇后陵建三孔拱桥却是第二座，因为昭西陵没有马槽沟，所以也就没有三孔拱桥。

泰东陵与孝东陵的三孔拱桥相比较，有以下不同：

（1）孝东陵石栏杆的望柱是二十四气式柱头，而泰东陵为龙凤柱头。

（2）孝东陵的三孔拱桥每侧有14个望柱、13块栏板，而泰东陵只有12根望柱、11块栏板。

（3）孝东陵的桥孔是砖券，而泰东陵则为石券。

（4）孝东陵的桥孔上方无吸水兽，而泰东陵则有吸水兽。

图2：泰东陵三孔拱桥旧影

（5）孝东陵西旁有一座九孔平桥，该桥两边有石栏板。再西侧有一座三孔石便桥。而泰东陵，三孔桥两边没有任何桥座，只有西侧的马槽沟上有一座一孔小便桥。三孔拱桥是神路桥，人是不能通行的。但拱桥两旁还没有平便桥，这无论是对于谒陵人还是在陵上当差的人员都极不方便，反映出陵寝制度有不合理之处。因此，从孝和皇后的昌西陵开始，在拱桥两侧各建了三孔平桥。

在泰东陵三孔拱桥的老照片上有一个大人三个小孩儿。那个背着小孩儿的较大的男孩儿梳着一条长长的大辫子，衣衫褴褛，反映出当时老百姓饥寒交迫的贫困生活。海墁砖地上长满了荒草，陵的周围树木茂密，可以推测此照片当摄于民国初期。

图3：泰东陵隆恩殿旧影

## 3. 隆恩殿（图3—图4）

泰东陵的隆恩殿是完全按照孝东陵隆恩殿的规制建的，重檐歇山顶，面阔五间，前建月台，陛五出。青白石栏杆将隆恩殿和月台环绕过来。

泰东陵之前建的孝东陵和昭西陵，隆恩殿前月台上只有铜鼎式炉一对。乾隆帝在其母亲入葬前，下旨在泰东陵隆恩殿月台上增设铜鹿一对、铜鹤一对，与皇帝陵相同。自泰东陵设铜鹿、铜鹤以后，后来建的昌西陵、慕东陵、慈安陵和慈禧陵也都设有铜鹿、铜鹤。为了与皇帝陵有所区别，都改为鹤东、鹿西各一只。

泰东陵隆恩殿与孝东陵和昭西陵的隆恩殿相比，还有一个新创举，

图4：泰东陵隆恩殿东暖阁内的佛楼（2012年）

即在殿内东暖阁首建佛楼。在泰东陵以前，无论皇帝陵还是皇后陵，隆恩殿内都不建佛楼。泰东陵隆恩殿东暖阁佛楼是清朝皇陵中建的第一座佛楼。佛楼是单檐的，造型朴实简约。从乾隆帝的裕陵开始，佛楼改为上下双层，真正是楼了。泰东陵佛楼内壁的描金万蝠流云图案极为精美，至今虽已有270年之久，仍然非常清晰，金光闪闪。自泰东陵首建佛楼后，后来的所有皇帝陵都建佛楼，成为定制。后来的皇后陵只有慈禧陵建了佛楼。

老照片上的泰东陵隆恩殿不仅门窗隔扇齐全，外面挂的雨搭尚存，殿前鹤、鹿都在。正吻上的吻链也在。此照片当拍摄于民国初年。

## 4. 陵寝门后院（图5）

这张老照片是站在泰东陵明楼前往南拍摄的。以乾隆朝的雄厚的经济实力，乾隆帝完全可以给母亲建一座二柱门，但是乾隆帝能够以理止情，完全遵照皇后陵不建二柱门的规制办事，没有给泰东陵建二柱门。因为泰东陵的营建日期与泰陵未隔几年，所以其石五供与泰陵是同一个风格。这张老照片还提示了陵寝门在背面是如何关闭的——在东门和中门的背后横插门闩。整个后院松树高大荫翳，蒿草遍地，显得十分肃穆和神秘。树下还有一个人。

图5：泰东陵后院的石五供及陵寝门旧影

### 5. 方城明楼（图6）

泰东陵的方城明楼后面就是宝城宝顶，之间没有哑巴院，与孝东陵和昭西陵的做法是一样的。方城隧道券内的地面仿孝东陵的做法，做成斜坡状，而没有像昭西陵那样做成三个阶台。

清宫档案非常清楚地记载了泰东陵地宫里雕刻了经文佛像。地宫内有没有渗水，历来为皇帝、皇后所重视。早在乾隆十七年（1752年）孝贤皇后入葬裕陵地宫前就发现地宫里出现了渗水，费了很大力气才修好，所以乾隆帝对泰东陵的地宫有没有渗水非常关心。孝圣皇后死后第八天即二月初二日，乾隆帝就命负责泰东陵修缮工程的诚郡王弘畅、工部侍郎成德及刘浩、副都统和尔经额到泰东陵地宫"敬谨阅看，迅即回奏"。用四百里加急将谕旨传给了他们。二月初三日，四人接到了谕旨，马上进地宫查看，看完后立即上奏。在二月初四日，乾隆帝就收到了他们的奏折。他们在奏折中说："臣弘畅同刘浩、成德、和尔经额由隧道进至明堂券、金券、宝床敬谨详看，俱各干燥无水。再看金井内土干。唯地面金砖微潮。又看石门周围圈墙佛像、经文、番字、金刚墙□新，竖缝卧缝严密妥固，并不潮湿。"

通过弘畅等人的奏报可知，泰东陵地宫里雕刻经文、佛像。还可知地宫的地面和泰陵的一样，也是用金砖铺墁的。

昭西陵和孝东陵的地宫有没有雕刻尚不太清楚，估计有的可能性不大。以后的昌西陵、慕东陵、慈安陵、慈禧陵地宫都没有雕刻。

将这张老照片放大后发现，明楼正吻的两个剑把没有了，吻链也不存在了。以此推之，此照片拍摄日期当晚于隆恩殿（图3）那张。

图6：泰东陵方城明楼及石五供旧影

Tombeau des concubines de l'Empereur de Chine aux Si-Ling, Pékin — Tombs of the concubines emperor of

图1：泰陵妃园寝旧影

## 三、清西陵第一座妃园寝——泰陵妃园寝

### 后院宝顶（图1—图2）

内葬雍正帝妃嫔的泰陵妃园寝位于泰东陵的东南杨树沟，始建于雍正晚期或乾隆初期，坐北朝南。这座妃园寝是清西陵境内建的第一座妃园寝，也是清西陵埋葬人数最多的妃园寝。这座妃园寝的建筑布局从南到北依次是：一孔拱桥1座、东西厢房各3间、东西值班房各3间、大

[清西陵篇] 第一章 雍正皇帝的泰陵及其后妃陵寝

门3间、东侧燎炉1座、享殿5间、园寝门3座。后院有宝顶21座，分成3排，第一排5座，第二排9座，第三排7座。所葬的21位妃嫔中，级别最高的是纯懿皇贵妃耿氏，她死于乾隆四十九年（1784年），终年96岁，在已知享年的清朝后妃中仅次于97岁的康熙帝的定妃，寿数位居第二位。

从图1这张老照片看，虽然园寝内荒草遍地，但宝顶还很完整，没有坍塌情况，只是个别有灰皮脱落现象。

图2：21世纪初的泰陵妃园寝内众宝顶

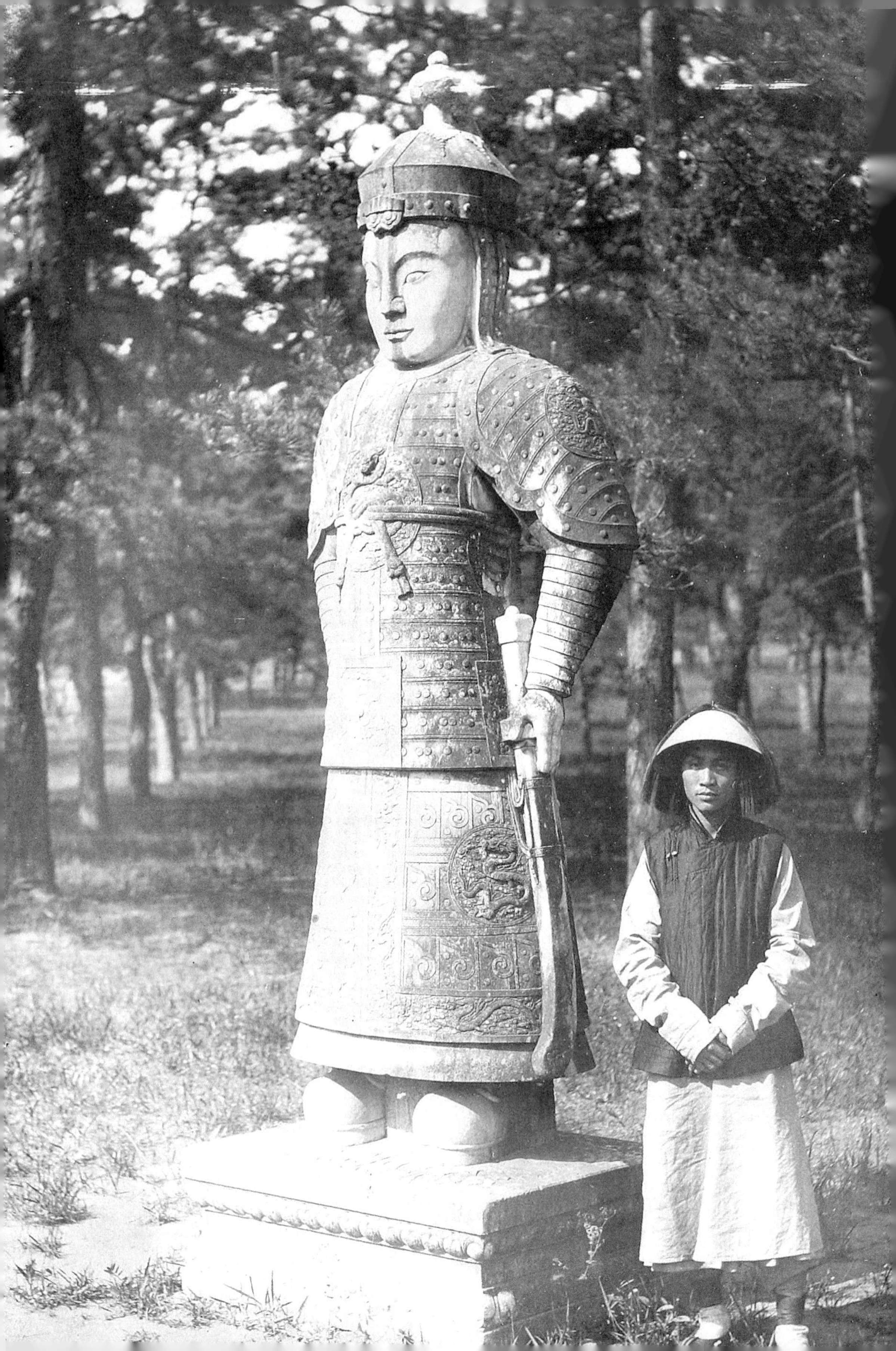

# 第二章　嘉庆皇帝的昌陵及其皇后陵寝

## 一、毫无创意的昌陵

昌陵是清西陵建的第二座皇帝陵，位于泰陵西侧的太平峪。乾隆帝为了使他制定的"昭穆相建"制度得到真正的落实，指定嘉庆帝的陵要建在西陵境内的泰陵西旁的太平峪，对于这一点，嘉庆帝曾直言不讳地说"此吉地乃皇考赐朕之地"。可惜"昭穆相建"制度只执行了这一代，到道光帝那里就被打乱了。所以，昌陵是遵照乾隆帝制定的"昭穆相建"制度建的第一座皇帝陵，也是唯一的皇帝陵。昌陵始建于嘉庆四年（1799年）二月十九日，嘉庆八年（1803年）基本建成。

营建昌陵时，嘉庆帝制定了一个指导方针，就是"外式照泰陵，内式照裕陵"。意思就是人们能看到的地面上的建筑按照泰陵式样建，人们看不到的地下部分即地宫按裕陵的建。嘉庆帝为什么要制定这样的方针呢？因为裕陵的石像生为八对，而泰陵石像生只有五对；裕陵院内设有玉带河，在陵寝门前的玉带河上建有三路一孔拱桥，而泰陵院内没有玉带河，当然也就没有玉带桥。泰陵是嘉庆帝祖父的陵，又是西陵的首陵，如果昌陵地面按裕陵的建，明显超过了泰陵，显然是对祖父的一种不尊重。裕陵地宫里布满了经文、佛像雕刻，泰陵地宫里很可能没有，地宫仿裕陵，虽然规制超过了泰陵，但世人看不到，没有僭越之嫌，嘉庆帝可谓心思缜密。

昌陵地面建筑与泰陵相比，除了未建石牌坊、大红门、具服殿、七孔拱桥之外，其余部分几乎一样。其建筑从南到北依次为圣德神功碑亭、五孔拱桥、石像生、龙凤门、三孔拱桥、三路三孔拱桥、神道碑亭、东西朝房、东西值班房、隆恩门、东西燎炉、东西配殿、隆恩殿、陵寝门、二柱门、石五供、方城明楼、哑巴院、宝城宝顶。宝顶下是地宫。陵前左侧是神厨库。神厨库之南是井亭。神路与泰陵相接。

## 1. 嘉庆帝像（图1）

嘉庆帝是清入关后的第五帝，即位前叫永琰，即位后改名为颙琰，他是乾隆帝的第十五子，乾隆二十五年十月初六日丑时（1760年11月13日凌晨）生于圆明园天地一家春，生母为令贵妃魏氏，即后来的孝仪皇后。乾隆三十八年（1773年）十一月初八日被密立为皇位接班人。乾隆五十四年（1789年）十一月初八日被封为和硕嘉亲王。乾隆六十年（1795年）九月初三日正式公布为皇太子。翌年正月初一日，乾隆帝将皇位禅让给永琰，正式即位于太和殿，改元嘉庆元年，时年37岁。即位后前三年，乾隆帝仍训政。嘉庆四年（1799年）正月初三日，乾隆帝驾崩，嘉庆帝开始亲政。嘉庆帝亲政半个月就将乾隆帝的宠臣、历史上最著名的贪官和珅赐令自尽了。嘉庆帝在位期间，镇压了川陕湘楚诸省的白莲教起义和林清的天理教起义。

嘉庆帝是一个守成皇帝，虽然他在位的25年间没有重大的业绩，但他全力维护了大清王朝政权的统一和巩固，祖宗的各项成法基本上得到了继承，国家没有遭到外侵。

嘉庆二十五年七月二十五日戌时（1820年9月2日晚），嘉庆帝病死于热河避暑山庄，终年61岁。八月十二日卯时，大行皇帝梓宫从避暑山庄奉移，历11天，于八月二十二日到达京城，梓宫停放在乾清宫正中。九月初十日辰时，梓宫从乾清宫奉移到景山观德殿暂安。十月二十一日巳时上大行皇帝谥号为"受天兴运敷化绥猷崇文经武孝恭勤俭端敏英哲睿皇帝"，庙号"仁宗"。道光元年（1821年）三月十一日寅时，梓宫奉移易县西陵，三月二十三日午时葬入昌陵地宫。道光

［清西陵篇］ 第二章 嘉庆皇帝的昌陵及其皇后陵寝

图1：嘉庆皇帝画像

三十年（1850年）五月初一日，咸丰帝给加上谥号"光裕"二字，其庙号、谥号全称为"仁宗受天兴运敷化绥猷崇文经武光裕孝恭勤俭端敏英哲睿皇帝"。

**2. 孝淑皇后像（图2）**

孝淑皇后，喜塔腊氏，满洲正白旗，原任总管内务府大臣、副都统和尔经额之女，生于乾隆二十五年（1760年）八月二十四日辰时，与嘉庆帝同岁。经乾隆帝指婚，乾隆三十九年（1774年）四月二十七日，喜塔腊氏与颙琰喜结连理，当时新娘、新郎都15岁，从此喜塔腊氏成了皇十五子的嫡妃，也称嫡福晋。乾隆四十五年（1780年）四月三十日子时，喜塔腊氏生皇二女，乾隆四十七年（1782年）八月初十日寅时，生皇二子旻宁即后来的道光帝。乾隆四十九年（1784年）九月初七日申时，生皇四女庄静固伦公主。嘉庆元年（1795年）正月初一日，颙琰即皇帝位。正月初四日午时，嘉庆帝奉太上皇帝之命，遣东阁大学士王杰为正使，礼部右侍郎多永武为副使，持节赍册、宝，册立喜塔腊氏为皇后。

夫君当了皇帝，自己被立为皇后，好运刚刚开始，喜塔腊氏竟于嘉庆二年（1797年）二月初七日未时驾鹤西去，年仅38岁。去世当天遗体被移送到紫禁城外的吉安所。正在圆明园的嘉庆帝听说皇后崩逝，立刻赶回城内，到吉安所为皇后奠酒。即日，太上皇帝发布敕谕，对皇后的丧事做了安排：皇帝辍朝五日，穿素服七天，遇有奠酹再行摘缨，俟目送梓宫奉移静安庄殡宫后，皇帝改穿常服；王公大臣及军民人等俱素服七日，不摘缨，但剃发，对照《大清会典》关于皇后丧仪的规定和以前皇后的丧礼实例，喜塔腊氏的丧礼明显大大降格。其原因，用太上皇帝的话说，"所有应行典礼原当照例举行，但皇帝侍奉朕躬，而臣民等亦皆礼统于尊"。用嘉庆帝的话说是"皇后册立甫及一年，母仪未久，且昕夕承欢，取诸吉祥"，以表明"崇奉皇父""专隆尊养"之至意。说直白点，就是一切礼仪活动都应该以太上皇帝为中心，处处要取吉

图2：孝淑皇后朝服像

利，以使太上皇帝心欢。如果按规定办理丧事，举国同悲，隆重排场，置太上皇帝于何地？太上皇帝心情能好吗？这是根本原因。至于嘉庆帝所说的"皇后册立甫及一年，母仪未久"，这只是一种自谦和托词。康熙帝的孝昭皇后册立刚半年就崩逝了，孝懿皇后举行册立礼当天就亡故了，这两位皇后的丧事丝毫未因册立时间短而减少仪文，办得很是隆重，这当如何解释？所以说嘉庆帝所说的"母仪未久"之说是不成立的。孝淑皇后与嘉庆帝朝夕相伴23年，相亲相爱，并生了一男二女，特别是生了皇次子旻宁，可谓功劳不小。对于发妻的去世，嘉庆帝岂不悲痛？只是碍于皇父之面，不得不含悲忍痛，强作笑颜而已。

二月十三日卯时，喜塔腊氏梓宫奉移静安庄殡宫，这一天，嘉庆帝亲自到吉安所目送。喜塔腊氏梓宫到达静安庄殡宫以后，开始漆饰梓宫，共漆饰49次。二月二十七日，太上皇帝赐谥喜塔腊氏为孝淑皇后。五月二十日巳时，在静安庄殡宫举行册谥礼，册谥喜塔腊氏为孝淑皇后。因为当时昌陵尚未破土兴建，所以孝淑皇后梓宫只能长期停放在静安庄殡宫。

嘉庆八年（1803年），昌陵基本建成。当年十月十一日，以孝淑皇后梓宫翌日奉移山陵，嘉庆帝亲自到静安庄殡宫奠酒。十二日，又亲自临送。

嘉庆八年（1803年）十月十七日，孝淑皇后梓宫到达西陵，梓宫停放在陵寝隆恩殿内。这一天，嘉庆帝从京师启銮赴西陵，亲自参加孝淑皇后的葬礼。嘉庆八年十月二十二日卯时（上午5—7时），孝淑皇后梓宫葬入地宫，嘉庆帝亲自到地宫内临视，命皇次子旻宁在梓宫前行礼。

道光元年（1821年）三月十六日嘉庆帝梓宫入葬前，在昌陵隆恩殿举行了孝淑皇后的加谥礼，道光帝亲自行礼，谥孝淑皇后为"孝淑端和仁庄慈懿光天佑圣睿皇后"。道光三十年（1850年）五月初一日，咸丰帝加上"敦裕"二字。咸丰十一年（1861年）十月，同治帝加上"昭肃"二字。最后谥号全称是"孝淑端和仁庄慈懿敦裕昭肃光天佑圣睿皇后"。孝淑皇后是有清一代唯一生育过皇帝的嫡皇后。

图3：昌陵圣德神功碑亭旧影

### 3. 圣德神功碑亭

昌陵的圣德神功碑亭是清朝建的最后一座。从道光帝的慕陵开始，圣德神功碑亭遂成绝响。自从景陵的圣德神功碑立双碑以后，以后各陵凡建功德碑，无论功绩多少，碑文长短，均立双碑，成了定制。

根据先帝的圣德神功碑要由嗣皇帝立的制度，道光元年（1821年）三月二十三日嘉庆帝入葬后，道光帝在同年四月二十日就颁发了为皇父嘉庆帝立功德碑、建碑亭的谕旨，紧接着派出了勘估大臣和承修大臣。按例净估需物料、匠夫工价银为218631两8钱3分5厘，如果将价值22755两4钱8分4厘的木植银和价值25468两8钱4分9厘的灰斤银加上，总造价为266855两3钱6分8厘。

昌陵圣德神功碑亭的承修大臣是郑亲王乌尔恭阿、定亲王绵恩、工部左侍郎穆彰阿、兵部左侍郎阿克当阿。道光元年（1821年）七月十六日又添派宗室辅国将军弘善为承修大臣。道光二年（1822年）二月六日又添派内务府大臣常福为承修大臣。承修大臣地位之高、人数之多，为历次建圣德神功碑亭之最。康熙帝的景陵圣德神功碑亭，从雍正三年（1725年）二月二十二日诏建，到雍正七年（1729年）四月碑文镌刻完毕，历时四年。雍正帝的泰陵圣德神功碑亭，从乾隆二年（1737年）三月初八日诏建，到乾隆七年（1742年）五月镌刻碑文完毕，历时五年。乾隆帝的裕陵圣德神功碑亭，从嘉庆四年（1799年）十一月初六日诏建，到嘉庆八年（1803年）四月碑文镌刻完毕，历时三年半。而嘉庆帝的昌陵圣德神功碑亭，从道光元年（1821年）四月二十日诏建起，到道光十年（1830年）九月碑文才镌刻完毕，历时九年半，相当于景陵和泰陵两座圣德神功碑亭用时之和还多半年，比建一座皇帝陵用时还长。其中虽然有木料、砖块运送迟缓的实际原因，但反映了道光朝吏治腐败，朝廷指挥不灵的实质。

根据营建昌陵圣德神功碑亭的清宫档案记载，四券门应安装四抹头落地明隔扇，与顺治帝的孝陵和康熙帝的景陵一样。可是从这张老照片上看，券洞内安装的却是六抹头隔扇。这只能有两种解释：一是在具体施工时改变了原设计方案；二是在后来维修时给改变了。

4. 五孔拱桥（图4—图5）

从景陵以后，圣德神功碑亭以北依次为五孔神路拱桥（只有泰陵是七孔拱桥）、石像生、龙凤门或牌楼门、三孔拱桥或一孔拱桥。嘉庆帝曾在嘉庆二年九月十七日谕："将来大碑楼在七孔桥之北建盖。"这表明昌陵在最初设计时，也是七孔拱桥。想将大碑楼建在桥北，后来才改为五孔拱桥，将大碑楼建在了桥南。昌陵的五孔拱桥的规制与裕陵的一样，每侧栏杆有望柱38根，栏板37块。

[清西陵篇] 第二章 嘉庆皇帝的昌陵及其皇后陵寝 551

图 4：昌陵五孔拱桥旧影
图 5：昌陵五孔拱桥侧面旧影

图6：从昌陵五孔拱桥北望石像生和龙凤门（旧影）
图7：昌陵石像生和五孔拱桥旧影

### 5. 昌陵石像生（图6—图9）

在昌陵五孔拱桥北，设了一组石像生，共有五对，由北至南依次为文士、武士、立马、立象、立狮。立狮南有石望柱一对。昌陵石像生与泰陵的基本一样。昌陵建成不久，发生了一起石像生做假案。

嘉庆十四年（1809年）三月，协办大学士、刑部尚书长麟等大臣奉旨查验昌陵工程有无情弊。他们在查验期间，风闻昌陵石像生右边武士头上盔缨小柱、右边石狮项下铃铛、左边石象左牙稍尖均是黏接的。长麟等人得知后，立刻赶到昌陵石像生现场，按所说部位详细察看，竟未发现丝毫破绽。他们不甘心，又用小刀轻轻刮验，在距象牙尖四五寸的地方慢慢显露出一道用白灰黏接的极细的石缝来，其细如发。其他部位也用此法验看，均有黏接之痕。于是，长麟等人向皇帝奏报了这件事。他们奏请皇上令内务府总理工程处传原办石像生的监督、商人，迅速赶赴工次，眼同查看，如黏接属实，即著落该监督、商人如式各半赔修，并将这些人严加议处。

嘉庆帝得知此事后，降旨令原办之监督、商人迅赴工次，交苏楞额等眼同查看。如黏接属实，即著据实参奏，将该监督严加议处。仍著原办之监督、商人如式各半赔修。其该年管工及事后未能查出之各大臣，并著查取职名，交部分别议处。

这件事在《清实录》《大清会典》中均无记载，是笔者在清宫档案中发现的。后来结果如何，有待考证。

图8：昌陵石像生之武士（旧影）

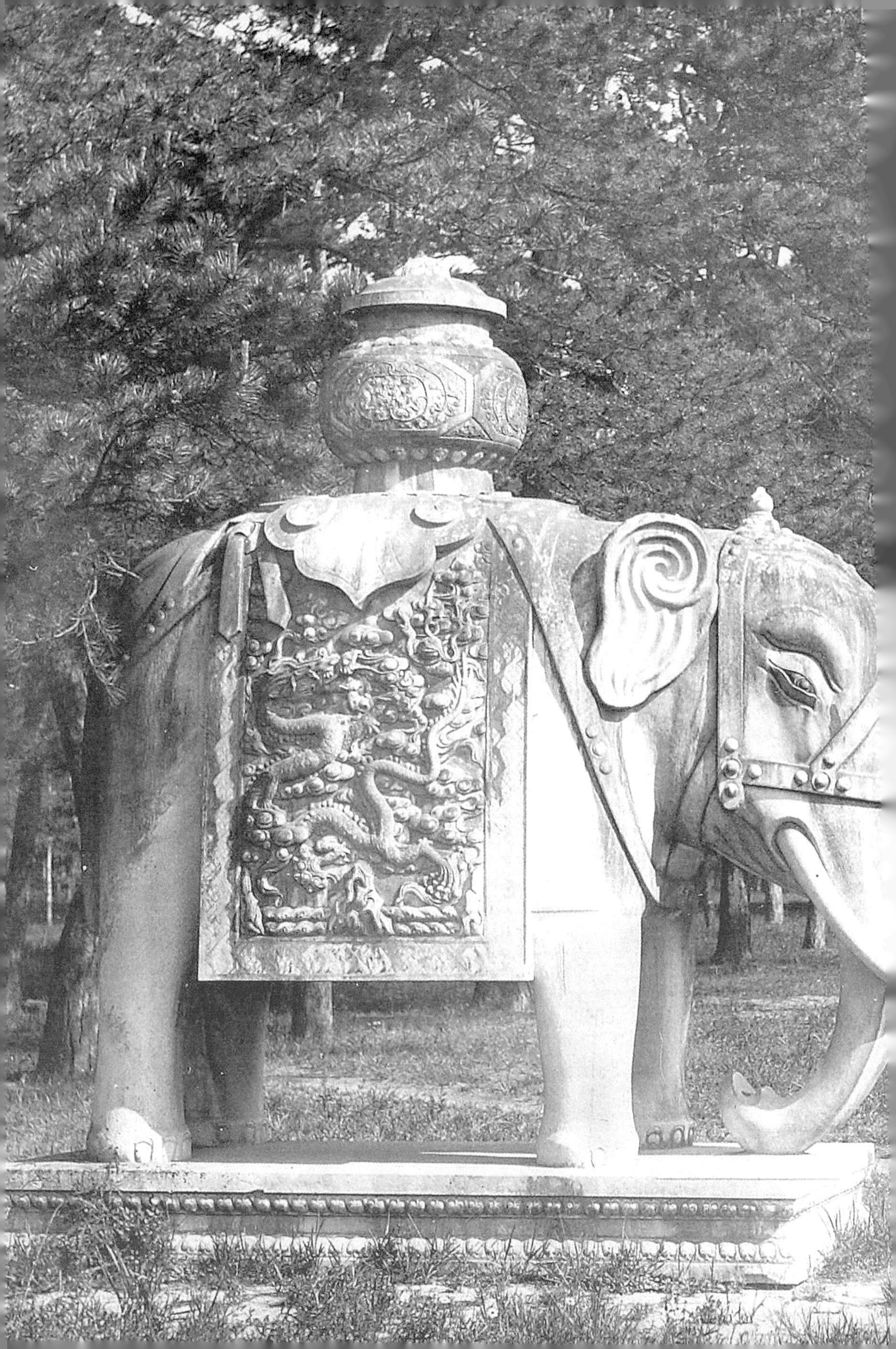

图9：昌陵石像生之石象（旧影）

## 6. 龙凤门（图10—图12）

清东陵五座皇帝陵，只有顺治帝的孝陵建的是龙凤门，其他四陵都是牌楼门。而清西陵的四座皇帝陵，有三座陵建的是龙凤门，只有最后建的崇陵是牌楼门。龙凤门和牌楼门虽然建筑形式不一样，但是其功用是一样的，也没有高低尊卑之分。虽然它们在陵院之外，在其两侧都可以过人，但每个门口也都要安装木门，而且这些木门都安装在北侧。由于这些建筑没有宽大的屋顶，木门长年累月遭受雨雪风霜的侵袭，油漆驳落，木件糟朽，极易损坏，所以清陵中的所有牌坊之类的建筑没有一座存有原来木门的。后来修缮时也没有恢复木门，我们只有通过这些老照片来了解木门原来的样子了。

图10：昌陵龙凤门南面旧影

[清西陵篇] 第二章 嘉庆皇帝的昌陵及其皇后陵寝 557

图 11：昌陵龙凤门旧影（1）
图 12：昌陵龙凤门旧影（2）

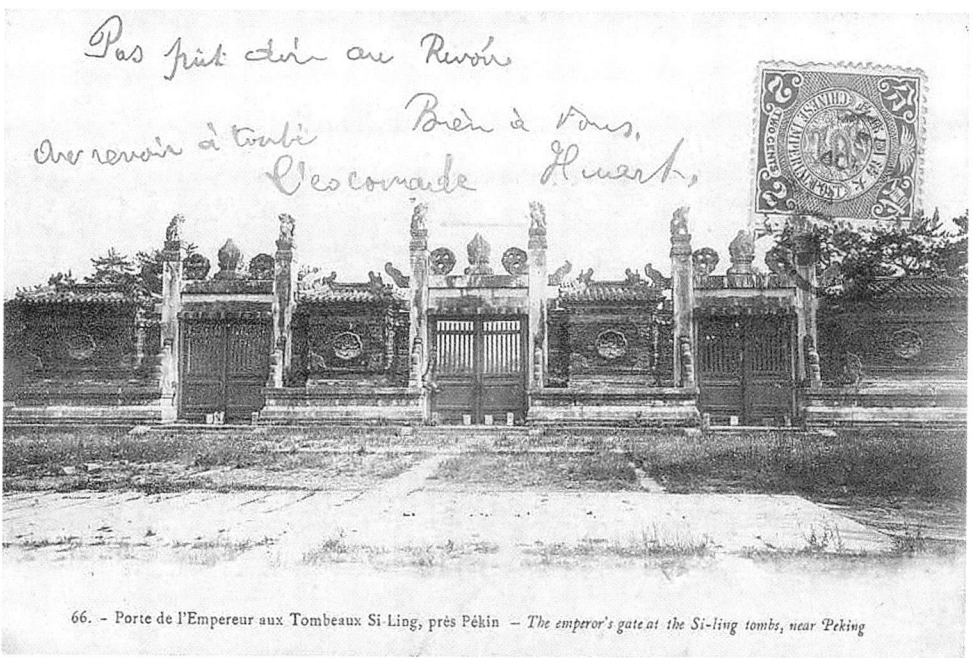

66. - Porte de l'Empereur aux Tombeaux Si-Ling, près Pékin — *The emperor's gate at the Si-ling tombs, near Peking*

图13：昌陵东朝房后身和东值班房后身（旧影）

### 7. 东朝房（图13）

从这张老照片看，昌陵东朝房后面的原设晾奶房已不存在了。但能清楚地看到朝房后檐墙是两次间各留有一槽窗户。而妃园寝五间厢房是明间后檐墙留有窗户。这也是皇帝陵朝房与妃园寝厢房的区别之一。本书在"泰陵前景"部分曾讲到在泰陵值班房后院曾建有面对南北的两排小房子，从这张老照片上，能更清楚地看到在昌陵值班房后面的小院里也建有同样的两排小房子。在清东陵所有皇帝陵、皇后陵、妃园寝的值班房的后院都未发现建有这样的小房子。泰陵和昌陵后院的两排小房子是否原建时就有，还是清朝灭亡后增建的，有待进一步考证。如今，泰陵和昌陵值班房后院的小房子都已经不存在了，所以这张老照片显得尤为珍贵。

## 8. 隆恩殿（图14—图15）

昌陵隆恩殿的规制与孝、景、泰、裕诸陵隆恩殿的规制基本一样。在装修上与以上诸陵相比，最大的不同之处是：昌陵隆恩殿地面用的是花斑石铺墁，而其他陵的隆恩殿地面则都用金砖铺墁。隆恩殿地面用花斑石铺墁在清朝陵寝中是唯一的。昌陵隆恩殿与泰陵隆恩殿相比，不同之处是昌陵隆恩殿东暖阁内设了佛楼，而泰陵则没有佛楼。因为昌陵地宫里只葬了嘉庆帝和孝淑皇后，所以，在隆恩殿中暖阁的神龛里只供设了他俩的神牌。在暖阁前只摆放了两个金漆宝座。如果像孝陵那样葬有一帝二后，神牌和宝座的摆放方法便很明确：皇帝的在中间，两个皇后的分列左右。但是昌陵只葬一帝一后，宝座和神牌应如何摆放？是皇帝

图14：昌陵隆恩殿旧影

图15：昌陵隆恩殿内宝座旧影

的居中，皇后的在左？还是皇帝的在左，皇后的在右？《钦定大清会典》《昌瑞山万年统志》和《陵寝易知》等书中均无详细记载。这张老照片解决了困扰笔者多年的这个老问题。经过详细分析这张老照片得知，嘉庆帝与孝淑皇后的宝座是左右摆放的，嘉庆帝的龙座在左（东），孝淑皇后的凤座在右（西），完全符合"男左女右"的传统习惯。以此推之，其神牌位置也应该如此。同治帝的惠陵和光绪帝的崇陵也应是这样。但是地宫中的棺椁位置却不是这样摆放的，皇帝的棺椁居中，皇后的棺椁在左（东）侧。

从图15这张老照片还可知道陵寝宝座的规制和暖阁外所挂的九龙九凤幔帐的样子，宝座和幔帐非常精美豪华。这张老照片十分宝贵。

### 9. 方城明楼（图16—图17）

昌陵的方城明楼与裕陵相比，方城隧道券的北口增加了券脸石，很显然是仿的泰陵做法。在营建昌陵方城时，出现了一个小小的插曲。嘉庆六年（1801年）十一月，当时的承修大臣兵部尚书汪承霈等给皇帝上了一个奏折，建议方城隧道券不用砖发券，改用青白石发券，这样不但能避免今后酥碱，而且还坚固耐久。对于这个建议，嘉庆帝不仅没有采纳，反而对这些承修大臣进行了严厉的训斥。嘉庆帝认为，以往各陵都是砖券，已成定制，就不能轻易改变；而且改用石券有可能增加建陵费用。更重要的是，他认为这样做很可能是他的大舅哥盛住在背后出的主意，借机贪污。因此，下旨将盛住交部议处。对其他承修大臣交部察议。对于嘉庆帝的处理方法似无可指责。但他的想法也不完全符合实际。既然都按以前的成法做法办，不能轻易改变，为什么昌陵隆恩殿的地面一反明清两朝皇陵几百年的传统做法，由金砖墁地改为花斑

图16：昌陵方城明楼及石五供旧影

石墁地呢？其实方城隧道券改用石券也不一定多花多少钱，改用石券，确实能避免酥碱，坚固耐久。在清朝陵寝中改变以往做法的屡见不鲜，是非常正常的。所以嘉庆帝以"恪遵成宪"为理由是没有说服力的。不同意就不同意，大可不必追究大臣的罪责。

将图16这张老照片放大后可发现明楼正吻上的吻链尚存，且还发现方城伸出的挑头沟嘴向外接出了一个铜沟嘴。这表明原来的石沟嘴短，雨水不能完全流到地面上，可能流到了方城墙体上。

图17：昌陵明楼旧影

图1：昌西陵全景旧影

## 二、新颖奇特的昌西陵

昌西陵是孝和皇后的陵寝，位于昌陵之西。最初道光帝所派的大臣将昌西陵陵址确定在昌陵妃园寝以南。在为运送木料而砍伐部分回干树株、刨挖树根时，发现地皮以下多有沙石，往下刨到九尺就有水泉。陵址土中最忌有沙有水，所以被迫重新相度陵址。最后相度大臣柏葰等认为昌陵妃园寝以西的望仙山下"土脉高厚，主山端正，对岸得势，宜立癸山丁向，甚属合局，实堪建立昌西陵"，得到了咸丰帝的同意。昌西陵始建于咸丰元年（1851年）二月二十日，到咸丰二年（1852年）八月二十七日全工告竣，只用了一年半的时间，用银448000多两。按道理，皇后陵都应在皇太后生前营建。孝和皇后在道光朝当了29年皇太后，道光帝一直没有给她营建陵寝，其原因至今还是一个谜。

### 1. 昌西陵全景老照片（图1）

昌西陵坐北朝南，建有下马牌一对、三孔拱桥一座、左右三孔平桥各一座。东西朝房、东西值班房、隆恩门、东西燎炉、东西配殿、隆恩殿、陵寝门、石五供、宝顶一座。陵前左方建神厨库，库南为井亭。

昌西陵是在清王朝政治、财政极端困难的情况下建起来的，所以规制大为缩减。主要表现在以下几方面：不建带雉堞的宝城，不建方城、明楼；陵寝门只有中门带门楼，两旁门为随墙门，和妃园寝差不多；隆恩殿为单檐歇山顶，不设石栏杆、御路石；配殿为三间；隆恩门为三间；整个陵寝面积只相当于标准规制皇后陵的一半左右。

昌西陵虽然规制缩减，但也有许多值得称道之处：隆恩殿的天花板一改传统的金莲水草图案，改为展翅飞翔的金凤；在陵寝门前设有玉带河，上设平桥三座，是清朝皇后陵中唯一设有玉带河的陵寝。

将这张全景老照片放大后可以看出，昌西陵隆恩殿也安有吻链。另外，从照片上还可以看出东朝房后有晾奶房。东值班房后的小院也建有小房子（详见本书昌陵东朝房图 13）。

## 2. 孝和皇后像（图 2）

孝和皇后，钮祜禄氏，满洲镶黄旗，生于乾隆四十一年（1776 年）十月初十日，比嘉庆帝小 16 岁。她的父亲恭阿拉在嘉庆年间任过礼部尚书、工部尚书和兵部尚书。钮祜禄氏被选中秀女后，经乾隆帝指婚，赐与皇十五子颙琰为侧福晋，乾隆五十八年（1793 年）六月二十六日午时生皇七女。乾隆六十年（1795 年）六月二十二日寅时，生皇三子绵恺。颙琰于嘉庆元年（1796 年）正月初一日正式即皇帝位，正月初四日，册封原侧福晋钮祜禄氏为贵妃，当时钮祜禄氏 21 岁。

嘉庆二年（1797 年）二月初七日，嫡皇后孝淑皇后病逝，中宫皇后之位悬缺。这年的五月，太上皇帝亲自为嗣皇帝物色了未来的皇后人选，她就是已是贵妃的钮祜禄氏。太上皇帝为什么选中了钮祜禄氏呢？他在嘉庆二年（1797 年）五月二十日的敕谕中是这样说的："皇帝自受政以来，晨昏仰体朕意，承欢孝养，皇后亦克尽孝敬，朕心深为欣悦。不意皇后不幸薨逝，朕甚悼焉。今已逾百日，不但皇帝中宫不可久旷，即晨昏侍养乏人，朕心亦颇不愉。但皇后薨逝甫经百日，虽不便即举行

图2：孝和睿皇后朝服像

②

继立皇后典礼，自应先行册封皇帝之皇贵妃。今贵妃钮祜禄氏系朕从前选择，赐皇帝为侧福晋者，观其人品，亦甚端谨庄重，且能率下，即将贵妃钮祜禄氏册封为皇帝之皇贵妃，俾正内则，上以孝养朕躬，佐皇帝以绥福履，襄成内治。俟二十七个月后，除再举行册立皇后典礼外，所有册封皇贵妃典礼，著该衙门照例办理。"

嘉庆二年十月十七日午时，以体仁阁大学士刘墉为正使，礼部左侍郎铁保为副使，持节赍册宝，册封贵妃钮祜禄氏为皇贵妃。孝淑皇后的27个月的丧期要到嘉庆四年五月才能结束，未想到嘉庆四年正月初三日，太上皇帝又病逝了，又是一个27个月的丧期，所以册立皇后的典礼一直拖到嘉庆六年（1801年）四月十五日才举行。钮祜禄氏被册立为皇后第四年，即嘉庆十年二月初九日子时，又生下了皇四子绵忻。嘉

庆帝一生只有五位皇子，孝和皇后就生了两位。

嘉庆帝死后刚两天，钮祜禄氏就被尊为皇太后，迁居寿康宫。嘉庆二十五年十二月初二日（1821年1月5日），第一次为她恭上徽号，尊称为"恭慈皇太后"。道光二年十一月二十七日（1823年1月8日），因册立皇后，加上皇太后徽号"康豫"二字。道光八年（1828年）十一月初八日，因新疆张格尔叛乱被平定，加上皇太后徽号"安成"二字。道光十四年（1834年）十月二十一日，因册立摄六宫事的皇贵妃为皇后，加上皇太后徽号"庄惠"二字。道光十五年（1835年）十月初十日是皇太后的六十岁圣诞之日，十月初九日恭加上徽号"寿僖"二字。道光二十五年（1845年）十月初十日是皇太后七旬大寿，在十月初六日，加上皇太后徽号"崇祺"二字，至此徽号全称为"恭慈康豫安成庄惠寿僖崇祺皇太后"。道光二十九年十二月初七日（1850年1月19日），68岁的道光帝陪着74岁的皇太后从京西的绮春园（圆明三园之一园）回到了紫禁城。当时正值严冬，天气寒冷，加上皇太后年事已高，回宫第二天，正是"腊八"这一天，皇太后病倒了。到十二月十一日病更沉重了，下午申时（15时至17时），皇太后溘然辞世，终年74岁。十二日午时，皇太后大殓，安奉梓宫于慈宁宫正中。十二月二十一日卯时，大行皇太后梓宫奉移绮春园迎晖殿暂安。道光帝因哀痛过度，丧事繁劳，加之年高有病，于道光三十年（1850年）正月十四日也撒手人寰，距皇太后死仅33天。这样，大行皇太后的丧事就落到了孙辈咸丰帝的身上。道光三十年（1850年）三月初一日行上谥礼，册谥大行皇太后为"孝和恭慈康豫安成应天熙圣睿皇后"。三月二十日卯时，孝和睿皇后梓宫奉移昌陵隆恩殿暂安，咸丰帝跪送后回圆明园，由惠亲王绵愉等护送梓宫到昌陵，三月二十四日梓宫到达昌陵，停放于隆恩殿西间。道光三十年（1850年）九月二十二日在昌陵隆恩殿举行加谥礼，咸丰帝亲自恭上尊谥册宝，加上"钦顺"二字。咸丰三年（1853年）二月二十四日辰时，孝和睿皇后梓宫从昌陵隆恩殿奉移到昌西陵，二月二十六日卯时，葬入昌西陵地宫。咸丰十一年（1861

年）十月，同治帝加上谥号"仁正"二字。最后谥号全称为"孝和恭慈康豫安成钦顺仁正应天熙圣睿皇后"。

### 3. 宝顶（图3—图4）

在陵寝后院，孝和皇后宝顶之前的神路上有回音石，在那里说话或发出响声，就会听到大几倍的回声；后罗圈墙是回音壁，有近似于天坛回音壁的效果；围绕宝顶的宝城伸出的挑头沟嘴是铜制的。正因为昌西陵有了以上特点，所以昌西陵虽小而不卑，简而不俗，颇有新意，在清朝陵寝中占有重要地位。当然回音石也好，回音壁也好，并不是工程设计人员有意为之，而是偶然巧合。

图3：现在的昌西陵宝城铜沟嘴
图4：昌西陵宝顶旧影

图1：慕陵前景旧影

# 第三章 道光皇帝的慕陵及其皇后陵寝

## 一、既简朴又奢华的慕陵

别看道光帝才智中平,但在营建自己的陵寝上可谓绞尽脑汁,用尽心机,颇有创新。他在位30年,修陵就用了15年之久。道光帝建陵可以说一波三折,反复多变,这是道光帝的反复无常、优柔寡断的性格所决定的。他不顾乾隆帝的"昭穆相建"的规定,最初打算在北京西南的王佐村建陵,后又改在遵化的东陵宝华峪建陵。刚建成两年,又以地宫出现渗水为理由,改到西陵境内的龙泉峪建陵。他这样做是想近依自己父母的昌陵。龙泉峪的慕陵位于西陵的最西端,始建于道光十一年(1831年)十一月初八日酉时,道光十五年(1835年)八月全工告竣,销算工料银2434300多两。

### 1. 慕陵前景(图1)

道光帝为了让自己的陵寝成为后世子孙效仿的模式,在营建龙泉峪陵寝时,对祖陵制度进行了大刀阔斧的改革,想创立一种新的陵寝制度,没想到自己的愿望落了空。

慕陵主要建筑从南到北依次为:五孔拱桥、龙凤门、神道碑亭、下马牌、马槽沟上正中建三孔拱桥一座,两侧各建五孔平桥一座;东西朝房、东西值班房、隆恩门、东西燎炉、东西配殿、隆恩殿;玉带河一道,上建三孔平桥三座。石牌坊一座,石五供、宝顶。陵前左侧为神厨库,库南为井亭。

慕陵地宫除了葬道光帝外，还葬有他的三个皇后。

从这张老照片上看，彼时的慕陵建筑十分整齐，地面上尚无杂草。这张照片是当时的德国驻华公使在1902年出版的书中刊载的。

## 2. 道光帝像（图2）

道光帝，原名绵宁，他即位后，为了便于避讳，改为旻宁。旻宁是清朝入关后的第六帝，是嘉庆帝的次子。乾隆四十七年八月初十日（1782年9月16日）寅时生于紫禁城内的撷芳殿中所，即南三所的中所。生母是嘉庆帝的潜邸嫡福晋喜塔腊氏，即孝淑皇后。旻宁是清帝中唯一由嫡皇后生的皇帝。

嘉庆帝即位时，旻宁已经15岁了，经嘉庆帝指婚，与当时的銮仪卫使布彦达赉的女儿钮祜禄氏成婚，新娘就是后来的孝穆皇后。嘉庆四年（1799年）四月初十日卯初，乾隆帝刚崩逝三个月，旻宁就被皇父秘立为皇储。为了培养他将来的从政经验，锻炼他的才干，嘉庆帝经常派旻宁参与国家的许多政务活动，每次举行木兰秋狝，多让他陪同前往。

嘉庆二十五年（1820年）七月十八日，旻宁再次陪皇父去热河，举行木兰秋狝，没想到刚到避暑山庄第二天，嘉庆帝就驾崩了。遵照嘉庆帝立储密谕，旻宁理所当然、毫无争议地继承了皇位，八月二十七日在太和殿举行了登基大典，第二年改元道光元年。这时旻宁已经是39岁的中年人了。

旻宁在位30年，就是在中国封建历史上，也算是享国较长的。然而他的这30年留给人们印象最深刻的却只有三件事，一是取得了平定张格尔叛乱的胜利；二是营建他的陵寝；三是中国在鸦片战争中惨败，签订近代史上第一个不平等条约，名臣林则徐被治罪。

平定张格尔叛乱的胜利，可以说是旻宁在位的30年中最值得称道的闪光点。

张格尔是新疆大和卓波罗尼都的孙子，萨木萨克的第二子。乾隆

②

图2：道光帝读书像

二十四年，清政府派兵平定了大小和卓的叛乱以后，萨木萨克逃到中亚河中地区的浩罕汗国，张格尔就是在那里降生的。他长大以后，时刻梦想恢复已失去的天堂。他的野心得到了浩罕统治者的支持，在其背后还有英国殖民主义者的怂恿。自张格尔叛乱以后，清军损兵折将，城池陷落，损失惨重，半个新疆落入叛军之手。严重的形势，迫使道光帝痛下决心，调兵遣将，举倾国之力平定叛乱。经过三个多月紧张周密的战前部署，清军与叛军正式开战，九战九捷，叛军被歼殆尽。道光七年十二月二十八日（1828年2月13日）下午，叛酋张格尔被擒获，平叛获得了彻底的胜利。道光八年（1828年）五月十二日，举行了献俘礼。道光帝登上紫禁城午门城楼，受俘。五月十四日，张格尔被凌迟处死。

道光十年（1830年）八月，浩罕国王又发兵四万，大举入侵。道光帝再次调兵遣将，全力抵御外侵，在新疆人民的大力支持和配合下，用不到两年的时间就粉碎了这场外敌的入侵。

清帝一向禁止鸦片的输入和吸食。道光帝即位后，更是严禁鸦片，并制定了一系列有关禁烟的条例和章程，派出了主张禁烟最坚决的、他最敬重的忠正大臣林则徐为查办禁烟事务钦差大臣。林则徐坚决执行道光帝的禁烟政策，在虎门销毁了236.6万斤鸦片，表明了中国人民反邪恶、抗侵略的坚定决心。道光帝对林则徐卓有成效的禁烟行动大加表彰，全力支持和多方保护。

虎门销烟是中国人民维护民族尊严，反抗侵略的正义之举，而英殖民主义者却恼恨在心，挑起了第一次鸦片战争。中国军民虽然奋起战斗，给予英国侵略者以沉重打击，但由于道光帝指挥失误，所任命的将帅失当，许多重要大臣、官员贪生怕死，惧怕洋兵，轻敌无备，临阵脱逃，中国成了战争的失败者。林则徐蒙冤被革职，发往新疆伊犁充军。道光二十二年七月二十四日（1842年8月29日），清政府与英国签订了《江宁条约》即《南京条约》。根据这个条约，清政府向英国赔款2100万银元，割让香港岛给英国，开放五口通商。中国大门从此被打开，天朝大国威风扫地，中国开始逐步沦为半殖民地半封建社会。

道光帝对于《南京条约》的签订也是十分痛苦的，有关文献载："传闻和约既定，上退朝后，负手于便殿阶上，一日夜未尝暂息，侍者但闻太息声。漏下五鼓，上忽顿足长叹，旋入殿，以朱笔草草书一纸，封缄甚固……盖即谕和诸臣画押订约之廷谕也，……宣宗之议和，实出于不得已。"

这场战争的失败，既反映了封建制度的落后腐朽、官僚集团的腐败，同时也证实了道光帝的才略、能力远不及其祖辈康、雍、乾三帝。战争的失败，他应负主要责任。

道光帝勤于政务，办事小心认真，事必躬亲，能够正视并揭露社会上的种种弊端。他苦心推行实政，恭行节俭，谨慎自谦，这是他的优点。他也有许多难以克服的致命的弱点和毛病。他不知人善任；在他的身边没有形成一个忠心辅佐他的权力中枢；他心胸狭窄，优柔寡断，反复多变；注重细节多，纵观全局少；他因循守旧，只知恪遵成宪，看摊守业，不敢开拓进取，与时俱进。这些弱点，终使他成为一个竭尽全力的失败者。

道光二十九年十二月十一日（1850年1月23日），皇太后病逝，已经68岁的道光帝带着病参加繁重的丧事活动，严重损害了他的身体，时间不长，他也病倒了。道光三十年正月十四日（1850年2月25日）午时，道光帝病逝于圆明园慎德堂，终年69岁。小殓后，当天下午用灵舆将遗体运回皇宫。戌时（晚7时至9时）将遗体安放在乾清宫西次间。亥时（夜9时至11时）大殓（将遗体放入棺内）。梓宫停放在乾清宫正中。道光三十年（1850年）二月初二日卯时，奉移梓宫于圆明园正大光明殿内暂安。四月十二日上庙号、谥号为"宣宗效天符运立中体正至文圣武智勇仁慈俭勤孝敏成皇帝"。九月十八日，梓宫奉移西陵。九月二十三日抵达慕陵，将梓宫安奉于隆恩殿内正中。咸丰二年三月初二日丑时（1852年4月20日凌晨），道光帝梓宫葬入慕陵地宫。咸丰十一年（1861年）七月，同治帝加上谥号"宽定"二字。最后庙号和谥号全称为"宣宗效天符运立中体正至文圣武智勇仁慈俭勤孝敏宽定成皇帝"。道光帝有后妃22位，有皇子9个，皇女10个。

道光帝是一个守成皇帝。他平庸但不昏庸，更不荒淫。他为了保住大清江山社稷，使出了浑身解数，尽了自己的最大努力，由于他才智平平，卫道乏术，无力回天，不仅未能使大清国再展昔日雄风，反而将清王朝拖进了被外国列强瓜分凌辱的泥潭。

图3：孝穆成皇后朝服像

### 3. 孝穆皇后像（图3）

孝穆皇后，钮祜禄氏，銮仪卫使布彦达赉之女，生于乾隆四十六年（1781年），比旻宁大1岁。经嘉庆帝指婚，于嘉庆元年（1796年）十一月二十四日与旻宁成婚，为嫡福晋。这对小夫妻虽然十分恩爱，然而在婚后的十余年中却没有生下一儿一女。嘉庆十三年（1808年）正月二十一日，钮祜禄氏病逝，年仅28岁。按当时国家的规定，未分府的皇子福晋薨逝要按照和硕亲王的福晋的丧事办理，金棺座罩等项均用红色，无仪仗。而这次钮祜禄氏薨逝，嘉庆帝特降旨加恩，金棺座罩俱用金黄色，其仪仗照亲王福晋例赏用，其旗色用镶白，并令将这道谕旨载入《大清会典》。

正月二十六日，钮祜禄氏死后第六天，嘉庆帝派文宁、托津、苏楞额带领精通堪舆之人在京城附近百里以内地方为钮祜禄氏相度园寝福地，很快就在京城西南找到了王佐村这个地方，绘图贴说，上奏皇帝。嘉庆帝同意在王佐村营建园寝。从嘉庆十五年（1810年）春兴工，到嘉庆十六年（1811年）底全工告竣。嘉庆帝对这位儿媳妇为什么如此优厚对待呢？原来早在嘉庆四年（1799年）四月初十日旻宁已被秘定为皇太子，钮祜禄氏就是未来的皇后，因此，她的丧礼及园寝规制自然要予以优厚对待。

钮祜禄氏的金棺停放在静安庄殡宫。旻宁即位后，嘉庆二十五年（1820年）九月十二日，道光帝追赠钮祜禄氏为孝穆皇后。道光元年（1821年）六月十二日，在王佐村园寝举行册谥礼，册谥钮祜禄氏为孝穆皇后。

道光七年（1827年）秋，东陵的宝华峪陵寝建成，孝穆皇后要迁葬到宝华峪陵寝。道光七年五月十五日将孝穆皇后梓宫从王佐村园寝的地宫中移出，停放在园寝前殿内。因为钮祜禄氏死在了皇子福晋位上，所以棺木为金黄色，而此时钮祜禄氏已是皇后了，棺木不便更换，但颜色必须要改变的，由金黄色改漆为浑金色，漆饰47次。九月十三日卯时，孝穆皇后梓宫从王佐村园寝奉移遵化东陵，九月十九日，孝穆皇后梓宫到达东陵，梓宫暂安在宝华峪陵寝隆恩殿内。道光七年（1827年）九月二十二日丑时，孝穆皇后梓宫葬入地宫。道光帝亲自进入地宫与自己的结发之妻作最后的诀别。

　　孝穆皇后入葬后第二年，发现地宫里有积水，最多时，积水深达一尺六七寸。道光九年（1829年）五月初四日寅时，将孝穆皇后梓宫移出地宫，停放在隆恩殿内，将殿内供奉的孝穆皇后的神牌移供到东配殿内。道光十年（1830年）五月十九日辰时再一次漆饰孝穆皇后梓宫并缮写西番文字。

　　道光十五年（1835年），西陵龙泉峪陵寝建成，同年八月二十日丑时，孝穆皇后梓宫奉移西陵，随同一起奉移的还有已葬入妃园寝的平贵人彩棺。八月二十八日在彰义村与从田村起程奉移西陵的孝慎皇后梓宫、睦答应彩棺会合，从八月二十九日起，四具棺椁一起向西陵奉移。九月初三日到达龙泉峪。孝穆皇后梓宫停在隆恩殿东间正中，孝慎皇后梓宫停在隆恩殿西间正中。平贵人、睦答应彩棺移往妃园寝。道光帝从京城赶赴西陵，在两位皇后的梓宫前奠酒。道光十五年十二月十一日（1836年1月28日）卯时，孝穆皇后、孝慎皇后梓宫葬入地宫。即日，两皇后神牌供入隆恩殿。道光三十年（1850年）九月二十二日，咸丰帝加上谥号十个字并系宣宗庙谥。咸丰二年（1852年）三月初七日，孝穆皇后神牌升祔太庙。同时升祔太庙的还有孝慎皇后、孝全皇后的神牌，咸丰十一年（1861年）十月，同治帝加上"恪惠"二字。光绪元年（1875年）六月二十二日，光绪帝加上"宽钦"二字。最后谥号全称为"孝穆温厚庄肃端诚恪惠宽钦孚天裕圣成皇后"。

　　孝穆皇后死后，三次入葬，两次迁葬，在历史上也是罕见的。

### 4. 孝慎皇后像（图4）

　　孝慎成皇后，佟佳氏，舒明阿之女，生于乾隆五十七年（1792年）五月十七日，比道光帝小10岁。嘉庆十三年（1808年）正月二十一

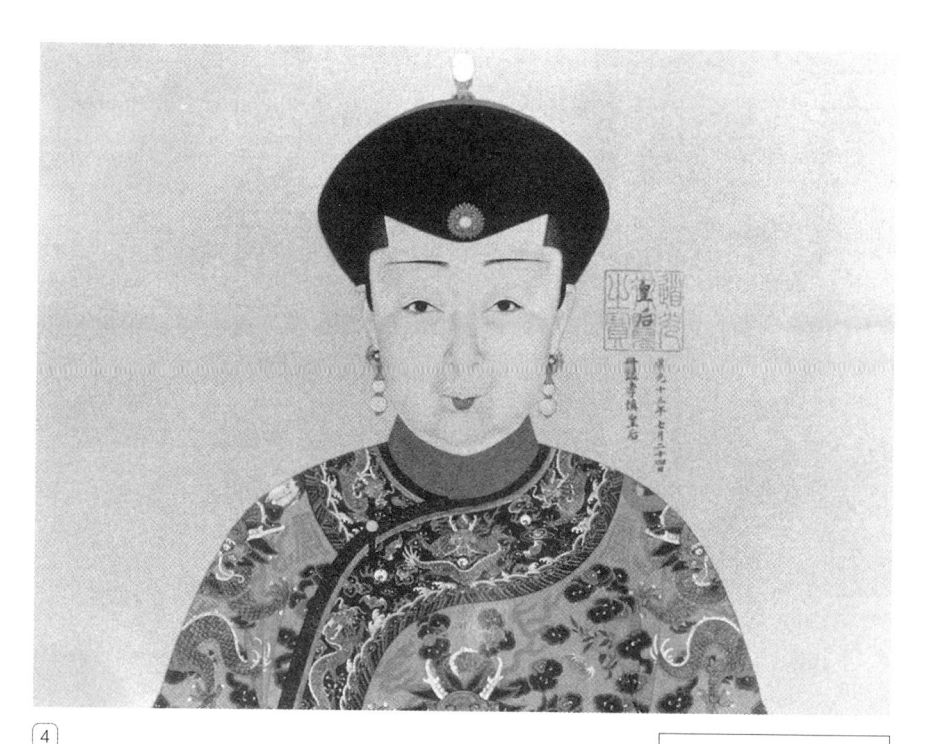

图4：孝慎成皇后半身像

日，旻宁的嫡福晋（孝穆皇后）病故。经嘉庆帝指婚，将佟佳氏赐予旻宁为继福晋。嘉庆十三年十二月十八日，佟佳氏与旻宁成婚。嘉庆十八年（1813年）七月初三日酉时，佟佳氏生皇长女端悯固伦公主。嘉庆十八年（1813年）九月，旻宁因在"癸酉之变"中表现出色，被封为智亲王，嘉庆十九年（1814年）三月初一日，佟佳氏在撷芳殿被册封为智亲王继福晋。旻宁即位后，佟佳氏被立为皇后。嘉庆帝的27个月大丧期过后，于道光二年（1822年）十一月十六日巳时，册立佟佳氏为皇后。

道光十三年（1833年）四月，佟佳氏染病在床。尽管道光帝千方百计为其医治，无奈已病入膏肓，四月二十九日申时（下午3—5时），佟佳氏在圆明园溘然长逝，享年42岁。五月十三日，大行皇后梓宫从澹怀堂奉移观德殿暂安。七月二十四日在观德殿举行册谥礼，册谥大行皇后为"孝慎皇后"。

道光十三年（1833年）九月初三日，孝慎皇后梓宫奉移田村殡宫暂安。

道光十五年（1835年），西陵龙泉峪陵寝建成，八月二十八日巳时，孝慎皇后梓宫从田村发引，奉移西陵，九月初三日到达西陵，孝慎皇后梓宫停放在龙泉峪隆恩殿西间。道光十五年（1835年）十二月十一日卯时，孝慎皇后梓宫和孝穆皇后梓宫葬入地宫。道光三十年（1850年）九月二十二日，咸丰帝给孝慎皇后谥号加上十个字，并系宣宗庙谥，称"成皇后"。咸丰十一年（1861年）十月，同治帝给孝慎皇后谥号加上"诚惠"二字。光绪元年（1875年）六月二十二日，光绪帝为孝慎皇后谥号又加上"敦恪"二字，最后谥号全称为"孝慎敏肃哲顺和懿诚惠敦恪熙天诒圣成皇后"。

### 5. 孝全皇后像（图5）

孝全成皇后，钮祜禄氏，满洲镶黄旗，二等侍卫颐龄之女。嘉庆十三年（1808年）二月二十八日出生，比道光帝小26岁。道光二年十一月初二日辰时进宫。道光二年二月二十日被封为全嫔。

道光三年（1823年）十一月二十五日，被册封为全妃。道光四年八月初十日，道光帝颁发谕旨："奉皇太后懿旨，全妃晋封为全贵妃。"道光五年（1825年）二月二十日寅时，全贵妃生皇三女端顺固伦公主。这年的四月十三日卯时，举行了全贵妃册封礼。道光六年（1826年）四月初六日酉时，全贵妃为道光帝生下了皇四女寿安固伦公主。道光十一年（1831年）六月初九日丑时，24岁的全贵妃为道光帝生下了皇四子奕詝，即后来的咸丰帝。

道光十三年（1833年）四月二十九日，中宫皇后崩逝，中宫悬缺，后宫无首，八月十五日中秋节这天，道光帝谕内阁："奉皇太后懿旨，全贵妃钮祜禄氏著晋封为皇贵妃，一切服色、车舆俱著查照《大清会典则例》服用，并著摄六宫事。于明年十月举行册后典礼。"道光十四年（1834年）十月十八日，册立皇贵妃钮祜禄氏为皇后。

道光二十年（1840年）元旦刚过，皇后钮祜禄氏就生了病。正月

图5：孝全成皇后朝服像

初六日，皇太后在道光帝的陪同下到圆明园的皇后寝宫看望了皇后。正月十一日丑时，皇后仙逝，年仅33岁。

野史记载，孝全皇后欲毒死诸皇子，阴谋败露，被皇太后赐死，对这个说法，不能轻易相信。

皇后大殓后，梓宫停放在长春园正殿澹怀堂。道光帝亲自赐谥钮祜禄氏为孝全皇后。皇后的谥号，不由礼臣拟定，直接由皇帝赐予，这在清朝是不多见的，表明道光帝对孝全皇后的感情确实深厚，非同一般。从此以后，道光帝不再立皇后。

道光二十年（1840年）正月二十三日，孝全皇后的梓宫奉移到景山观德殿暂安。

四月初一日举行册谥礼，册谥钮祜禄氏为孝全皇后。十月二十七日，孝全皇后梓宫奉移西陵，十一月初三日到达龙泉峪，梓宫停放在隆恩殿西间。道光帝从十一月初四日从京师启銮赴西陵，参加孝全皇后的永安大典。十一月初九日，孝全皇后梓宫葬入地宫。

道光三十年（1850年）九月二十二日，咸丰帝加上孝全皇后谥号十个字并系宣宗庙谥，称"成皇后"。咸丰十一年（1861年）十月，同治帝加上谥号"安惠"二字。光绪元年（1875年）六月二十二日，光绪帝加上谥号"诚敏"二字，最后谥号全称是"孝全慈敬宽仁端悫安惠诚敏符天笃圣成皇后"。

### 6. 龙凤门（图6）

按照入关后清祖陵的传统布局，五孔拱桥以北、龙凤门或牌楼门以南建石像生。道光帝在宝华峪建的陵寝尚建有石像生五对。在西陵龙泉峪重建陵寝时，道光帝对以前的祖陵制度进行了大刀阔斧的改革，裁撤了石像生和望柱，所以，慕陵五孔拱桥以北就是龙凤门。从这两张龙凤门老照片上的人的服装上看，当拍摄于清朝灭亡不久的民国初期，虽然荒草遍地，但龙凤门的木门还很完整。如今的慕陵龙凤门建筑仍然很完整，只是少了木门。

图6：慕陵龙凤门北侧旧影

## 7. 神道碑亭和三孔拱桥（图7—图10）

慕陵的神道碑亭是清西陵四座神道碑亭中最精美、最有特点的。首先，慕陵的神道碑亭四个券门的券脸石上的雕刻图案最独特、最丰富、最精美。说它独特，是因为它既不是椀花结带，也不是缠枝莲，更不是云龙戏珠，而是介于蔓草和缠枝莲之间的一种特殊的图案，在清陵中为仅见；说它丰富，是说图案结构复杂，而且在券脸石的两端都刻有山石、梅花、竹子、花卉、蜥蜴等图案，这在清朝神道碑亭中也是唯一的；说它精美，是说图案雕刻细腻、形象，刀法纯熟，线条流畅，立体感很强。其次，水盘上的雕刻也与众不同，在龟趺与水盘之间的结合部有一个坡状，上刻海水波纹，而且刻有蟾、虾、海螺等，雕刻也极精美，为清陵中所仅见。另外，在神道碑的碑阴用满、汉两种文字镌有咸丰帝追念缅怀其皇父的碑文，这在清陵中也是唯一的。

从这两张老照片中可以看出慕陵神道碑亭的每个券门安装的是四扇隔扇门。而现在我们所看到的慕陵神道碑亭的每个券门却是两扇门，与原来的不一样。按古建维修原则，应该恢复原貌为好。

慕陵隆恩门前三座桥的设计在关内清朝帝陵中也是比较有特色的。从清朝在关内建的第一座皇帝陵孝陵，到最后建的光绪帝的崇陵，在陵前马

图7：慕陵三孔拱桥及神道碑亭旧影（1）
图8：慕陵三孔拱桥及神道碑亭旧影（2）

图 9：慕陵神道碑亭旧影
图 10：慕陵神道碑亭（2006 年）

槽沟上建的都是三路三孔拱桥。在慕陵的最初设计方案中，也是三路三孔拱桥。当把设计方案奏报到道光帝那里以后，道光帝提起朱笔，改为中间为三孔拱桥，两侧为无栏板的五孔平桥，此为关内皇帝陵中的唯一一例。

图 11：慕陵隆恩殿旧影

## 8. 隆恩殿及天花、雀替（图 11—图 14）

慕陵之前的清朝关内五座皇帝陵的隆恩殿都是重檐歇山顶，面阔五间，环以青白石栏杆。东西配殿亦均为面阔五间。道光帝在建慕陵时，独出心裁，摒弃了祖陵的传统规制，决定效法盛京三陵的规制，将隆恩殿改为单檐歇山顶，面阔三间带回廊，取消了护栏。将配殿改为面阔三间。同时取消了木构件上的彩画。月台上取消铜鹿、铜鹤，只陈设铜鼎一对。月台上东侧增设石方幢一座，西侧增设石日晷一座。这些都是节约开支的做法。但是也有靡费的地方，比如，三殿的木料全部使用名贵的楠木，而且在天花板上、隔扇的裙板上和雀替上雕刻立体的云龙。慕陵是清朝皇帝陵中既有简朴，又有奢华，还有其独到之处的陵寝。

[清西陵篇] 第三章 道光皇帝的慕陵及其皇后陵寝 — 585 —

⑫ 图12：慕陵隆恩殿及东西配殿的雀替两面都雕刻两条龙
⑬ 图13：慕陵隆恩殿每块天花板上都立雕一条龙，龙头朝下

图 14：慕陵隆恩殿隔扇旧影

## 9. 石牌坊（图 15—图 19）

陵寝门是陵寝后院的门户，清祖陵传统做法是建门三座，中门规模较大，单檐歇山顶，门垛上身镶嵌琉璃的中心花和岔角花，下碱为石制的须弥座，两旁门也有门楼，但没有琉璃花和须弥座。道光帝在建龙泉峪陵寝时，没有按照祖陵的这种形式建，而是建成了四柱三间的石牌坊，这在清陵中是独一无二的。道光帝一向标榜自己节俭、恤民，可是慕陵建的这座作为陵寝门的石牌坊比建传统的三座琉璃花门多花了白银 2387 两 9 钱 9 分 9 厘。

清朝陵制，陵名由嗣皇帝确定，自己是不能给自己的陵命名的。可是道光帝对自己的陵名非常上心，他认为自己的陵是仿东北的盛京三陵建的，他很想将自己的陵命名为"慕陵"，但又担心他的儿子不这样做，

图 15：慕陵石牌坊旧影

图 16：慕陵石牌坊和石五供旧影
图 17：南望慕陵石五供、石牌坊、隆恩殿（旧影）

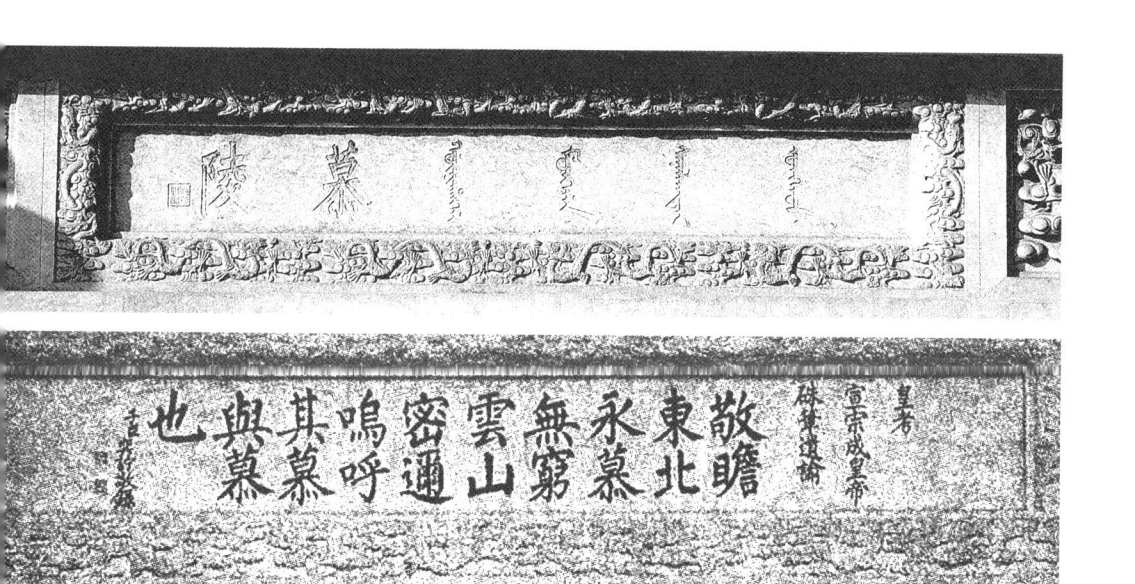

[清西陵篇] 第三章 道光皇帝的慕陵及其皇后陵寝

图18：慕陵石牌坊南面的陵名
图19：慕陵石牌坊北面道光帝暗示陵名的朱谕

于是他处心积虑、挖空心思地想了一条妙计，他提前写了一道朱谕，内容是："敬瞻东北，永慕无穷。云山密迩，呜呼！其慕与慕也。"道光二十八年（1848年）三月十二日，他展谒西陵时，在龙泉峪陵寝隆恩殿里，让皇四子奕詝和皇六子奕䜣当众分别读了一遍，然后藏在了隆恩殿的东暖阁内。道光帝死后，当咸丰帝准备为皇父陵寝命名时，忽然想到了藏在龙泉峪陵寝隆恩殿的那条朱谕，命人火速取来。咸丰帝诵读多遍。最初怎么也不理解是什么意思，后来猛然醒悟：这不是皇父在暗示让将他的陵命名为"慕陵"吗？于是决定将龙泉峪道光帝的陵命名为"慕陵"。在石牌坊的南面的两额枋之间的匾上用满、蒙、汉三种文字镌刻"慕陵"二字，汉字为咸丰帝御笔，并在落款处钤盖"咸丰尊亲之宝"。在题写陵名的匾的背面，镌刻道光帝的那道朱谕，字亦为咸丰帝御笔，落款为"子臣奕詝敬录"，两方闲章，上章为"奕詝"，白文，下方为"敬书"，朱文，皆为篆书。本来题陵名的匾应悬挂在明楼南侧的上下檐之间。因为慕陵没有建方城、明楼，所以才将陵名镌刻在了这座石牌坊上。

### 10. 石五供（图20—图22）

道光帝对以前各陵的石五供进行了重要改革：一是将花瓶和烛台的位置进行了互换。慕陵之前的石五供都是烛台在最外侧，从慕陵开始改为花瓶在外侧，这种摆放位置后世清陵皆效仿之，成了定制；二是裕陵以前诸陵，五件器体上均为光素，无任何纹饰雕刻，从乾隆帝的裕陵开始昌陵除外，五件器物上雕刻兽面纹，炉顶、瓶花、烛连火焰改用紫砂石。按说嘉庆帝的昌陵也应该这样，但由于昌陵地面的一切建筑仿照的是泰陵，所以昌陵石五供也和泰陵一样，器体上皆光素，炉顶和蜡烛都与器体是一块石料。慕陵的石五供，器体上的装饰物和裕陵一样，全部改用紫砂石。但器身上却没有完全仿裕陵全部雕刻兽面纹，而是烛台仍为光素，香炉和花瓶上虽然雕刻了纹饰，但不是兽面纹，而是流云。后来的昌西陵和慕东陵的石五供的器身上也雕刻的是流云，并增加了蝙蝠。从咸丰帝的定陵开始，五件器物的器身上才恢复了兽面纹的雕刻。

图20：慕陵石五供旧影

[清西陵篇] 第三章 道光皇帝的慕陵及其皇后陵寝

这三张慕陵石五供的老照片上，紫砂石的炉顶、瓶花、蜡烛连火焰还都很完整。如今仅存紫砂石的炉顶和东侧的蜡烛连火焰。

图21：慕陵石五供及宝顶旧影（1）
图22：慕陵石五供及宝顶旧影（2）

23. - Tombeau d'une Impératrice aux Si-Ling, près Pékin — *A Si ling empress's tomb, near Peking*

## 11. 宝顶（图 23—图 24）

道光帝对陵制改革的一个重要内容就是不建方城、明楼。将宝顶建在了一个方形的月台上，月台前设一座十级的垂带踏跺。紧贴宝顶环砌一道围墙，称之为宝城。宝城的上身用砍细澄浆砖干摆成砌，下碱为石须弥座。宝城周圈原来设有六个铜挑头沟嘴，后来这些沟嘴被盗走，改安上了石沟嘴。

本来取消方城、明楼是道光帝自己决定的，可是他在晚年后悔了，这在他死前的一道谕旨中有了明显的表露：朕"万年后，著于明楼碑上镌刻'大清某某皇帝'清汉之文，碑阴即可镌刻陵名"。他明明知道自己的陵没建明楼，也没有碑，却这样写，显然是后悔了。所以，

图 23：慕陵宝顶及石五供旧影

咸丰帝即位后，马上派大臣到东陵、西陵调查各陵规制，结合慕陵的具体情况，拟定了改建宝城，添建方城、明楼的方案。如今在国家图书馆还藏有当时大臣们拟定的《现拟慕陵宝城一座等略节》以及由样式雷的后人绘制的慕陵方城明楼的图纸。后来慕陵添建方城明楼的方案并未付诸实施，其原因大致有三。一是当时国家财政非常紧张，没有财力兴建。二是慕陵地宫内道光帝的三个皇后的棺椁奉安已久，一旦兴工，必至惊动，实为不宜。三是慕陵规制特殊，不适合再添建方城明楼。

另外，慕陵地宫由传统的九券四门改为四券二门，并取消了经文、佛像雕刻。

图24：慕陵宝顶旧影

图1：慕东陵后院内的部分宝顶（旧影）

## 二、规制奇特的慕东陵

### 宝顶（图1—图2）

有人不免会有疑问：道光帝的妃嫔不少，为什么没有妃园寝呢？其实早在营建东陵宝华峪陵寝的同时，在宝华峪的西侧就建了妃园寝，而且在道光七年（1827年）九月葬入了道光帝的平贵人。后来，道光帝以宝华峪陵寝地宫出现渗水为理由，废掉了宝华峪陵寝，在西陵的龙泉峪重建新陵，同时在龙泉峪东北二里许的双峰岫营建了妃园寝，将已葬入宝华峪妃园寝的平贵人迁葬到双峰岫妃园寝，随后废掉了宝华峪妃园寝。之后，双峰岫妃园寝改称龙泉峪妃园寝。咸丰五年（1855年），已晋尊为康慈皇太后的道光帝的宠妃博尔济吉特氏病逝，本应单独给她营建皇后陵。可是咸丰帝以道光帝在生前已将她的墓穴定在了妃园寝内为理由，没有单独给她建陵，而是将她葬在了双峰岫妃园寝后院最前排正中之位，用一道内罗圈墙（也叫内屏墙）将她的宝顶单独围成一个小院。同时增建了东西配殿、神厨库、下马牌及水井，将绿琉璃瓦改为黄琉璃瓦。经过这一系列的改建扩建，将妃园寝升格为皇后陵，称慕东陵。虽然升格为了皇后陵，但道光帝的其他16位妃嫔仍葬在这座陵的后院。内屏墙后有15座宝顶，分成3排，每排5座。在内屏墙的东墙外建有光绪帝的祖母，道光帝的庄顺皇贵妃。慕东陵是皇后陵兼妃园寝，是清朝七座皇后陵中规制最低的。

内屏墙后的三排宝顶，前排为石券，第二排和第三排都为砖池。

从宝顶的老照片看，每座宝顶都很整齐，没有残破之处，拍摄日期当在清末民初。

图2：如今慕东陵后院内的部分宝顶（2006年）

图1：光绪皇帝朝服像

# 第四章　光绪皇帝的崇陵及其妃园寝

## 一、中国最后一座皇帝陵——崇陵

崇陵，是光绪帝的陵寝，位于清西陵境内东北方向的金龙峪。崇陵是仿照同治帝的惠陵而建的，不建圣德神功碑亭，不设石像生，神路不与主陵神路相接。在一般情况下，皇帝陵都是在皇帝生前营建，而光绪帝的崇陵是在光绪帝驾崩后才选址营建的。陵名定于光绪三十四年十二月十四日（1909年1月5日）。

崇陵不仅是清朝营建的最后一座皇帝陵，也是整个中国封建社会营建的最后一座皇帝陵，因此崇陵可以说是中国皇陵的最后绝唱。崇陵始建于清朝，完工于民国初年，横跨两个时代。

### 1. 光绪帝像（图1）

光绪帝，爱新觉罗·载湉，清朝入关后第九帝，是道光帝第七子醇亲王奕譞的第二子，生母为慈禧的妹妹叶赫那拉氏。他生于同治十年六月二十八日子时（1871年8月14日凌晨）。同治十三年十二月初五日（1875年1月12日），同治帝死的当天，慈安、慈禧两宫皇太后就宣布年仅4岁的载湉为咸丰帝之子，入承大统，为嗣皇帝，第二年改元为光绪元年。因年幼继位，不能理政，由慈安、慈禧两宫皇太后垂帘听政。光绪十五年（1889年）大婚，同年亲政，但实权仍掌握在慈禧手中。

光绪帝在位期间，正是中华民族处于最困难最受欺辱的时期，他为了改变这一局面，重振国威，曾利用康有为等人进行变法，即"戊戌变法"，但遭到了慈禧的反对和扼杀。随后，光绪帝被慈禧软禁在瀛台。光绪二十六年（1900年）七月二十日，德、英、俄、美、法、意、日、奥八国联军攻陷北京，第二天慈禧偕光绪帝和皇后及部分大臣逃出了北京，最初去山西，转而逃到了西安，第二年十一月才回到北京。光绪帝虽有励精图治、重振朝纲之心，但始终没有实权，大志难伸，最后于光绪三十四年十月二十一日（1908年11月14日）酉时死于瀛台的涵元殿，年仅38岁，在位34年。巳初二刻五分殓入梓宫。梓宫停在乾清宫，十一月十六日奉移到观德殿暂安。

关于光绪帝的死因，清朝的官方说是因病正常死亡。有的说被人害死。为解开"光绪之死"这一历史谜案，从2003年开始，中央电视台、中国原子能科学研究院、北京市公安局法医检验鉴定中心、清西陵文物管理处等单位的领导和专家组成了"清光绪帝死因"专项研究课题组，研究时间长达5年之久。专家们运用侦查破案的思维方式，按照法医工作规范，充分利用"中子活化""X射线荧光分析法""原子荧光光度""液相色谱／原子吸收联用"等一系列现代专业技术手段，通过开展对比、模拟实验进行双向推理、多维论证等工作，对光绪帝的头发、衣服、遗骨等进行检测和研究，发现其胃腹部、衣物上的砷是其含毒尸体腐败后直接侵蚀遗留所致，而其衣领部位及头发上的大量砷，则由其含毒腐败尸体溢流侵蚀所致，并最终得出结论："光绪帝系砒霜中毒死亡。"2008年11月4日，《人民日报》正式公布了这一结果。光绪帝死亡之因得以确定。但凶手是谁，尚需继续研究考证。

光绪帝庙号和谥号为"德宗同天崇运大中至正经文纬武仁孝睿智端俭宽勤景皇帝"。他是清朝唯一谥号不足22个字的皇帝。

## 2. 孝定皇后像（图2）

孝定皇后，叶赫那拉氏，副都统桂祥之女，慈禧的娘家侄女。她生于同治七年（1868年）正月初十日，比光绪帝大3岁。经慈禧指婚，于光绪十五年（1889年）正月二十七日与光绪帝成婚，当时她22岁，光

图2：孝定景皇后照片

绪帝19岁。她与光绪帝的婚姻是一桩政治婚姻，婚后没有生育过子女。光绪帝死时，她41岁。宣统帝即位后，尊她为皇太后，上徽号为"隆裕"，所以称为隆裕皇太后。宣统三年十二月二十五日（1912年2月12日），她以宣统帝的名义颁诏，宣布大清皇帝退位，大清王朝从此灭亡，从而也结束了中国长达两千多年的封建帝制。民国二年正月十七日丑时（1913年2月22日凌晨），隆裕皇太后病逝于紫禁城的长春宫，终年46岁，2月27日，谥为"孝定隆裕宽惠慎哲协天保圣景皇后"，简称"孝定景皇后"或"孝定皇后"。她的谥号不足16个字，是清朝皇后中谥号字数最少的。孝定皇后的梓宫停在皇极殿。

### 3. 光绪帝梓宫奉移西陵（图3）

光绪帝的梓宫于宣统元年（1909年）三月十二日奉移易县西陵，由128名杠夫抬着，分60班，三月十五日梓宫暂安于梁格庄行宫正殿。隆裕皇太后于三月十三日恭送梓宫后，于十三日乘火车行抵西陵梁格庄行宫驻跸，十四日恭谒各陵，十五日恭迎德宗梓宫暂安礼成。十六日仍乘火车回銮。

图3: 光绪帝梓宫奉移途中（旧影）

[清西陵篇] 第四章 光绪皇帝的崇陵及其妃园寝

④ 图4：崇陵明楼前的芦殿侧面（旧影）
⑤ 图5：崇陵方城前的芦殿正面（旧影）

### 4. 方城前的芦殿（图4—图5）

根据钦天监所选的吉日，决定于1913年12月13日（农历十一月十六日）申初二刻将光绪帝梓宫和孝定皇后梓宫同时葬入崇陵地宫，当时崇陵还没有完工。在入葬时，需在方城前搭盖芦殿，入葬前一天将梓宫停放在芦殿内的龙𬨎上，棺头朝北。芦殿是什么样子很难看到，通过这两张老照片，可以对芦殿有个初步的了解。

### 5. 隆裕皇太后的丧事（图6—图9）

民国政府对于隆裕皇太后的去世非常重视，为她举行了排场隆重的治丧活动，给予她极高的评价，称赞她"德至功高，女中尧舜"。总统袁世凯下令全国下半旗志哀3天，文武官员穿孝27天。2月28日为祭奠之日，袁世凯及许多国家要员亲自参加吊祭活动。灵堂设在太和门，在3月19日举行了国民哀悼会。

图6：举行国民哀悼会时，天安门前的场景（旧影）

[清西陵篇] 第四章 光绪皇帝的崇陵及其妃园寝

图7：天安门前追悼隆裕皇太后的活动（旧影）
图8：在故宫太和门前为隆裕皇太后举办国民哀悼会会场（旧影）
图9：设在太和门的隆裕皇太后灵堂（旧影）

## 6. 孝定皇后梓宫奉移西陵（图10—图12）

隆裕皇太后的谥号是孝定景皇后。1913年4月3日（农历二月二十七日），孝定皇后梓宫从皇极殿用80人大杠奉移到正阳门西车站，然后用火车运送到易县西陵梁格庄行宫暂安。她是中国第一个死后用火车将梓宫奉移山陵的皇后。1913年12月13日（农历十一月十六日）卯正三刻，孝定皇后梓宫从行宫奉移到崇陵，申初二刻（下午3时半），孝定皇后梓宫随光绪帝梓宫一起葬入崇陵地宫。

从图11、图12两张老照片上看到了难得一见的龙辀。

图10：孝定皇后出殡时的情景（旧影）

⑪
⑫

图11: 载着孝定皇后梓宫的龙輴（旧影）
图12: 龙輴上了专用火车（旧影）

## 7. 陵寝的营建（图13—图25）

无论是《大清会典》还是《清实录》等清廷编纂的权威官方书籍中，都没有光绪帝生前选择万年吉地的记载。通过一些专家学者的潜心研究，不断努力，发现了在光绪帝生前选择过万年吉地的资料。光绪十三年（1887年）三月，慈禧带着光绪帝利用展谒西陵之机，亲自到现在的金龙峪阅视过。在清宫档案中发现了相关的档案，在一些大臣的日记里也发现了相关记载。光绪帝死后第三天，摄政王载沣以宣统帝的名义发出了一道上谕："大行皇帝尚未择有陵寝，著派溥伦、陈璧带领堪舆人员，驰往东、西陵，敬谨查勘地势，绘图贴说，奏明请旨办理。"

为皇帝相度万年吉地，这是天经地义、名正言顺的大事，以前清朝各帝选吉地的事在官方书籍中多有记载，为什么要把在光绪十三年选吉地的事隐而不记呢？至今也不明其中缘由。溥伦和陈璧选中了西陵界内的金龙峪，并得到了钦准。

金龙峪这个地方最早叫魏家沟，乾隆年间为端慧皇太子选园寝福地时曾选中过此地。在为道光帝、咸丰帝、同治帝选万年吉地时都相度过魏家沟。同治年间，魏家沟改名为九龙峪，到了光绪年间改名为金龙峪。

崇陵陵址确定在金龙峪以后，就派载洵、溥伦、载泽、鹿传霖为承修大臣，并令庆亲王奕劻为总稽查，会同办理一切事宜，于宣统元年（1909年）二月初八日破土，同年闰二月十七日正式动工。

在那些风水家的风水说帖中，把金龙峪的风水说得美不胜收，称得上上吉佳壤："山势逶迤，有雄峙一方之概；局形端正，综包藏四势之奇。左列旗枪，右张华盖。水环流而清晏，砂朝拱以伏从。起挟飞鸣，落如翔集。定一尊之全局，无涓派之斜趋。斯实乾坤灵秀之区，阴阳合会之所。龙、穴、砂、水无美不收，形势理气为诸穴冠。"

这些论述只是看的地表以上的山川地理形势。没想到动工开槽以后，发现土质极为低劣，巨石、沙水很多，给工程造成了很大的困难。承修大臣载洵在写给皇帝的奏折中是这样说的："第一段地宫分位左右

[清西陵篇] 第四章 光绪皇帝的崇陵及其妃园寝

图13：崇陵承修大臣之一，光绪帝六弟载洵在金星宝盖旁留影
图14：崇陵营建刚开始时的线墩

图 15：营建中的崇陵五孔拱桥旧影
图 16：营建中的崇陵牌楼门旧影

刨深之处，渐露巨石多处，凿打颇觉费力，且性颇潮湿，有无沙水，尚难预料。方城地基土质近似砂石，将来打桩诚恐不易着手。第二段，隆恩殿地基西北角近倚山根，迤逦东南，土石深浅不一，打桩试验，施工甚难。第三段，殿座之下，亦多见有砂石。第四段，自碑亭、牌楼门前，依次地势愈低，多有砂石积水。"

崇陵开工不到三年，清朝灭亡，陵寝工程被迫停工。后来依照《优待清室条件》第五款"德宗崇陵未完工程，如制妥修。其奉安典礼，仍如旧制。所有实用经费，均由中华民国支出"，继续施工。

⑰

图17：营建中的崇陵工地正面旧影

图18：营建中的崇陵工地侧面（旧影）
图19：远眺营建中的崇陵（旧影）

[清西陵篇] 第四章 光绪皇帝的崇陵及其妃园寝　　611

⑳
㉑

图 20：营建中的崇陵东配殿（旧影）
图 21：营建中的崇陵隆恩殿（旧影）

图 22：营建中的崇陵陵寝门（旧影）
图 23：营建中的崇陵地宫大罩棚（旧影）

[24]
[25]

图24：正在兴建中的崇陵地宫大罩棚（旧影）
图25：刚建成的崇陵五孔拱桥（旧影）

### 8. 建成后的崇陵（图 26—图 39）

袁世凯派内务总长赵秉钧（后升为国务总理）负责崇陵的工程，他经常往来于北京和西陵之间，为崇陵的营建做出了很多努力，起了重要作用。崇陵于民国三年（1914年）年底全工告竣，到民国四年（1915年）一月十三日将已建成的崇陵移交给清朝小朝廷。整个崇陵的最初勘估用银为 5517420 两 6 钱 4 分 3 厘。实际用银数尚待考证。

崇陵是仿惠陵规制建的。

图 26：刚建成的崇陵（1）

[清西陵篇] 第四章 光绪皇帝的崇陵及其妃园寝

图 27：刚建成的崇陵（2）
图 28：崇陵前景（约 1918 年摄）

图 29：1932 年的崇陵（日本学者关野贞摄）
图 30：刚建成的崇陵牌楼门

[清西陵篇] 第四章 光绪皇帝的崇陵及其妃园寝　617

图31：刚建成的崇陵神道碑亭正面

图 32：刚建成的崇陵东燎炉
图 33：刚建成的崇陵隆恩殿

［清西陵篇］ 第四章 光绪皇帝的崇陵及其妃园寝

图 34：崇陵隆恩殿佛楼旧影
图 35：刚建成的崇陵方城明楼

图 36：刚建成的崇陵石五供别具特色
图 37：刚建成的崇陵神厨库正面

[清西陵篇] 第四章 光绪皇帝的崇陵及其妃园寝 — 621 —

㊳
㊴

图 38：建成后的崇陵地宫棺床
图 39：崇陵地宫棺床及金井上的斛形木箱

### 9. 梁鼎芬植树（图40—图42）

陵寝的树木，既能起到树威仪、壮观瞻的作用，还有调节气候、遮挡风沙、净化空气的功能，所以历朝历代的皇家陵寝都广植树木，树木是陵寝的重要组成部分。可是崇陵即将建成时，由于经费奇缺，加之当时没有与厂商签订这方面的条款，陵寝建成时的植树一事一点着落也没有。于是，退位后的宣统帝溥仪就想到了梁鼎芬，决定让他负责崇陵的植树一事。

梁鼎芬何许人也？溥仪为什么要让他做这件事呢？

梁鼎芬，字星海，号节庵，生于咸丰九年（1859年），广东省番禺县人，光绪六年（1880年）进士，授编修，先后任知州、知府、道员、按察使、署布政使。他曾弹劾北洋大臣、大学士李鸿章、庆亲王奕劻和袁世凯，不但未能使皇太后、皇上感动，反而遭到了斥责。梁鼎芬心灰意冷，引疾告退，闭门读书，不理政事。

光绪三十四年（1908年）十月，光绪帝和慈禧相继崩逝，梁鼎芬曾赴阙哭临，越日即回。光绪帝梓宫在西陵梁格庄行宫暂安期间，梁鼎芬长期居住在公所里，而且不论哪班，他都随班祭奠行礼，风雨不误。每次举哀，极为哀恸，出于至诚，在梓宫前长跪不起，使在场的人无不感动。1913年12月13日，光绪帝和孝定皇后入葬崇陵地宫。梁鼎芬曾想为光绪帝殉死。他对皇帝的忠心和感情，超过了皇亲国戚、王公大臣。因此溥仪对他印象很好，认为他是大清真正的忠臣，若让他办理崇陵植树之事肯定能办好。

植树的关键就是经费，没钱什么也干不成。梁鼎芬深知此事的难度。他出于对大清皇帝的忠诚，不怕艰难，勇于任事。为了办好这件事，他率先垂范，自己首先拿出了一千元。其余所需款项怎么办？他灵机一动，想出了一条筹款的妙计。他从北京买来了几百个陶质酒瓶，在一场大雪过后，率领从人到崇陵宝顶上取雪，把每个酒瓶里都装满洁白的雪，封好瓶口，在每个瓶子的标签上都工工整整地写上"崇陵雪水"

图 40：梁鼎芬照片
图 41：梁鼎芬在崇陵自己栽的第一棵树旁留影

四个字。他带着这些装满雪水的瓶子回到北京，不辞劳苦，到每个宗室王公、清朝遗臣的府邸，登门拜访，每家送上一瓶"崇陵雪水"，讲明情况，请求他们为崇陵植树捐献资金。如果对方所捐数额与他家的财力和地位相称，他就含笑告别。如果拒绝拿钱，或拿的钱很少，他就用激烈的语言给对方以难堪。如果登门不遇，他就留言，约定再来的日期。他的这种执着和锲而不舍的精神，感动了许多人。最后，他居然筹集到了一笔数目可观的款项。他用这笔款买了许多树苗，且不顾年老有病，不怕劳累，身先士卒，带着大家每天植树。他在自己栽的第一棵树下，一手拿镐，一手持锹，拍了一张照片。后来溥仪的老师陈宝琛在这张照片上题诗一首，高度赞扬了梁鼎芬的忠心和义举，诗言道：

补天挥日手能闲，冠带扶锄土石间。
不见成荫心不死，长留遗蜕在桥山。

经过他的艰苦努力，在崇陵内外，一共栽了40601棵树，整个崇陵一片树海，郁郁葱葱，十分壮观。

图42：遍植绿树的崇陵全貌（旧影）

梁鼎芬能诗善文,他在崇陵植树之事深受溥仪的夸奖和赏识。不久,溥仪将他召入宫中,命为毓庆宫行走,成了溥仪的老师。1920年1月5日(农历己未年十一月十五日),梁鼎芬病逝,终年61岁。溥仪得知梁鼎芬病故,非常悲痛,立即派贝勒载瀛带领侍卫前往奠醊,加恩赐谥"文忠",赠太子少保,赏给陀罗尼经被,并赏银三千元治丧,其子梁劭赏给乾清门三等侍卫。

梁鼎芬在西陵期间,每遇天晴气朗的好天气,他就让人搀扶着到梁格庄后山根下的田地里溜达。有一次,他在一块地的地边坐下不走了,让从人去打听这块地是公产还是私产。得知是私人田地后,他就托人将这块地买了下来,向公方和他的家属声明,他死后一定要葬在这块地里,他的心意是:他在九泉之下也要看守在光绪帝的陵旁。他死后,公方和他的家属遵照他的遗嘱,将他葬在了这块地里。如今,他的坟墓遗址已无存。

### 10. 打开崇陵地宫(图43—图46)

1938年秋天,崇陵地宫被一支不明番号的军队盗掘。

由于崇陵地宫曾被盗过是千真万确的,于是当清西陵文物保管所请求清理崇陵地宫时,很快得到了上级文物主管部门的批准。正式开启地宫的日子选定在1980年6月15日。在此之前的4月17日曾进行过试掘和探查。

6月15日这天,河北省、保定市、易县以及清西陵文物保管所的领导及文物考古方面的技术人员齐集崇陵。中国人民解放军某部的几十名官兵参加了开启工作。第一步工作是先将琉璃影壁至方城隧道券内地宫正式入口处这一段露天斜坡墓道内的砖清走,为下一步清理工作扫清道路。琉璃影壁正在墓道之上,为了防止琉璃影壁沉落,用了一根长四米、重两吨的钢筋水泥过梁从底下把琉璃影壁托了起来。琉璃影壁下面往北就是地宫的隧道券。隧道券的南口有一道石墙。这道墙就是地宫隧道券南口的挡券墙,俗称金刚墙。崇陵的金刚墙表面

图 43：崇陵哑巴院，盗口就在琉璃影壁下
图 44：崇陵地宫清理发掘现场——发掘初期起走石块（旧影）
图 45：崇陵地宫清理发掘现场——搭架子撑托琉璃影壁（旧影）

图46：开启崇陵地宫，正在拆金刚墙（旧影）

上看与慈禧陵的金刚墙差不多，其实墙的内部结构不一样。慈禧陵的金刚墙是用条石直接成砌的，而崇陵金刚墙的上下两层相接的条石都是榫卯结构，而且在同一平面上相连的两块石料之间都用铁把锯相扣连。所以这道墙异常坚固，致使盗墓贼不得不放弃毁墙、拆墙的做法，采取了挖地掏洞的方法进入了地宫。这次开启崇陵地宫同样遇到了这个难题，这道墙确实难以进入。最后，人们不得不从昔日盗墓贼挖的地道钻进了地宫，又找来了几个石匠协助，从金刚墙的背面，费了很大的力气才将这道墙拆除，真是名副其实的"金刚"墙！

## 11. 打开石门（图47）

从已经打开的裕陵地宫、容妃地宫、慈禧陵地宫来看，盗墓贼都是将自来石顶倒而进入地宫的，所以自来石都被摔断。而盗掘崇陵地宫的贼匪似乎更聪明一些。他们并没有用以前的老方法，而是从门缝将自来石向西拨，当拨到自来石顶不到东扇门时，便可轻而易举地将东扇石门推开，进入地宫。四道石门都是这样打开的。用这种方法却意外地保护了自来石。所以，崇陵地宫的四块自来石都是完整的。当清理人员进入地宫时，每道石门的东扇门都半开着。

图47：崇陵地宫半开着的石门（旧影）

[清西陵篇] 第四章 光绪皇帝的崇陵及其妃园寝

(48)
(49)

图48：清理崇陵地宫金券现场（旧影）
图49：光绪帝棺椁残破状况（旧影）

## 12. 地宫残状（图48—图50）

进入金券，棺床上摆放着两具棺椁，正中的是光绪帝的棺椁，左（东）旁是孝定皇后的棺椁。光绪帝棺椁尾的挡板（棺椁入葬时，头朝北即墙的方向，棺尾朝向第四道石门。所以人们进入地宫所看到的是棺椁的尾部挡板）被刀斧之类的利器砍了一个长1.03米、宽0.8米的大洞。光绪帝的头朝里面，脚朝外面。本来光绪帝入殓时是仰身直卧，而这时看到他的遗体在棺内趴着，脸朝下，头上没戴冠帽，显然

图50：孝定皇后棺椁残破状况（旧影）

被盗墓贼翻了一个180度的身。原来头上戴的天鹅绒冠已被盗走。全身佩戴的饰物除手里握着的一块雕花青玉和两个套在一起的翡翠环外，全部无存。遗体最外面的龙袍还比较清楚，穿在里面的内衣已经腐烂，失去了原形。他的遗体被拉出棺外十几厘米，脚趾和小腿的骨头都在棺椁外边露着。

在光绪帝棺椁东旁的孝定皇后的椁盖和棺盖被仰放在了光绪帝的棺椁上，东侧的椁板被拆掉，放在了棺椁东侧的龙山石上。因此露出了内棺，棺椁是敞开的，棺内被好多水浸泡。椁的后尾挡板有被刀斧砸砍的痕迹。显然，盗陵匪徒最初也想把后尾挡板砍开，由于一时没能砍开才改变了主意，打开了棺椁盖。孝定皇后身穿的衣服、遗体和香料、灰土都混在了一起，犹如烂泥一样。她的头被移动了十几厘米。除了她的腰部一串项链和手里握着的一块青玉外，其他随葬品均被掠走。孝定皇后的头发较乱，一根红头绳扎着一团杂乱的头发。

靠近棺床边的几块龙山石被推到了棺床下边。金券东西两壁下的四个册宝座（一侧两个册宝座）上的册宝箱已经破烂，但上面的金色仍很光艳，箱内所藏的香册、香宝已不知了去向。

光绪帝和孝定皇后的棺椁均为楠木所制，椁表层为金色。因光绪帝的棺椁只被砍开了一个洞，棺椁盖没有打开，所以内棺的情况不清楚。

**13. 孝定皇后的棺椁及龙山石（图51—图52）**

孝定皇后的椁盖和棺盖被打开，盗墓匪徒掠走了随葬珍宝。其棺盖的上面用描金漆绘着九尊佛像，上下三行，每行三尊。佛的下面是一只展翅欲飞的凤凰，左右祥云缭绕。凤凰下面是海水江崖，山石上长着仙花，画工精湛，布局巧妙。孝定皇后内棺内外阴刻着多行藏文佛经。为了让游人能够观赏到精美的内棺，特将棺的尾部挡板撤掉。

崇陵地宫，每具棺椁用八块龙山石倚靠着，没有榫，图案是画的，不是雕刻的。这种龙山石形同虚设。

图 51：孝定皇后棺盖上的图案

[清西陵篇] 第四章 光绪皇帝的崇陵及其妃园寝 633

图52：孝定皇后内棺上雕满了藏文佛经
图53：崇陵地宫石制的金井兽头盖

### 14. 金井盖（图53）

在光绪帝棺椁头部，棺椁的外面北端，发现了一个汉白玉石雕琢的圆体的兽头，经考证，与金井口的尺寸相吻合，这是金井盖，死者入葬前用此盖盖住金井口，再用木箱扣上。入葬时将木箱和此盖拿开。这是清陵迄今为止发现的唯一的金井盖，非常珍贵。光绪帝和孝定皇后入葬时，竟然将此盖丢弃在地宫里，说明当时负责入葬的官员是多么慌乱和不负责任。

### 15. 册宝箱（图54）

帝后入葬前，先将香册、香宝放在金券内的册、宝座上，册东宝西。放入地宫的册宝就是香册、香宝，均用檀香木制成。将册宝分别放在册

图54：崇陵地宫出土的盛放册宝的册宝箱

箱和宝箱内。盗墓贼将香册、香宝盗走，将箱子遗弃在地宫里。由于地宫夏季潮湿，打开地宫时册宝箱已残破不堪。但对我们了解册宝制度还是大有用处的。

后来在清理孝定皇后棺椁时，又找到了一些残留的文物，其中有小珍珠、大珍珠、大玛瑙球、绿色翡翠球、玛瑙垫片、玛瑙坠、红坠花、小黄玛瑙片。在孝定皇后的手中还发现玉石一块、石戒指一个。

### 16. 地宫出土文物（图55—图56）

在清理金井时，竟意外发现金井内的镇墓之宝一点未动，完好无损。这表明盗墓贼在这方面是外行，他们不懂得金井内会有珍宝。金井位于棺床的中心，在光绪帝棺下正中，圆形孔，深43厘米，直径14.2

图55：崇陵地宫出土的金壳怀表、翡翠环等文物

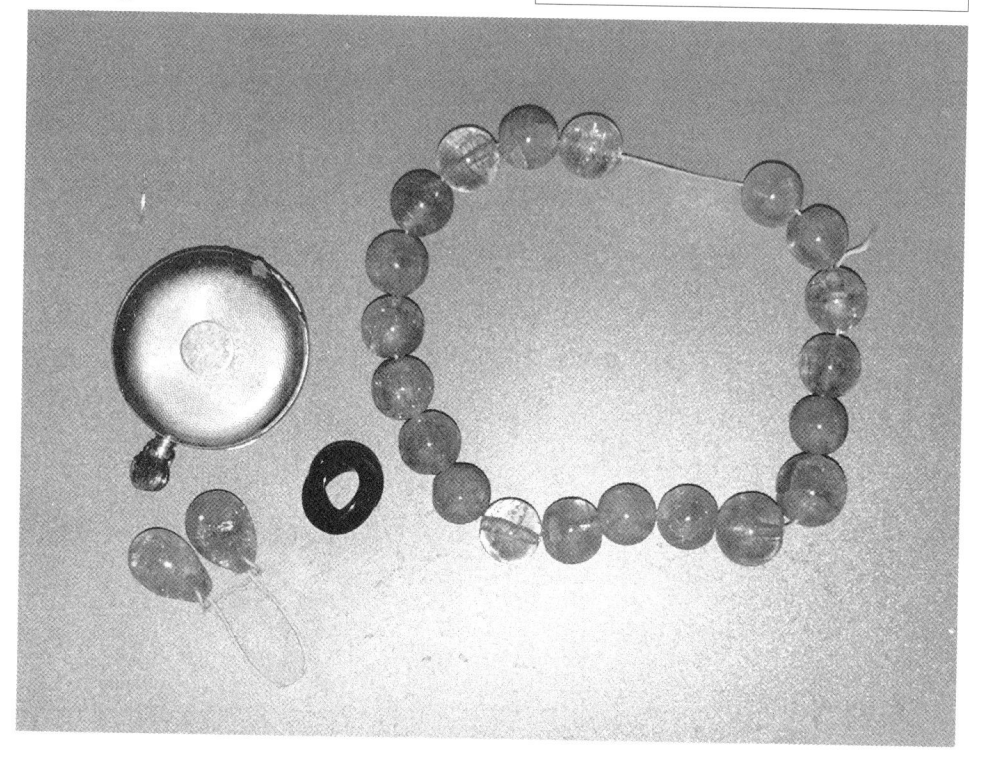

厘米。金井内的这些文物中因为有朝珠、手串之类，所穿的线已经糟烂，所以很难说出准确件数，按散件算，有383件之多。主要有珐琅壳怀表一块、银壳怀表三块、金壳怀表一块。还有白玉小人、粉色碧玺坠、八宝玉件、小金环、翠珠、珊瑚珠、绿色翡翠手串、粉色碧玺珠一串、绿松石坠、珊瑚鱼、翡翠喜子、玉别子、西汉玉佩、珍珠、沉香椭圆形手串、碧玺小件、牙一颗、铁球等。在光绪帝和孝定皇后的棺内还发现了一些细小文物。另外，在金井里还发现了一个黄绫小包，里面约有半斤重的黄土，这就是当年建陵破土时取出的原山吉土。此土取出后，用黄绫包好，藏在陵寝承办事务衙门，入葬前再将土包放入金井内。这都与档案记载吻合。

图56：崇陵地宫出土的雕花白玉石

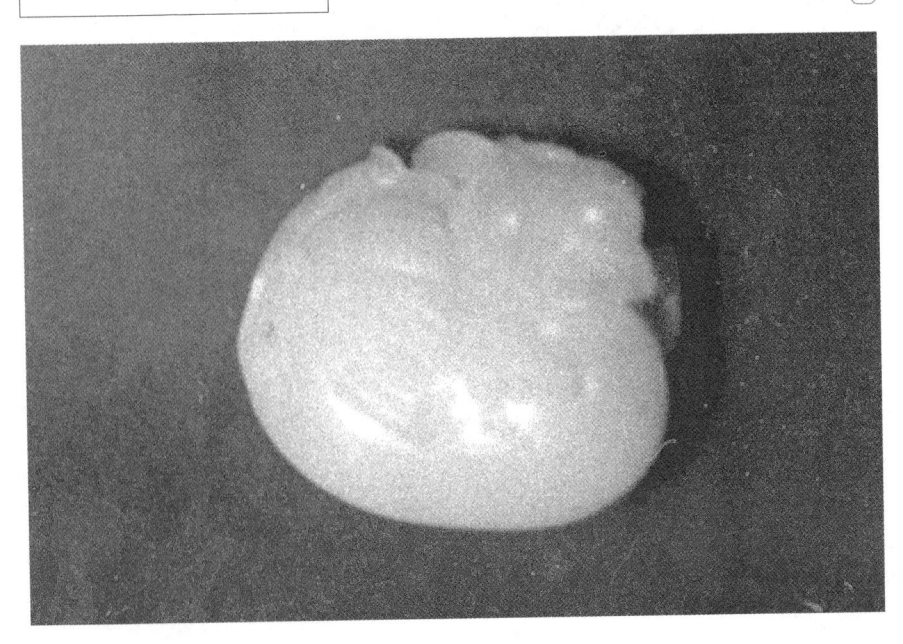

## 二、清朝埋葬人数最少的妃园寝——崇陵妃园寝

崇陵妃园寝位于崇陵东旁 0.5 公里，坐北朝南，崇陵妃园寝是清朝乃至中国封建社会最后建的妃园寝。它的始建和完工日期与崇陵一样。营建的背景及经过也与崇陵相同。这里埋葬着瑾妃和珍妃姐妹二人，是清朝十座妃园寝中埋葬人数最少的妃园寝，但在清西陵的二座妃园寝中却是规制最高的。在建前勘估时需银 747757 两 3 钱 1 分。

### 1. 瑾妃像（图 1）

瑾妃，他他拉氏，满洲镶红旗，原任户部右侍郎长叙之第四女，生于同治十三年八月十五日（1874 年 9 月 25 日）。光绪十四年（1888 年）十月初参加选秀女，她与妹妹（即珍妃）同时被选中，十月初五日被封为瑾嫔，妹妹被封为珍嫔。光绪十五年（1889 年）正月二十五日，姐妹二人被接进皇宫。光绪十五年（1889 年）正月二十八日巳时为姐妹二人同时举行了册封礼，正式册封姐姐为瑾嫔，妹妹为珍嫔。当时瑾嫔为 16 岁，珍嫔为 14 岁。光绪二十年（1894 年）正月初一日，以该年是慈禧六十大寿庆典，姐姐被晋封为瑾妃，妹妹被晋封为珍妃。同年十月二十九日，尚未举行册封礼，慈禧以瑾妃、珍妃"近来习尚浮华，屡有乞请之事"，干预朝政，有违祖制，降旨将姐妹二人由妃同时都降为贵人，一下降了两级。一年后，光绪二十一年（1895 年）十月十五日，慈禧颁懿旨："瑾贵人赏还瑾妃，珍贵人赏还珍妃。"同年十一月十二日辰时，为姐妹二人举行了册封礼。光绪二十四年（1888 年）八月初，慈禧发动戊戌政变，将执意变法的光绪帝囚禁在瀛台，将支持皇帝变法的珍妃也囚禁了起来。瑾妃虽然未遭囚禁，也受到了牵连，颇受冷遇。光绪二十五年（1899 年）二月初一日。慈禧降旨："嗣后瑾妃有赏，不准题奏。"这年的十月初一日慈禧再降旨："嗣后遇有进瑾妃、珍妃时宪书，著敬事房首领接。"光绪二十六年（1900 年）七月二十一日，瑾妃随慈禧西逃出京，第二年十一月二十八日回到京师。光绪帝崩逝时，瑾妃 35 岁。光绪帝死后刚四

图1: 端康皇贵妃坐像（瑾妃）

天，宣统帝溥仪即于光绪三十四年（1908年）十月二十五日晋尊瑾妃为皇考瑾贵妃。1913年3月12日（农历二月初五日）溥仪又晋尊瑾贵妃为端康皇贵妃。

光绪帝一生只有一后二妃，最宠爱的是珍妃。由于瑾妃长得不如妹妹漂亮，所以瑾妃的婚姻生活也说不上幸福。妹妹的被害身亡使她在精神上受到了很大的刺激。她35岁时，又失去了夫君，成了名副其实的寡妇。自入宫以来，她每天生活在封闭的高墙之间，看到的是四角的天空，到处是红墙黄瓦，黄瓦红墙，生活枯燥无味，经常靠笔墨丹青浇愁解闷，消磨时光。

瑾妃与珍妃是姐妹，从小就形影不离，生活在一起。姐妹又双双被选入宫，共事一夫。妹妹的被害屈死，瑾妃刻骨铭心。妹妹虽然离开了自己，但始终梦萦魂牵，念念不忘。隆裕皇太后死后，瑾妃被尊封为端康皇贵妃，她成为当时溥仪小朝廷的后宫之首，这时她已没有了任何忌惮，于是便在贞顺门内珍妃井旁设了一个小灵堂，神龛内供奉着珍妃的神位。神龛横额上写有"精卫通诚"四个楷书大字，上面钤盖"端康皇贵妃御笔之宝"，这表明此四字为瑾妃亲笔所写。灵堂的匾额"怀远堂"三个字也是瑾妃所书。神位前的供案上摆放着供品和香炉、烛台，可以想见，瑾妃是经常来这里祭奠她的亡妹珍妃的，表达了她对珍妃的崇敬、怀念之情。

1924年10月20日凌晨（农历九月二十二日丑时），瑾妃病逝，终年51岁，金棺暂安于慈宁宫。瑾妃死后半个月的1924年11月5日，溥仪小朝廷被赶出了紫禁城。11月19日辰时（农历十月二十三日），瑾妃金棺从慈宁宫移出紫禁城，仪仗及执事人等一律改从民国制度，穿便服。其金棺由军警护送，移送到地安门外鸦儿胡同的广化寺内暂安。1925年，溥仪谥瑾妃为温靖皇贵妃。同年12月13日（农历十月二十八日），瑾妃金棺由广化寺奉移到西直门火车站，用火车运到西陵，12月14日（农历十月二十九日）葬入崇陵妃园寝东旁宝顶下地宫内。

瑾妃是清西陵所葬人物中最后一位入葬的皇妃。

## 2. 珍妃照片（图2）

珍妃是瑾妃的妹妹，是其父长叙的第五女，生于光绪二年二月初三日（1876年2月27日），比姐姐小两岁。她与姐姐同时参加选秀女，同时被封为嫔，同时入宫，同时晋封为妃，又同时被降、同时被恢复为妃。

珍妃容貌俏丽，乖巧伶俐，活泼动人，志趣广泛，谈吐不俗，善体人意，因此被光绪帝视为知音和感情上的依托，二人之间产生了真挚的爱情。

图2：珍妃照片

珍妃性格开朗，活泼好动，好奇心强。她对皇宫中的繁文缛节、呆板的生活方式十分厌恶，她喜欢新生事物，喜欢过无拘无束的潇洒生活。她喜欢照相，喜欢穿新款服装。她不逢迎皇后，更不巴结大太监李连英。她不仅同情夫君，更坚决支持夫君的变法。珍妃的这些性格和做法使慈禧十分反感和恼恨，因而她成了慈禧的政敌。在光绪二十四年（1898年）八月，慈禧在扼杀了戊戌变法，囚禁了光绪帝之后，也将珍妃囚禁了起来。光绪二十六年（1900年）七月二十日，慈禧命太监崔玉贵将珍妃害死于贞顺门院内的井中，年仅25岁。珍妃自被囚禁起来之后一直到死，在近两年的时间里也未能见到她最爱的夫君一面。慈禧在害死珍妃的第二天就逃出了北京。光绪二十七年（1901年）七月，将珍妃的遗体从井中捞出，当月初四日葬在了阜成门外的恩济庄。同年十一月二十九日，即慈禧刚由西安回到北京的第二天就下了一道懿旨，为珍妃恢复了名誉，将她追赠为贵妃，懿旨是这样说的：

> 上年京师之变，仓猝之中，珍妃扈从不及，即于宫内殉难，洵属节烈可嘉，加恩著追赠贵妃位号，以示褒恤。

不管慈禧此举是真心后悔，以此补过，还是政治上的需要，总之慈禧是搬起石头砸了自己的脚。

退位后的宣统帝溥仪决定于1913年年底在将光绪帝和孝定皇后入葬崇陵的同时也将珍妃葬入妃园寝，所以在这年的农历三月初二日巳时，将珍妃的棺椁从恩济庄墓地起出，第二天辰时奉移到北京正阳门火车站，用火车运到易县西陵的梁格庄行宫东院正殿安放。1913年12月13日下午3时30分（农历十一月十六日申初二刻），珍妃葬入了崇陵妃园寝西面的地宫中。

珍妃神牌于1913年12月15日（农历十月十八日）午时开工制造。按照惯例，神牌应在墓主人入葬前刻字填青，入葬后供奉于园寝享殿内。这次珍妃入葬，由于妃园寝尚未完工，享殿还在营建中，只得将珍妃的神牌暂时供奉在崇陵的西配殿内。1914年，妃园寝的享殿建成，同年11月4日（农历九月十七日）才将珍妃是神牌正式供奉于崇陵妃园寝享殿内。

1921年4月24日（农历三月十七日），溥仪以珍贵妃"温恭夙著"，晋尊她为"恪顺皇贵妃"。

### 3. 崇陵妃园寝的营建（图3）

崇陵妃园寝和崇陵一样，也是在宣统元年（1909年）闰二月十七日正式动工的，到1914年年底才完工，1915年1月移交给清室小朝廷。

崇陵妃园寝是西陵的三座妃园寝中规制最高的，主要体现在以下4个方面：

（1）泰陵妃园寝和昌陵妃园寝的一孔拱桥两侧没有任何平桥，而崇

图3：修建中的崇陵妃园寝

陵妃园寝的一孔拱桥西侧则建了一座带栏板的三孔平桥，这不仅进一步完善了陵寝制度，同时也方便了在陵上当差的员役。

（2）泰陵妃园寝和昌陵妃园寝的东西厢房都是面阔三间，而崇陵妃园寝则是面阔五间。

（3）泰陵妃园寝和昌陵妃园寝的前院只有享殿的前后有砖海墁，两侧是土地，而崇陵妃园寝的整个前院都是砖海墁。

（4）崇陵妃园寝后有挡水坝，而泰、昌二妃园寝则没有。

在清陵的营建中，为了防止陵寝后面山上的洪水直接冲刷陵寝，在某些距山较近的陵寝后面设了挡水坝，东陵的孝陵、定陵、慈安陵、慈禧陵、定陵妃园寝、惠陵妃园寝均建有挡水坝。这些挡水坝，少数是用砖石成砌的，但多数是用大块的豆渣条石成砌的。东陵的挡水坝都是两段，中间留一个豁口。崇陵妃园寝仿照惠陵妃园寝，在园寝后面也成砌了一道挡水石坝，这是清西陵中唯一的挡水坝。这道挡水坝中间没有豁口，坝体完整，这是整个清朝陵寝中唯一不留豁口的挡水坝。不留豁口的挡水坝比分两段、中间留豁口的挡水坝挡水效果更好，更科学合理。

还有一点需要提及的是，崇陵妃园寝在每座宝顶的月台前的地宫入口处都有一块砖海墁，称为甬路，而泰陵妃园寝和昌陵妃园寝都没有。这虽然说不上是规制高的标志，但说明了崇陵妃园寝仿照的是东陵的惠陵妃园寝的做法，而没有效仿泰陵和昌陵的妃园寝做法。

④

图4：崇陵妃园寝宝顶前罩棚旧影

### 4. 宝顶（图4）

崇陵妃园寝只葬有瑾妃、珍妃姐妹二人，两座宝顶东西并排，姐东妹西。两座地宫原建时都是砖券。1921年1月17日，溥仪曾颁"谕"，将敬懿皇贵妃（瑜妃）、庄和皇贵妃（珣妃）、荣惠皇贵妃（瑨妃）、端康皇贵妃（瑾妃）的地宫都改为石券，随后端康皇贵妃的地宫改成了石券（日期待考）。因珍妃已入葬，不宜施工，所以地宫仍为砖券。

1938年11月，崇陵妃园寝被盗。最初传说被盗的是珍妃地宫，后来经过考证，被盗的是瑾妃地宫。

照片中的月台前的人字形棚是地宫入口处的罩棚，可防止雨雪进入地宫。

### 5. 建成后的崇陵妃园寝（图5—图6）

崇陵妃园寝于1914年年底才竣工，所以珍妃入葬时，园寝还没有正式完工。其神牌暂时供奉在崇陵西配殿，园寝建成后才移到妃园寝供奉。

从这两张照片可知，崇陵妃园寝建成时，院内院外都栽植了仪树。大门外的值班房后院没有像泰昌二陵那样的小房子。

图5：刚建成的崇陵妃园寝
图6：崇陵妃园寝旧影

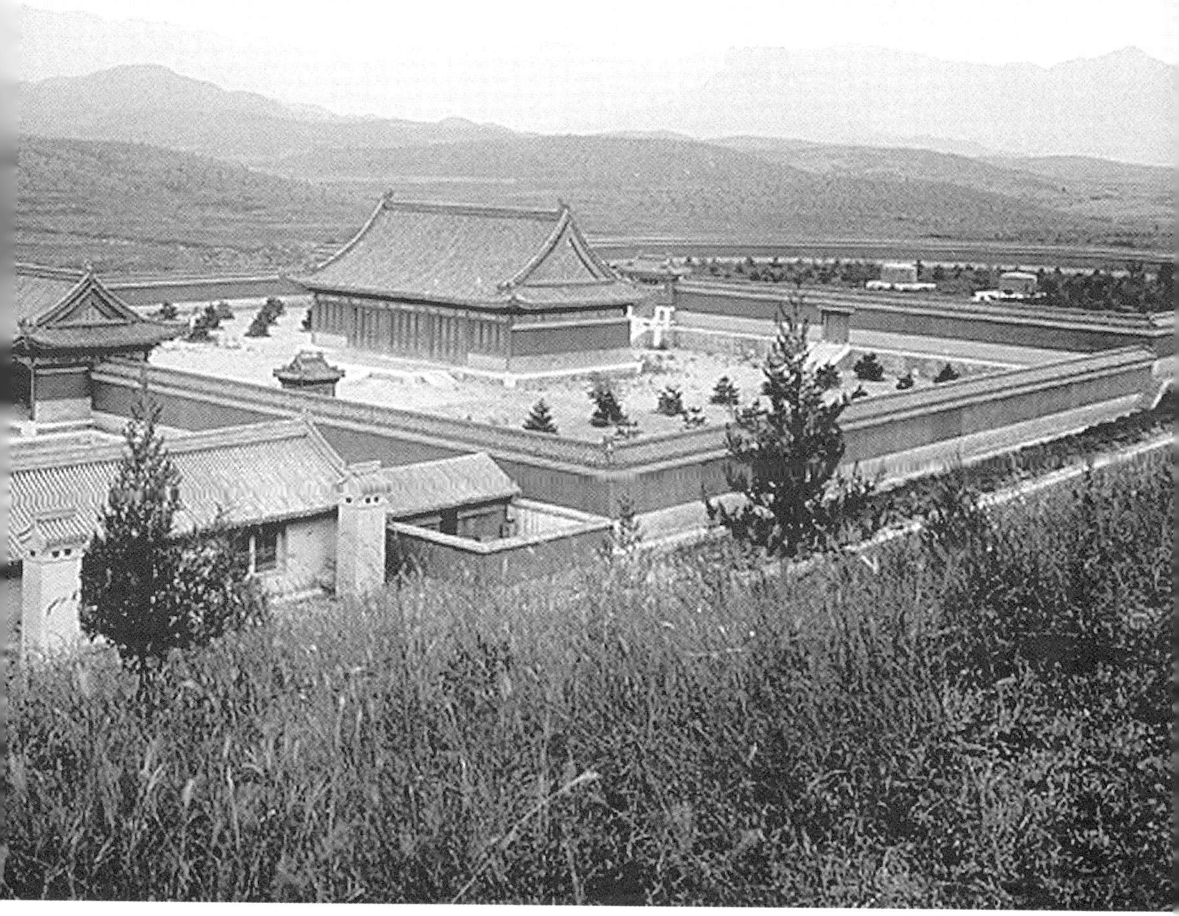

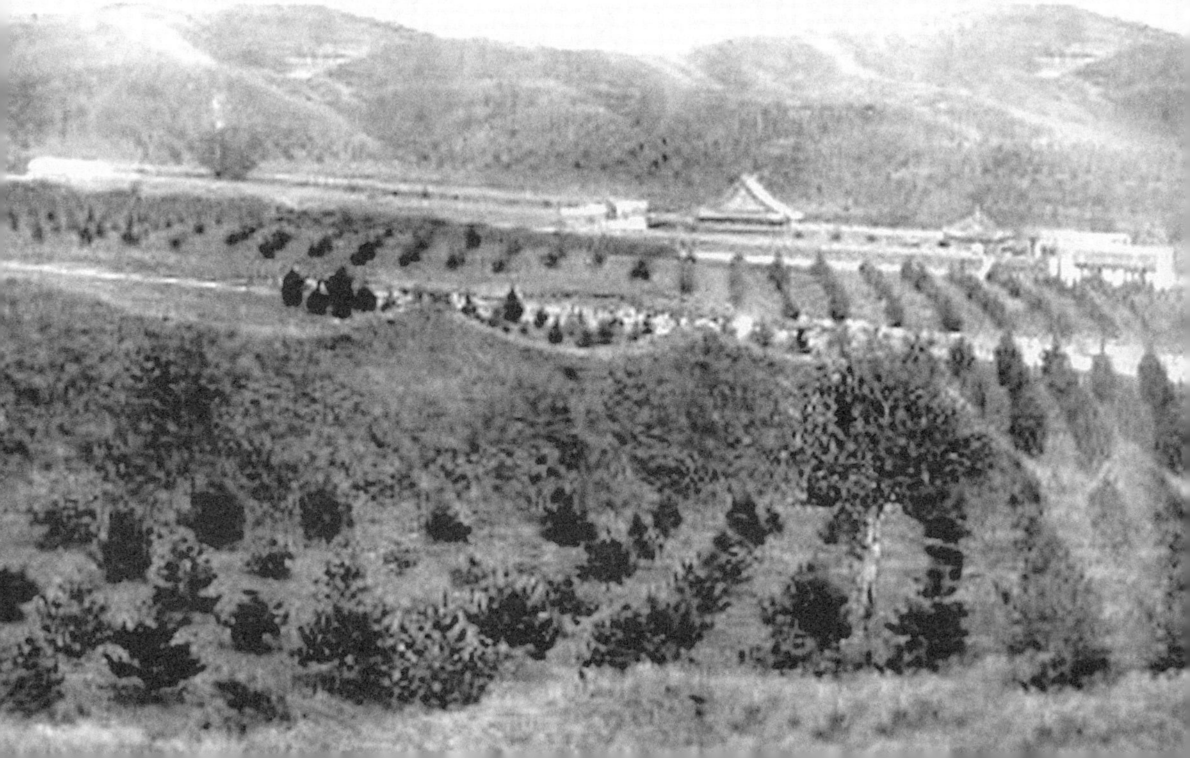

图1：果郡王弘瞻画像

# 第五章　清西陵的陪葬墓

## 一、贪财吝啬的果恭郡王园寝

果恭郡王弘曕园寝是清西陵的陪葬墓之一，位于今河北省易县岭东村，坐北朝南。其主要建筑从南到北依次有一孔拱桥一座、御制碑一统，原建有碑亭。东西厢房各三间，卷棚硬山布瓦顶，有前廊一步。大门一座三间，享堂一座五间。后院有宝顶五座，成弧形排列。根据弘曕死于乾隆三十年来推测，该园寝应建于这个日期前后。

### 1. 弘曕像（图1）

弘曕是雍正帝最小的儿子。他出生于雍正十一年（1733年）六月十一日亥时，雍正帝驾崩时，他还不到3周岁。他的生母是雍正帝的刘贵人，即后来的谦妃。他本应排行第十，由于他前面的九个兄长中有四个早殇没有排序，所以他被称为皇六子。他是乾隆帝的最小的弟弟。乾隆帝即位时，他刚刚3虚岁，他曾天真地叫他的四哥乾隆帝为"汗阿哥"。为此乾隆帝很恼火，但因弘曕太小，不便责怪处罚，只得狠狠地把看护弘曕的太监各打了四十大板。乾隆三年（1738年），康熙帝的皇十七子果亲王允礼去世，因膝下无子，于是乾隆帝就把年仅6岁的小弟弟弘曕过继给了允礼，让他承袭了果亲王。弘曕聪明好学，喜欢读书藏书，文化造诣很深。他生活俭朴，治家严谨，同时喜欢敛财，甚至不顾国法，不择手段，影响很坏。他家很富有，他却十分吝啬。他母妃生日，皇太后提前告诉他准备丰厚的礼品，他却以不与皇帝斗富为理由，抗拒皇太后的懿旨。圆明园的九州清晏殿失火,王公大臣都纷纷去救火,而且人人都带焦急忧愁之色,而家距圆明园最近的弘曕不仅去得最晚,还在火场旁嬉笑如常,毫无着急忧虑之色。他的劣迹很多,引起了朝中众大臣的强烈不满,交章弹劾他。乾隆帝对他的这个小弟弟的所作所为早就看在眼里,气在心中,只是碍于情面,不好发作。后来看他实在不像样子了,不得不管教,于是在乾隆二十八年(1763年)五月十三日发布了一条长长的谕旨,历数弘曕的种种劣迹,狠狠地训斥了一顿,将他的王爵削除,降为贝勒,永远停发俸饷,解除他的所有职务。说实在的,这次对弘曕的处罚够严厉的,对他的打击很大。从此,弘曕杜门谢客,深居简出,由于长期抑郁,不久患病在床。弘曕病重期间,乾隆帝亲自去其府看望并晋封他为果郡王,乾隆三十年(1765年)三月初八日申时,弘曕病死,卒年33岁,谥曰"恭",故称为多罗果恭郡王。

图2:1900年拍摄的果郡王弘曕园寝大门

## 2. 园寝大门（图2—图4）

果郡王园寝的大门建在一个高台上。大门单檐硬山顶，面阔三间，绿色琉璃瓦顶。大门前的月台上设石狮一对。月台前有一个20级的垂带踏跺。大门左右的面阔墙上各有一个随墙门。这种规制的园寝大门比较少见，规制较高。1997年2月中旬，笔者曾到清西陵考察，在15日这天考察了果郡王园寝，当时大门还在。之后此处被严重损毁，如今只剩下两个房山，唯有两只造型秀美的石狮仍忠心不二地在原地蹲守。

图3：已经残破的果郡王园寝大门（1997年）
图4：如今的果郡王园寝大门（2006年）

### 3. 享堂（图5—图7）

该园寝的享堂面阔五间，单檐硬山顶，绿琉璃瓦。同是郡王，其他郡王园寝的享堂则是面阔三间，这表明弘瞻园寝的规制是较高的。享堂前有月台，月台前有一块丹陛石，所雕刻的图案很是新颖别致：在海水江崖之上有鹿、鹤各一只，寓意六合同春。山石顶上冒出一股祥云，缭绕升起，环以蔓草花边。1997年2月笔者去考察时，享堂和丹陛石还都在。几年后享堂被毁，丹陛石不翼而飞。幸亏考察时留下了珍贵的照片。如今享堂只剩下两个房山。

图5：果郡王园寝享堂旧影（1997年）
图6：果郡王园寝享堂现状（2006年）

[清西陵篇]　第五章　清西陵的陪葬墓

图 7：果郡王园寝享堂前的丹陛石（旧影）

### 4. 宝顶（图8）

果郡王弘曕是这座园寝的最高主人，辈也最大，所以他的宝顶位于后院正中，是这座园寝的最尊贵位置。他的宝顶建在月台上，宝顶的下部为石须弥座，上下枋和束腰上满雕云龙戏珠、仰伏莲和阴阳鱼，在清朝园寝宝顶中堪称上乘。

图8：1900年拍摄的果郡王弘曕的宝顶

## 二、清朝规模最大的王爷园寝——怡亲王允祥园寝

怡亲王允祥园寝位于今河北省涞水县城以北 12.5 公里的石亭镇东营房村西云溪水峪。园寝坐西朝东，三面环以低矮的小山，地势东低西高，东面临河，地势平坦宽广，是一处风水宝地。

雍正帝的泰陵陵址太平峪是允祥找到的。雍正帝为了嘉奖允祥的忠心，在众多落选的备选吉地中选出一块中吉之地赏给允祥。允祥闻知后，"惊悚变色，惶惧固辞"，雍正帝只得作罢。后来允祥自己找到了一块"平善之地"，请求皇帝赏给他。雍正帝答应了他的请求，允祥"喜极，至于踊跃忭舞"。允祥唯恐夜长梦多，皇上变卦，立即派护卫前往那块平善之地，起穴中之土。几天后，护卫将土取回，呈给验看。允祥看后，取出其中一块，吞进了肚中，意在表示已决定将此地定为自己的兆域，绝不能再变。

对于亲王的园寝规制，清廷已有明确的规定，可是允祥死后，雍正帝却让众大臣为其园寝专门拟定了高标准的规制。笔者到现场考察后发现，其建筑序列长达 1.5 公里左右，比惠陵、崇陵的占地面积还大，尽管地面屋顶建筑都已无存，但依然能感觉到园寝非凡的恢宏气势，非一般亲王园寝所能比，堪为清朝规模最大、等级最高的亲王园寝。

该园寝始建于雍正八年（1730 年）五月，完工于雍正十年（1732 年）九月。

### 1. 允祥像（图1）

允祥，康熙帝的皇十三子，初行次为第二十二子。康熙二十五年（1686 年）十月初一日辰时生，生母为庶妃章佳氏即后来的敬敏皇贵妃。雍正帝即位后，命允祥总理事务，并封他为和硕怡亲王，命管理户部三库。雍正元年（1723 年）赐赠护卫，同年四月命总理户部事务。雍正三年（1725 年）罢总理事务，特予优叙。雍正三年十二月命兼总理事务畿辅水利事。雍正四年（1726 年）七月二十一日，雍正帝亲书"忠敬诚

图1：怡亲王允祥朝服像

直勤慎廉明"匾额赐给允祥。雍正七年（1729年）六月命办理西北两路军机。同年十月叙协赞功，特诏增仪仗一倍。雍正八年（1730年）五月初四日午时病逝，终年45岁。雍正帝对允祥的去世悲痛欲绝，不仅亲自吊唁，而且辍朝三日，素服一月。皇帝为臣子素服一个月，这是有清一代极少见的。康熙帝的皇子名字第一个字原来都是"胤"字，雍正帝即位后，为了避讳，都改用"允"字。允祥死后，雍正帝特恢复他的原名，准许用"胤"字，赐其谥号曰"贤"。有清一代，和硕亲王得到"贤"的谥号的只有两个人，一个是允祥，另一个是光绪帝的生父醇亲王奕譞。雍正帝还降旨将允祥配享太庙，命大臣为其设计了高规格的规模巨大的园寝。

允祥在雍正帝即位前就与胤禛的关系非常密切。雍正帝即位后，允祥是康熙帝所有皇子中最忠于雍正帝的，被视为股肱心膂的柱石之臣。允祥很有才干，勇于任事，事无巨细，无怨无悔，办事认真谨慎，凡皇帝交办的事情都出色地完成，因此深受雍正帝的赏识和赞扬。他是雍正帝最信赖最倚重的大臣。允祥身任总理大臣、议政大臣，以后又成为首任军机大臣，他实际上是不挂名的丞相。他在雍正初、中期，参与了所有国家重大的政治、军事、经济等事件的处理，雍正帝还把圆明园的保卫、养心殿造办处等核心事务也交给了允祥负责。在当时，允祥兼职最多，任职最重，一向多疑的雍正帝对允祥从未怀疑过，始终绝对相信。允祥做人低调，荣宠不惊，敬谨持身，宽仁有加。事君八载，精白一心，从不居功，又极谦抑。同时，他还精于骑射，每发必中。文学功底颇为深厚，诗词翰墨，皆工敏清新，可惜存世不多。允祥在雍正朝始终恩宠不衰，他对雍正朝的政局和雍正帝本人都产生了一定影响。

允祥的忠心也得到了丰厚的回报。雍正帝不仅将已经去世24年的允祥的生母敏妃章佳氏追赠为敬敏皇贵妃，而且还将她祔葬景陵，首开皇帝陵内祔葬皇贵妃的先例。允祥得到了有清一代所有亲王难以得到的旷典和殊荣。

雍正十年（1732年）九月十三日午时，允祥葬入了园寝地宫。

图2：怡亲王园寝神道碑竖起前旧影
图3：怡亲王园寝神道碑

## 2. 神道碑（图2—图4）

雍正帝认为允祥的谥号只一"贤"字不足以彰显他的美善，于是又将他赐给允祥匾上写的"忠敬诚直勤慎廉明"八个字加在了"贤"字之前，这等于他的谥号有九个字。为此特地给允祥的园寝立了一统神道碑，将这九个大字用满汉两种文字堂而皇之地镌刻在了神道碑上。《大清会典》规定，和硕亲王园寝根本不建神道碑亭，只有皇帝陵才可以立神道碑。允祥的园寝立神道碑，这是有清一代亲王园寝的特例。怡亲王允祥园寝最前面的建筑便是神道碑。其神道碑用名贵的艾叶青石料雕制而成。碑

[清西陵篇] 第五章 清西陵的陪葬墓

图4：怡亲王园寝神道碑碑文

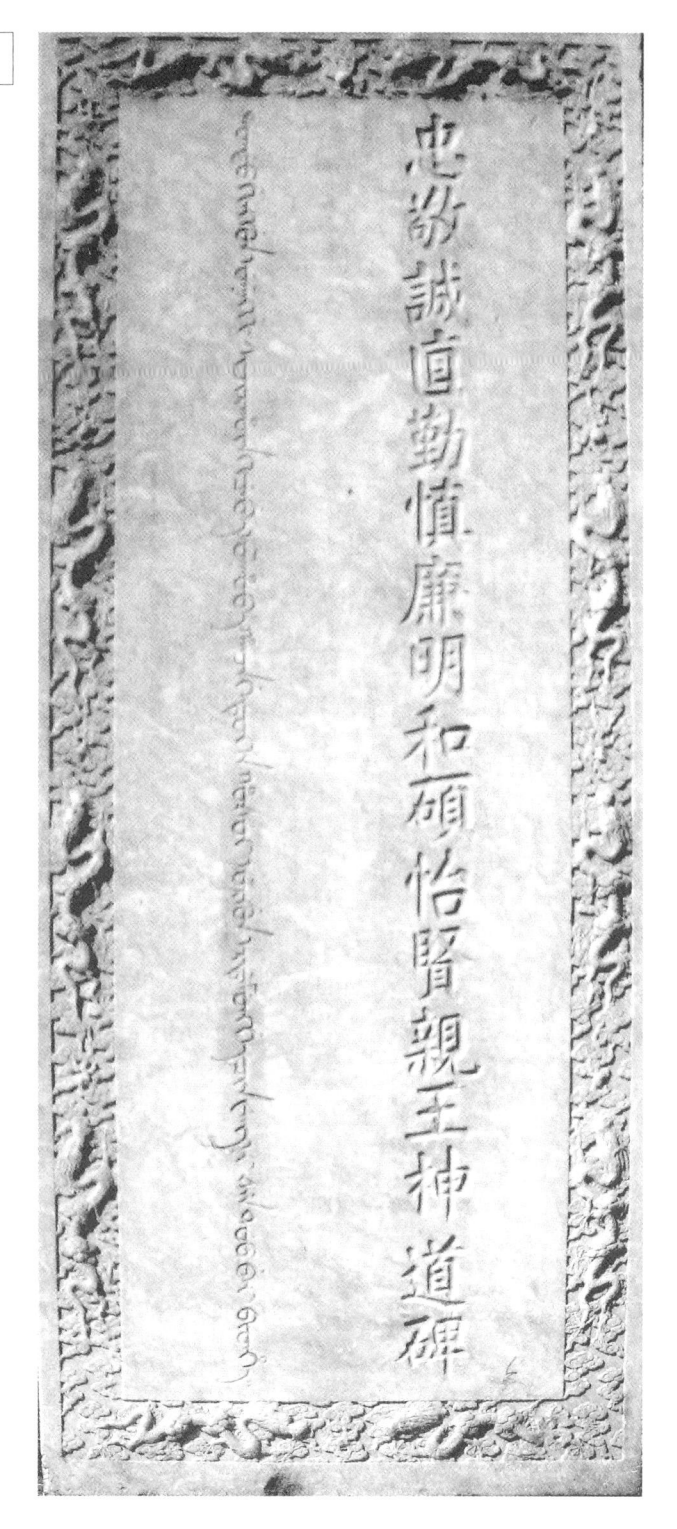

忠敬誠直勤慎廉明和碩怡賢親王神道碑

的屃头为四交龙，碑身面阔125厘米，进深64.5厘米，高297厘米（不含屃头）；碑担面阔141厘米，进深78厘米，高134厘米；龟趺头高183厘米；碑面左右边框每侧雕四条龙，上下边框雕二龙戏珠图案，皆为五爪龙。

笔者在1987年11月9日第一次去怡亲王园寝考察时，见神道碑碑身倒在地上，碑头朝西，有文字的碑面朝上。碑身旁边的龟趺歪斜地被土埋住了下半截。看那神龟昂首朝天，张着巨口的神态，似乎想奋力从土中挣扎而出，以逃灭顶之灾。据说后来清朝皇室后人出资，由当地文保部门负责将这统有清一代唯一的亲王园寝神道碑立了起来。遗憾的是水盘不知了去向。是否建碑亭待考。

### 3. 牌坊（图5—图6）

通过实地考察发现，在众多的清朝和硕亲王园寝中，大部分没有牌坊之设，即使是大名鼎鼎的抚远大将军裕亲王福全的园寝、深受雍正帝和乾隆帝信任并做过乾隆初期总理事务王大臣的果亲王允礼的园寝、光绪帝的生父醇亲王奕譞的妙高峰园寝（七王坟）均没有牌坊之设。可是怡亲王允祥的园寝竟有两座牌坊。神道碑往西第一座建筑是一座火焰式石牌坊，四柱三间。每根石柱为四棱柱体，顶部是一只蹲龙，俗称望天犼，两两相对。蹲龙下面的天盘是方形须弥座，搭袱子，上下枭雕刻仰伏莲，天盘下是云版。每柱之间上下用两根额枋相连接，两额枋之间是花板。三间的每根上额枋的正中是一个火焰宝珠。牌坊规制与清西陵的神石坊差不多。

火焰牌坊之西是五孔拱桥，长约38米，宽7米。清朝陵制，只有皇帝陵才可以建五孔拱桥，即使是母仪天下的皇后陵都没有资格建五孔拱桥，更何况亲王园寝了。可是允祥的园寝却建了一座五孔拱桥，桥面的两侧安装石栏杆。每个桥孔上方都嵌一个吸水兽，其规制与皇帝陵的相仿。

五孔拱桥以西是一座四柱三间七楼的石牌坊。除间数少了两间外，其规制与东、西陵大红门前的石牌坊相仿。

[清西陵篇] 第五章 清西陵的陪葬墓

图5：怡亲王园寝火焰牌坊旧影
图6：怡亲王园寝石牌坊（2006年）

### 4. 华表（图7—图8）

在石牌坊以西，过了一座三孔平桥之后，有一对华表分立路的两旁。这对华表与东西陵的华表有所不同，东西陵的华表柱身上盘绕一条龙，而这对华表，八棱的柱身上，每个侧面雕刻两条龙，上边的龙龙头朝上，下边的龙龙头朝下，但又抬起。每根柱身上共雕刻了16条龙。柱身根部雕刻海水江崖。东西陵的华表环以青白石栏杆，而这对华表没有栏杆围绕。这对精美的华表躲过了兵荒马乱的战乱时期，却没有躲过21世纪盗墓贼的魔掌。两根华表的两只蹲龙都被盗走。盗案很快告破，蹲龙被追回，但时至成书时，蹲龙也没有复位。

图7: 怡亲王园寝华表旧影
图8: 怡亲王园寝之华表（2009年）

图1: 裕悼亲王园寝享堂旧影

## 三、裕悼亲王园寝

裕悼亲王园寝位于今河北省易县北白虹乡南福地村。裕悼亲王名保寿（也有叫保绶的），是顺治帝的第二子裕宪亲王福全的第五子。保寿生于康熙二十三年（1684年）七月十七日亥时，康熙四十五年（1706年）九月初八日辰时去世，年仅23岁，第二年入葬。雍正三年（1725年）三月十九日保寿被追赠为裕亲王，谥曰"悼"，故称裕悼亲王。其园寝坐西朝东，建有拱桥、碑亭、南北厢房、大门、享堂、园寝门。后院正中建宝顶一座，地宫为石券。如今仅存御制碑和地宫遗址。

### 1. 享堂（图1）

一般亲王园寝的享堂为单檐硬山顶，覆以绿琉璃瓦，没有回廊。而裕悼亲王园寝的享堂是单檐歇山顶，面阔三间带回廊。檐下安斗栱，每根柱子上都安有两个雀替。享堂前有月台，月台前设丹陛石。因此，其

图2：裕悼亲王园寝门及宝顶旧影

享堂的规制比较高也比较特殊。由于这座园寝的地面建筑除碑外都已无存，所以这张裕悼亲王园寝享堂的老照片弥足珍贵。

2. 园寝门和宝顶（图2）

裕悼亲王园寝的园寝门建在了享堂的后面，从园寝门可见后院宝顶。其宝顶的下部是石须弥座，而且带瓦垅，与其父裕宪亲王福全的宝顶差不多，规制较高。这种规制的宝顶在清朝中后期的园寝中很少见。

3. 特殊规制的御制碑（图3—图4）

裕悼亲王园寝不仅享堂、宝顶规制特殊，规格高，而且御制碑也比较特殊。根据笔者多年的实地考察所见，只有皇帝陵的圣德神功碑（神功圣德碑）和帝后陵的神道碑的碑首是六交龙的，王公大臣、公主、保姆等人的御制碑的碑首均是四交龙的。而裕悼亲王园寝的御制碑的碑首却是六交龙的，是因为当时制度不完善，还是皇帝有特旨，抑或是僭越，还有待进一步研究考证。

[清西陵篇] 第五章 清西陵的陪葬墓

图3：裕悼亲王园寝御制碑碑首为六交龙
图4：裕悼亲王园寝御制碑（2006年）

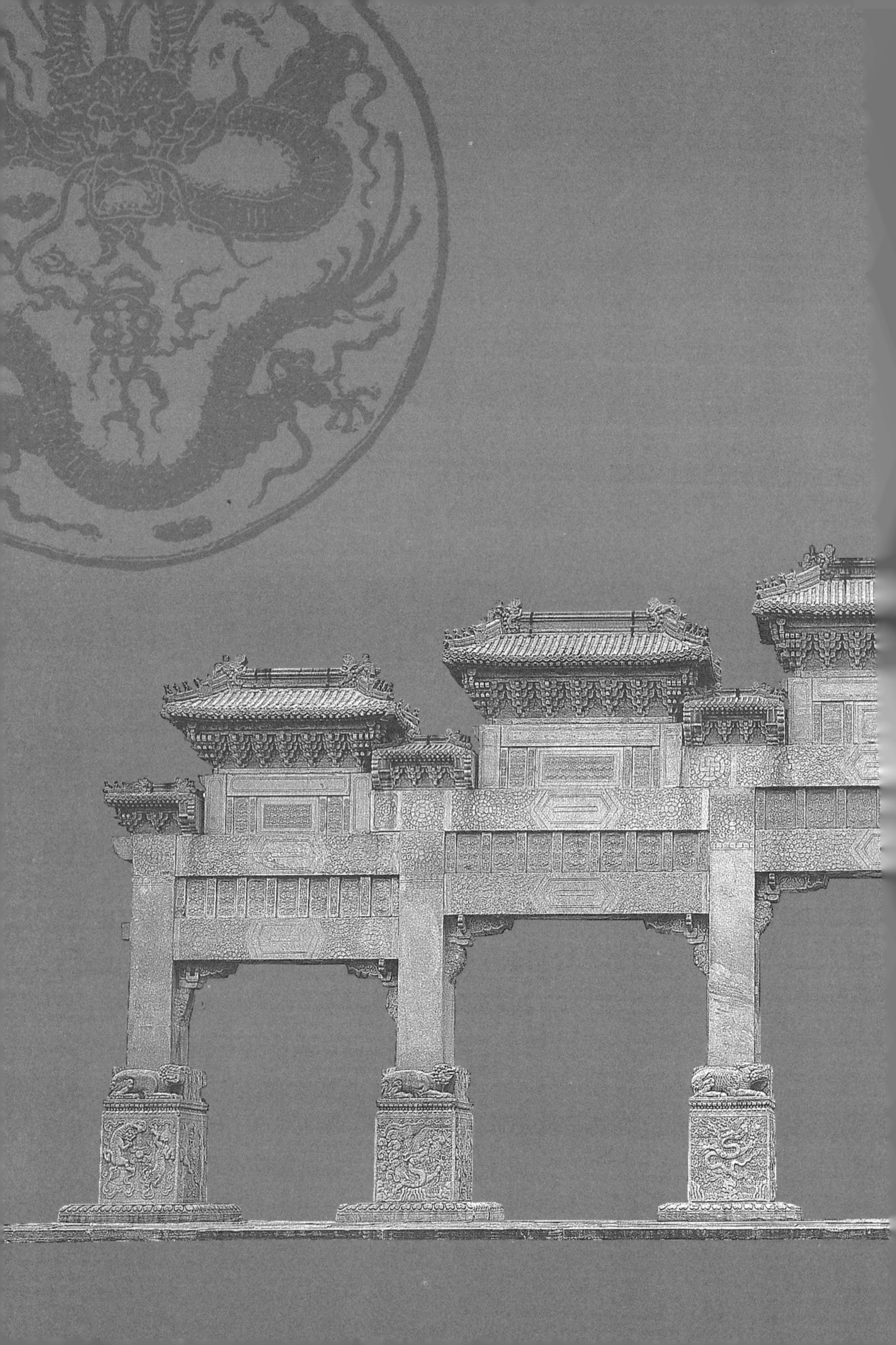

# 后　记

用老照片来介绍清朝皇陵，追溯其历史原状，再现其本来面貌，是一种方便直观、说服力很强的形式。迄今为止，这样的专著并不多见。

2014年，我在人民文学出版社出版了《溯影追踪——皇陵旧照里的清史》一书，深受广大读者的喜爱。由于第一次采用这种方式解读清陵，经验不足，该版图书出现了图片与文字脱节的现象。对此，许多朋友建议再版时，务必文随图走，这样既便于阅读，又容易理解，即使是对清朝陵寝不太熟悉的读者，也能按图索骥，很快明白。

2018年初夏，我对该书进行修订，首先对全书的内容进行了校对和改写，在"清东陵篇"增加了《与清东陵有关的部分庙宇》一章，在"清西陵篇"的第五章《清西陵的陪葬墓》中增加了"裕悼亲王园寝"一节，使得书的内容更加丰富；随后，我对全书的图片也进行了全面的增补、删减和替换。与此同时，我对全书的体例进行了统一修改。至此，书稿中的800余幅图片做到了与文字一一对应，图随文走。

《溯影追踪——皇陵旧照里的清史》经修订后，由世界知识出版社出版，书名改为《大清皇陵旧影》。该书的责任编辑是图书编辑室主任余岚女士，她在书稿的编辑方法、版式设计、文字与图片如何结合等方面进行反复考证，对书稿内容反复斟酌，逐字逐句地修改，对图片的质量、摆放位置、注释等一一进行核对，力图将此书以比较完美的形式展现给广大读者，她为本书的出版倾注了大量的精力和心血。在此，向余岚女士致以衷心的感谢！

在本书即将完稿之际，我又得到了清朝末年和20世纪30年代拍摄的一批清东陵和清西陵的老照片，其中有些照片的拍摄内容和拍摄角度对本书图片是极好的补充和完善。我从中精心挑选了十几幅图片，对书中已用的照片进行了替换和增补，从而为本书增色不少。

本书在写作过程中得到了许多良师益友的真诚帮助和大力支持，有的无私向我提供了很多珍贵的老照片，有的帮我策划书的写法和篇章结构，有的帮我设计版式，有的为我解疑释惑，有的给予我极大的精神支持和鼓舞，使我克服了重重困难，令我备受感动！这些师友包括天津大学建筑学院的著名学者王其亨教授、著名作家岳南先生、著名明陵专家胡汉生先生、清西陵专家邢宏伟女士、沈阳昭陵专家梁莹女士、首都图书馆的石海滨等；北京的朋友韩立恒、贾嘉、张元哲、张大宇、张宇，沈阳的朋友陈赫、关小刚、郑扬，唐山的朋友李宏杰、冯建明，南京的朋友潘景婕，河南的朋友张晓辉，武汉的朋友聂斌，以及远在加拿大的朋友张芸芸等。他们对于本书写作成功和顺利出版，做出了很多努力，功不可没！在此一并向他们致以衷心的谢意！

徐广源

2019 年 8 月 10 日